**한경MOOK** 한경MOOK는 빠르게 변화하는 사회 흐름에 발맞춰 시시각각 현상을 분석하고 새로운 대안과 인사이트를 제시하기 위한 무크 형태 단행본을 발행하는 한국경제신문사의 새 브랜드입니다.

한경 MOOK

# CES 2025

한국경제신문 × TheMiilk

PROLOGUE

# 한경무크와 함께 'CES 2025'에
# '다이브 인(Dive in)' 해 보지 않으시렵니까?

세계 최대 IT·가전 박람회인 'CES 2025'가 1월 7일부터 10일까지 미국 라스베이거스에서 열렸습니다. 160개국 4800여개 기업이 참여해 가슴설레는 미래기술을 선보였습니다. 수많은 관람객이 찾은 것은 물론이고요.

'CES 2025'의 주제는 '다이브 인(Dive in)'이었습니다. 단순화하면 '몰입'이죠. 어디에 몰입하라는 거냐고요? 당연히 새로운 기술이지요. **올해는 'AI(인공지능)으로의 몰입'이 두드러졌습니다.**

젠슨 황 엔비디아 최고경영자(CEO)가 'AI로의 몰입'에 불을 붙였습니다. 그는 첫 번째 기조연설자로 나서 AI의 네 단계 발전 과정을 제시한 뒤, 네 번째 단계인 '피지컬AI(physical AI)'로 나아갈 것이라고 선언했습니다. **AI가 장착된 로봇이 산업현장이나 의료현장, 가정에 투입돼 사람과 비슷한 역할을 수행한다는 말입니다.**

전시장에서도 실생활에서 구현되는 'AI-in-Action' 사례가 대거 선보였습니다. 특히 삼성전자·LG전자·SK그룹·현대모비스 등 **국내 기업들은 AI와 인간이 상호 작용하며 가동되는 가정과 모빌리티를 선보여 감탄을 자아냈습니다.** 이번 CES의 또다른 키워드인 디지털 헬스, 첨단 모빌리티, 로봇공학, 스마트시티, 확장현실(XR) 등도 AI를 기반으로 하고 있어 AI가 지배한 CES였다는 평가를 받고 있습니다.

by_하영춘 한국경제매거진 대표

한국경제신문은 2021년부터 매년 CES무크를 발행해 CES 트렌드를 전하고 있습니다. 이번 CES무크에서도 'CES 2025'를 한눈에 볼 수 있도록 핵심 키워드와 이슈, 트렌드를 정리했습니다. CES 현장을 취재한 실리콘밸리 혁신 미디어 '더밀크(The Miilk)' 취재팀과 테크 전문가들이 필진으로 참여해 현장성과 심층성, 전문성을 더했습니다.

'CES 2025' 무크는 네가지 섹션으로 구성됐습니다. 첫 번째 섹션에서는 CES에서 제시한 7가지 이슈를 점검했습니다. 두 번째 섹션에서는 6개의 기술 트렌드를 살펴봤습니다. 세 번째 섹션에서는 국내외 기업들이 선보인 전시장과 함께 주요 혁신상 수상기업을 소개합니다. 네 번째 섹션에서는 젠슨 황 CEO를 비롯한 기조연설자들의 연설을 요약했습니다.

CES를 제대로 파악하지 않아 왠지 불안하시다고요? 걱정 마십시오. 한경 무크 'CES 2025' 한 권이면 그 누구보다 앞서갈 수 있습니다.

# CES 2025 Contents

**004 PROLOGUE**
한경무크와 함께 'CES 2025'에
'다이브 인(Dive in)' 해보지 않으시렵니까?

**012 SCENE**
일상이 될 피지컬AI

**020 CES HISTORY**
AX가 가져올 산업 대변혁

**022 HIGHLIGHT**
가능한 상상 by CES 2025

**024 TREND**
CTA 브리핑,
CES 2025 트렌드

## 026 SECTION 1
## Key Insight 7

**028 WHAT & WHY**
AI 산업혁명,
100조달러 신산업의 탄생

**032**
**NVIDIA**
'피지컬AI' 시대 개막

**034**
SPECIALIST VIEW 정지훈
엔비디아,
'AI 플랫폼 제국' 선언

**038**
**BMW**
기술에도 영혼이 있나요?

**040**
SPECIALIST VIEW 정구민
자동차는
이제 소프트웨어 산업

**046**
**ACCENTURE**
새로운 AI 비즈니스, AI정제 모델

**048**
SPECIALIST VIEW 윤송이
'4대 AI 혁신' 분야와
한국 AI 발전을 위한 제언

**054**
**JOHN DEERE**
존 디어 이펙트

**056**
SPECIALIST VIEW 앤드류 응
'AI 4대 석학' 앤드류 응이
바라본 AI 트렌드

**058**
**AGE TECH**
더 젊게 더 오래, 헬스케어 혁신

**060**
SPECIALIST VIEW 전진수
유레카파크,
삶의 질 향상을 위한 기술 트렌드

**064**
**LIVING INTELLIGENCE**
새로운 가정생활의 시작,
리빙 인텔리전스

**066**
SPECIALIST VIEW 최형욱
다시 돌아온
중국발 뻔뻔한 혁신

**070**
**SIEMENS**
AI산업혁명 시대 진입

**072**
SPECIALIST VIEW 민경중
AI시대 공간의 미래

012

028

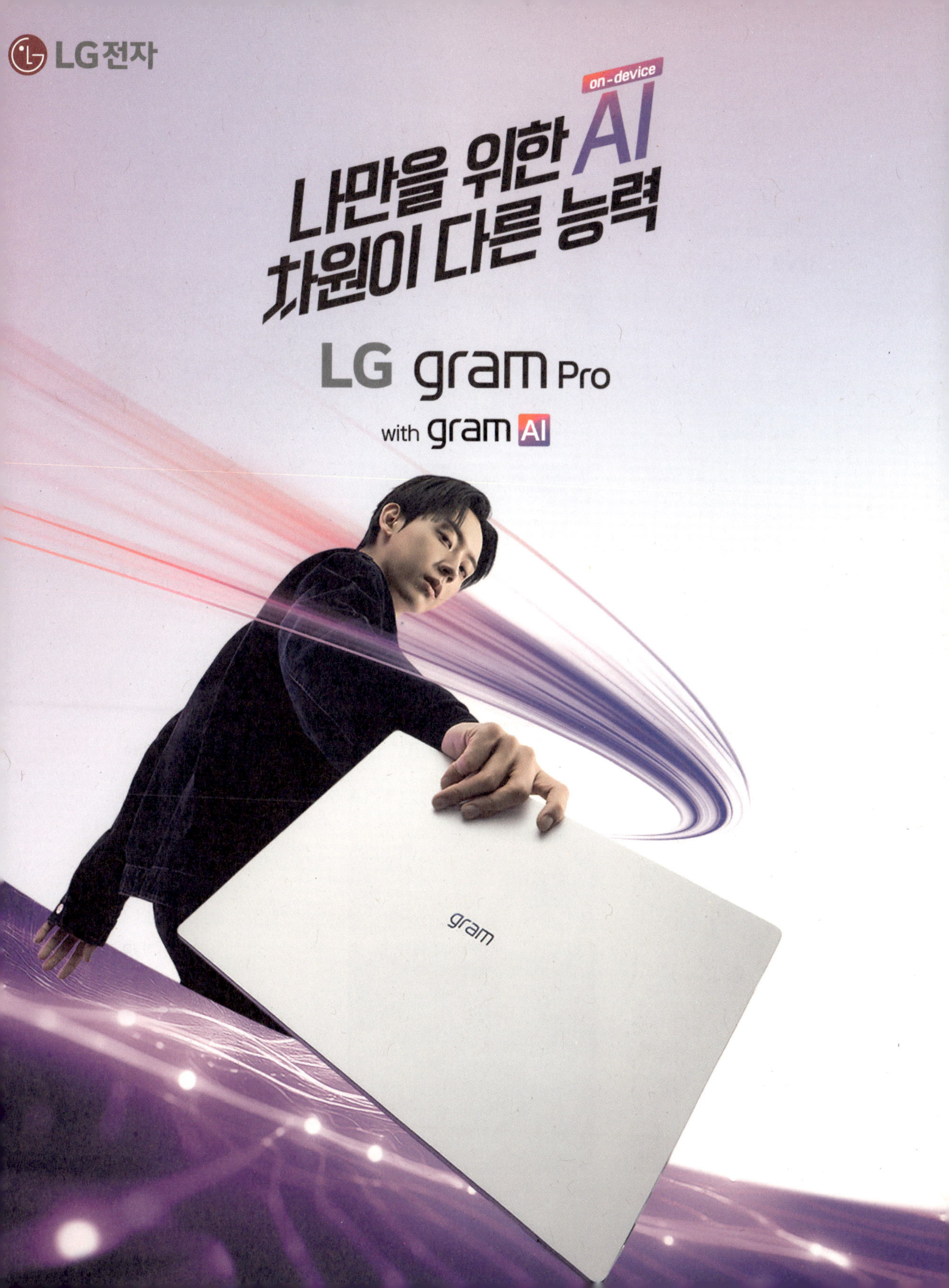

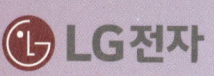

LG전자
on-device
나만을 위한 AI
차원이 다른 능력
LG gram Pro
with gram AI
gram

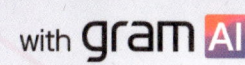

# CES 2025 Contents

## 076 SECTION 2
## Tech View

**078**
**AI**
AI 중심 산업 혁신,
3대 핵심 어젠다

**084**
**MOBILITY**
모빌리티 혁명
자율주행·지속가능성,
미래교통의 재구성

**090**
**DIGITAL HEALTHCARE**
AI 혁신의 최대 수혜자,
협력 모델로 진화 중

**098**
**ROBOTICS**
피지컬AI와 일상생활 로봇

**106**
**SMART CITY**
모든 것이 연결된 세상에
불거질 이슈들

**114**
**XR**
현실만큼 중요한
가상 세계를 만든다

078

## 120 SECTION 3
## Company

**122**
**2025 STORY**
CES 2025의 세 가지 관전 포인트

**126**
**삼성전자**
Home AI, 가정을 넘어 산업으로

**132**
**LG전자**
'공감 지능' AI,
개인의 삶에 파고들다

**138**
**SK그룹**
SK의 청사진 'AX 시대의 주역'

**144**
**롯데이노베이트**
새로운 세계를 보여줄게!
롯데의 메타버스 세상

**150**
**현대자동차**
글로벌 협력으로
모빌리티 미래 그린다

**154**
**현대모비스**
안전과 편의,
무결한 휴먼테크를 꿈꾸다

090

126

138

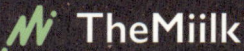

# 미국 시장 돌파 전략

## 데스크 조사는 한계가 있습니다
## 현장 리서치 미디어 **더밀크**가 도와드립니다

전세계 최대 시장이자 혁신의 중심, 글로벌 테크, 소비 트렌드는 **미국**에서 시작됩니다.
더밀크는 미국에 기자, 리서처를 두고 혁신 **현장에서 인사이트를 도출합니다.**
마켓 리서치 컨설팅 서비스를 경험하세요.

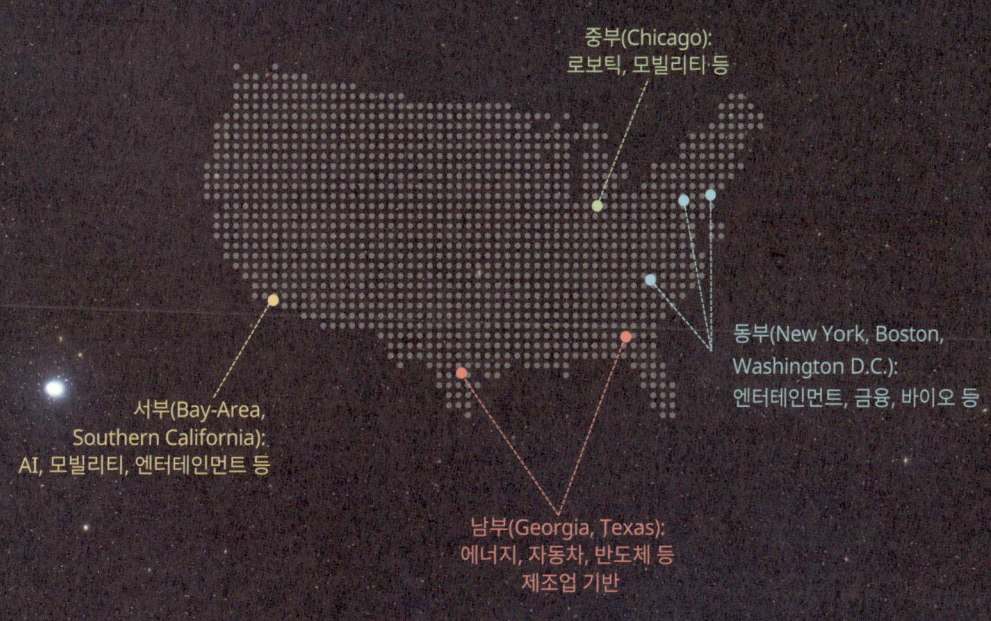

- 중부(Chicago): 로보틱, 모빌리티 등
- 동부(New York, Boston, Washington D.C.): 엔터테인먼트, 금융, 바이오 등
- 서부(Bay-Area, Southern California): AI, 모빌리티, 엔터테인먼트 등
- 남부(Georgia, Texas): 에너지, 자동차, 반도체 등 제조업 기반

미국 시장 진출, 마켓 트렌드 이해, 시장 조사 등 **리포트**와 함께
**교육, 트레이닝 서비스**가 제공됩니다.

TheMiilk Research Contact: **research@themiilk.com**

# CES 2025 Contents

**160**
COMPANY
신기술로 주목받은 기업들의 대활약

**166**
COMPANY
기술 혁신으로 무장한 한국기업들

**172**
GLOBAL COMPANY
CES가 주목한 글로벌 기업

**182**
INNOVATION AWARD
혁신상 수상으로 본
CES 2025 3대 트렌드

**186**
BEST OF INNOVATION
CES 2025
최고혁신상 TOP 19

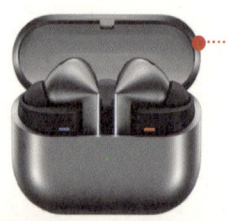

**190** SECTION 4
## Keynote Speech

**192**
①젠슨 황 엔비디아 CEO
피지컬 AI 시대…
자율주행·로봇 산업에서도 우리가
중심에 설 것

**194**
②테케드라 마와카나 웨이모 CEO
자율주행 시대의 독주 웨이모,
우리 기술은 이미 인간 운전 실력을
뛰어넘었다

**196**
③유키 쿠스미 파나소닉 홀딩스 사장
파나소닉 AI 혁신의 두 축,
에너지 전환과 에이지테크

**198**
④에드 바스티안 델타항공 CEO
100주년 맞아
스피어서 기조연설
"AI로 여행의 미래 혁신"

**200**
⑤마틴 룬스테트 볼보 그룹 사장 겸 CEO
볼보의 지속가능성 비전,
"넷 제로' 달성, 꿈 아니다"

**202**
⑥줄리 스위트 액센추어 CEO
액센추어 'AI 리파이너리' 공개,
'신뢰'가 AI 기술 채택 핵심

**204**
⑦아키오 도요타 도요타 자동차 회장
도요타, 세계 최초의 AI 도시 현실로…
"우븐시티, 입주 시작"

**206**
SUPPLEMENT
CES 2025 INNOVATION AWARD
PRODUCT
FULL WINNERS LIST 464

**220**
《CES 2025》를 만든 스페셜리스트

# 인상파
## 모네에서 미국으로

2025.2.15.
— 5.26.
더현대 서울 ALT. 1

우스터 미술관 컬렉션
Frontiers of Impressionism:
Paintings from
the Worcester Art Museum

### 빛, 바다를 건너다

**미술사의 가장 위대하고 찬란한
인상파의 대향연**

모네, 르누아르, 세잔, 쿠르베, 시슬레, 피사로, 시냐크,
하삼, 카사트, 휘슬러, 사전트.
유럽과 미국 인상파 39명의 작품이 한자리에.
우스터미술관 소장 걸작 원화 한국에 첫 선!

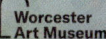 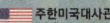 예매 interpark 티켓 문의 1544.1555

This exhibition is organized by the Worcester Art Museum. Claude Monet, *Water Lilies*, 1908, Oil on canvas, 94.8 × 89.9 cm, Museum Purchase 1910.26, Worcester Art Museum

hankyung.com  한국경제신문

UPFRONT                    Scene

# 일상이 될 피지컬AI

CES 2025에서 가장 화제가 됐던 것은 로봇이다.
지난해까지 기대를 모았던 웨어러블 기술은 오히려 줄고 생성형 AI로 혁신을 거듭한 로봇이 전시장 곳곳을 누볐다.
라스베이거스 현장을 뜨겁게 달궜던 갖가지 로봇에서 미래 트렌드를 읽는다.

| 1 | 2 | 3 |

**1.** 일본 스타트업 지자이(Jizai)가 선보인 맞춤형 범용 AI로봇 미모(Mi-Mo)는 귀여운 모습으로 인기를 끌었다. 걸어 다니는 의자 위에 램프를 얹은 모양인데 한 다리를 들어 인사를 하고 램프면을 움직이며 주변 환경과 소통한다.

**2.** 행사장에서 가장 눈길을 끈 로봇 중 하나, 반려견 로봇 '제니'다. 미국 로봇 기업 톰봇 로보틱스(Tombot Robotics)가 개발했다. 레트리버의 모습을 하고 만지면 다양한 방식으로 반응한다. 제니는 인지장애, 치매를 앓고 있는 노인을 위해 개발된 로봇 개. 톰봇 측은 제니와 함께 지낸 치매 환자의 우울증, 환각, 공격적인 행동과 같은 증상이 완화됐다고 밝혔다. 올해부터 미국을 시작으로 시판할 예정. 사전 예약만 7000대를 돌파했다고 한다.

**3.** 미국의 오픈 드로이드(OPEN DROIDS)의 R2D3는 지난해 팔 하나로 선보였던 모델에서 팔이 두 개로 늘었다. 학습 능력도 갖췄다. 로봇 전문 매체들에 따르면 배스킨라빈스, 써브웨이 등과 매장 활용 협의가 이뤄지고 있다고. 로봇이 주문받고 매장 청소를 하는 풍경이 낯설지 않은 날이 머지않았다.

UPFRONT | Scene

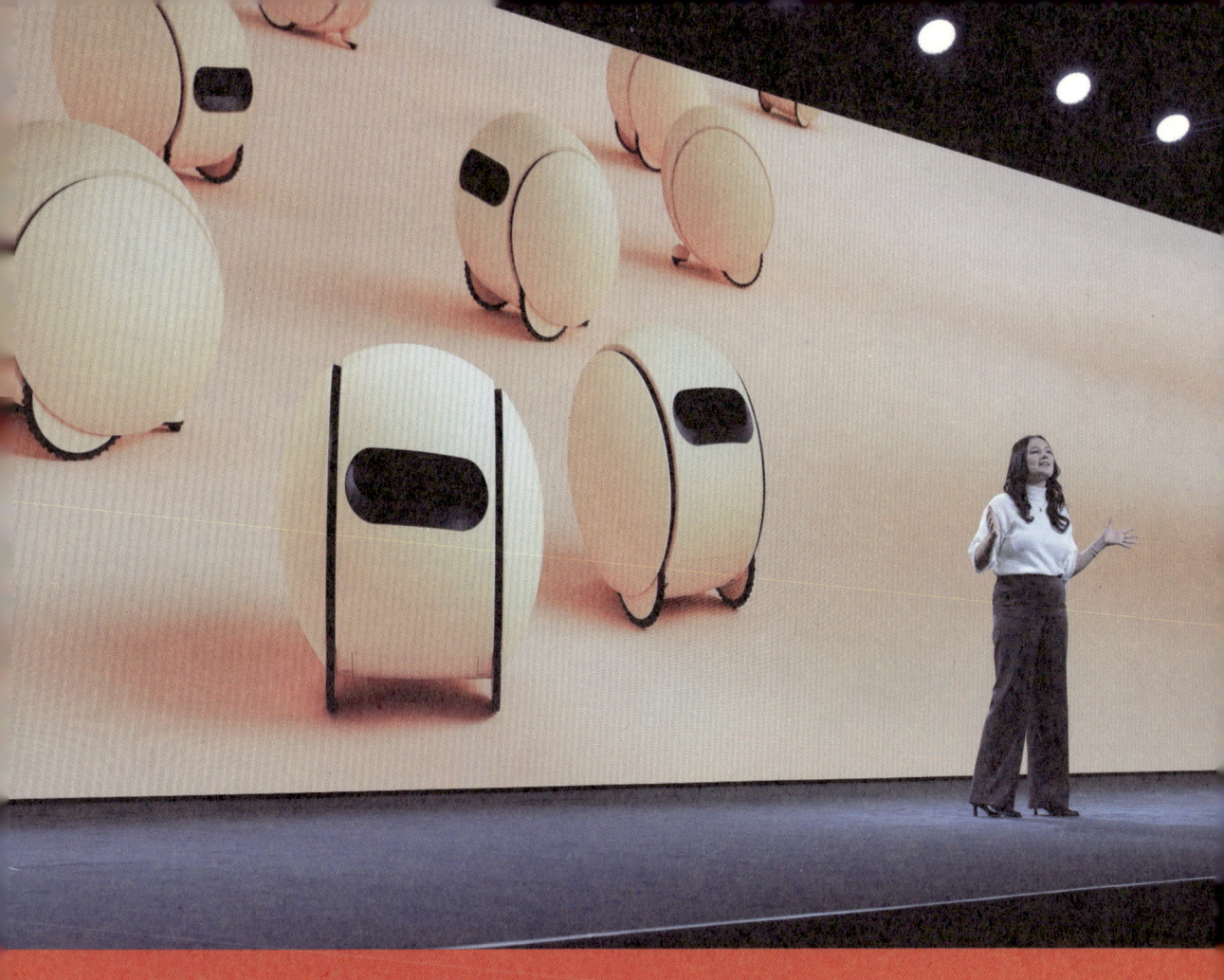

**1.** 중국 유니트리의 휴머노이드 로봇 'G1'이 엔비디아 기조연설 장 앞에서 청중들을 맞이하고 있다. 키 127센티미터, 무게 35킬로그램 수준의 보급형 로봇인 G1은 몸을 비틀고, 뛰어오르고, 계단을 오를 수 있다고 한다.

**2.** 삼성전자의 볼리는 벌써 5살이 됐다. 스타워즈 드로이드를 닮은 AI 기반 로봇 볼리는 노란색의 굴러다니는 스마트홈 동반자로 올해 드디어 상업적 판매를 실시한다. 센서, 프로젝터 그리고 길 안내와 같은 일상적인 작업을 돕는다.

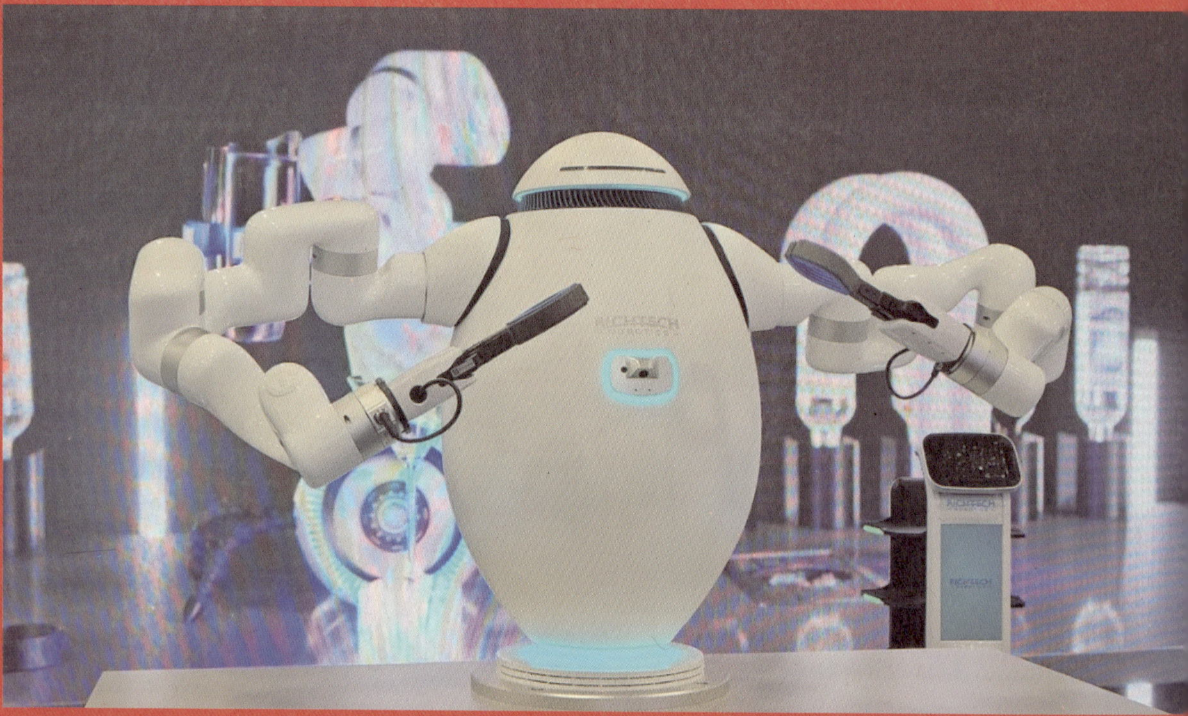

UPFRONT　　　　　　　　　　　　　Scene

**1.** 리치텍크 로보틱스(Richtech Robotics)는 바텐더 로봇 아담(ADAM)으로 즐거움을 선사했다. AI를 활용해 완벽한 칵테일을 제조한다. 커피나 버블티도 만들 수 있다. 고객과 상호 작용하고 음료 추천도 해 준다.

**2.** 센스로봇(SenseRobot)은 작은 체스 로봇을 내놓았다. 1996년 가리 카스파로프를 이긴 거대한 AI 슈퍼컴퓨터인 딥 블루보다 상당히 작다. AI 기반 게임 플레이 로봇은 체스, 바둑, 체커를 모두 마스터했다.

**3.** 앱트로닉(Apptronik)이 선보인 로봇은 좀 더 인간에 가깝다. 산업용으로 설계된 휴머노이드인 아폴로(Apollo)는 친근하고 접근하기 쉬운 디자인을 적용했다. 물건을 집고 옮기는 능력으로 공장에서 활용하는 용도다. 이미 자동차 제조업체에서 테스트 중이다.

**4.** 이 사랑스러운 미니어처 로봇의 이름은 미루미(Mirumi)다. 나무늘보와 비슷하게 생겼다. 내장된 측정 장치와 거리 센서를 사용해 근처에 있는 사람에 따라 눈을 깜빡이고 머리를 돌린다.

**5.** 회전하는 공과 감정을 드러내는 디스플레이 얼굴을 장착한 로봇 미로카이는 1.3미터 키에 밝은 색상과 만화 캐릭터 같은 얼굴로 큰 관심을 받았다. 제작자인 프랑스 인챈티드 툴스(Enchanted Tools)는 병원, 학교 등에서 환자와 학생을 돕고 정서적 안정감을 두는 로봇을 개발 중이다.

**6.** 중국 TCL의 AI 로봇 에이미( Ai Me)는 콘셉트 프로젝트로 올해 프로토타입을 공개했다. 방문객을 즐겁게 하고 상호 작용한다. 에이미를 스마트 카에 연결해 인포테인먼트와 날씨 앱과 같은 필수 설정을 맡게 할 수 있다. 밤에는 집을 모니터링하고 아이들이 잠자리에 들기 전 AI가 생성한 이미지와 애니메이션을 보여 줄 수도 있다.

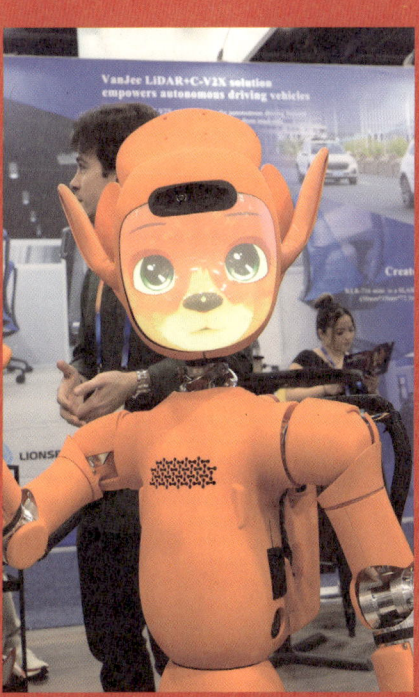

UPFRONT　　　　　　　　　　　　　　　　　Scene

**1.2.** 아리아(Aria, 위)와 멜로디(Melody, 아래). 인간의 형상을 한 AI 기반 안드로이드다. 목 위쪽에 17개의 모터를 장착해 표정을 실제 사람과 비슷하게 표현한다. 리얼로보틱스(RealRobotix)는 특허를 가진 AI 기술을 사용해 인간의 동반자 역할을 할 수 있는 로봇을 개발 중이다. 흔히 생각하는 AI 에이전트까지는 아니지만 상황을 인식하고 경험이 늘어날수록 학습하는 능력도 갖췄다.

| 1 | 2 | 3 |
| 4 | 5 | 6 |

**1.** 수영장 청소 로봇이다. 와이봇(Wybot) S2 Pro 모델. 수영장 옆에 충전 도크를 장착할 수 있고 배터리가 20% 이하로 떨어지면 알아서 자동으로 충천한다.

**2.** 또 다른 수영장 청소 로봇. 비트봇(BeatBot)은 거북이 콘셉트의 수영장 청소 로봇을 선보였다. 방대한 수역을 정화하고 연구를 수행할 수 있다.

**3.** 로보락(Roborock)은 세계 최초로 5축 접이식 로봇 팔 '옴니그립'을 탑재한 청소기 '사로스(Saros) Z70'을 들고나왔다. 양말, 수건 등 최대 300그램의 장애물을 집어서 옮겨놓는다.

**4.** 드리미(Dreame)는 얕은 계단을 오르내릴 수 있는 다리가 장착된 로봇청소기 'X50 울트라'를 출품했다. 6센티미터 문턱을 넘고 물걸레도 자동으로 교체한다.

**5.** 중국 에코백스(ECOVACS)의 잔디깎이 로봇. 미국 업체가 주도하는 시장에 중국 업체가 도전장을 내밀었다. 하루 최대 600제곱미터의 잔디를 깎을 수 있다.

**6.** 스위스의 스위치봇(SwitchBot) K20+ Pro는 로봇 팔과 손가락 그립 덕분에 집에서 쓰레기 청소부터 가습기 역할까지 여러 가지 작업을 수행할 수 있다.

UPFRONT  •  CES History

# AX 시대의 예고편

이제 생성형 인공지능(AI)이 AI로 통용되는 시대가 됐다.
AI를 기반으로 지속가능성과 디지털 헬스, 인간 안보 등의 산업 전반에 전에 없던 AX 혁신이 등장할 전망이다.

CES를 주관한 CTA(미국소비자기술협회)가 주요 토픽으로 선정한 AI, 디지털 헬스, 첨단 모빌리티(Vehicle Tech and Advanced Mobility) 3가지 기술이 CES 2025의 주요 관전 포인트였다. 혁신상 1차 발표 기준 가장 많은 상을 배출한 5개 카테고리인 디지털 헬스, AI, 지속가능성 및 에너지, 첨단 모빌리티, 스마트시티 등을 포함해 총 5가지를 주요 토픽으로 꼽을 수 있다. 기존 카테고리에 있던 5G와 XR, 블록체인, 카 오디오, 클라우드 컴퓨팅/데이터, 디지털 큐런시, 홈 엔터테인먼트 하드웨어, 엔베스팅, 마케팅 및 어드버타이징, 퀀텀 컴퓨팅, 스트리밍은 빠지고 뷰티 및 퍼스널 케어, 패션 테크, 인더스트리얼 장치와 머시너리, 펫 테크, 애니멀 웰페어 등이 추가된 것도 눈여겨봐야 할 변화다.

5G 본격 등장

| | 2014년 | 2015년 | 2016년 | 2017년 | 2018년 | 2019년 |
|---|---|---|---|---|---|---|
| | | | | | 5G | 5G |
| | | | | 스마트 시티 | 스마트 시티 | 스마트 시티 |
| | | | | 로봇 | 로봇 | 로봇 |
| | | | 인공지능 | 인공지능 | 인공지능 | 인공지능 |
| | 드론 | 드론 | 드론 | 드론 | 드론 | 드론 |
| | 웨어러블 기기 | 웨어러블 기기 | 웨어러블 기기 | 웨어러블 기기 | 웨어러블 기기 | 웨어러블 기기 |
| | 가상현실 | 가상현실 | AR/VR | AR/VR | AR/VR | AR/VR/MR |
| | 무인자동차 | 스마트 카 | 스마트 카 | 자율주행 | 자율주행 | 자율주행 |
| | 4K TV | 4K TV | 4K TV | 4K TV | 4K TV | 8K TV |
| | 스마트 홈 | 스마트 홈 | 스마트 홈 | 스마트 홈 | 스마트 홈 | 스마트 홈 |
| | 3D프린팅 | 3D프린팅 | 3D프린팅 | | | 지속가능성 |
| 특징 | 자동차 전시 확산 | 가전에서 기술로 CEA→CTA로 명칭 변경 / 서비스·콘텐츠 생태계 강조 | 인공지능 등장 | | · 독일 CeBIT (IT 전시회) 개최 중단 | |

## CES 연도별 주요 키워드 및 트렌드

**2020년**
- 코로나19 팬데믹 확산
- 온라인·비대면 기술 강조

**2021년**
- (델타항공, 비테크 기업 최초 기조연설)

**2022년**
- 온·오프라인 하이브리드
- 코로나19와 기술의 발전
- 챗GPT 3.5 시대 개막 (11월)

**2023년**

**2024년**
- 피지컬AI 시대 예고
- 8년 만에 엔비디아 젠슨 황 기조연설 복귀

**2025년**

### 연도별 주요 기술 키워드

| 구분 | 2020년 | 2021년 | 2022년 | 2023년 | 2024년 | 2025년 |
|---|---|---|---|---|---|---|
| | | | 인간안보 | 인간안보 | | 인간안보 |
| | 5G | 5G | 5G | 5G | 5G | 5G |
| | 스마트 시티 | 스마트 시티 | 스마트 시티 | 스마트 시티 | 스마트 시티 | 스마트 시티 |
| | 로봇 | 로봇 | 로봇 | 로봇 | 로봇 | 로봇 |
| | 인공지능 | 인공지능 | 인공지능 | 인공지능 | 생성형 AI | 인공지능 |
| | 드론 | 드론 | 드론 | 드론 | 드론 | 드론 |
| | 웨어러블 기기 | 웨어러블 기기 | 디지털 헬스 | 디지털 헬스 | 디지털 헬스 | 디지털 헬스 |
| | XR | XR | 메타버스 | 메타버스 | 메타버스 | 메타버스 |
| | 차세대 교통 | 차세대 교통 | 차세대 교통 | 모빌리티 | 모빌리티 | 모빌리티 |
| | 8K TV | 8K TV | 디스플레이 | 디스플레이 | 디스플레이 | 디스플레이 |
| | 스마트 홈 | 스마트 홈 | 스마트 홈 | 스마트 홈 | 스마트 홈 | 스마트 홈 |
| | 지속가능성 | ESG | 지속가능성 | 지속가능성 | 지속가능성 | 지속가능성 |
| | 푸드테크 | 푸드테크 | 푸드테크 | 푸드테크 | 푸드테크 | 푸드테크 |
| | | | NFT | 웹 3.0 | 웹 3.0 | |
| | | | 우주기술 | | | |

**2020년**
- 디지털 기술, 치료까지 확장
- 델타항공, 비테크 기업 최초 기조연설

**2022년**
- ESG, 쇼의 전면에 최초 부각
- 하이브리드 진행

**2023년**
- 웹 3.0과 메타버스 주제 신설
- 모빌리티의 진화
- 지속가능성 강조

**2024년**
- 인공지능이 쇼를 지배
- 에어 모빌리티 주요 테마로

**2025년**
- 생성형 AI가 산업 전반 혁신 리딩
- 피지컬AI등장 주목

UPFRONT　　　　　　　　　　　　　　　　　　Highlight

# 가능한 상상 by CES 2025

기술의 발전으로 인간의 삶은 지금보다 훨씬 개선되고 편리해지며
심지어 정서적 안정까지 얻을 것이라는 상상이 가능해졌다.

## 01 생각만으로 제어한다

귀에 꽂기만 하면 돼 뇌-컴퓨터 인터페이스(BCI) 기술의 새로운 지평을 열었다는 평가를 받았다. 일론 머스크 테슬라 최고경영자(CEO)의 뇌신경과학 스타트업 '뉴럴링크(Neuralink)'가 뇌에 칩을 삽입했다면 나키(Naqi)는 이어버드 형태로 동일한 기능을 구현한 것. 26개의 특허로 보호받는 기술을 적용해 미세한 안면 움직임과 머리 동작을 감지해 컴퓨터, 스마트폰, 휠체어, 로봇, 게임 등을 자연스럽게 제어할 수 있다.

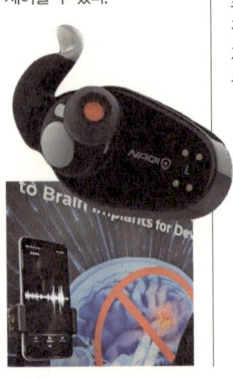

## 02 혀로 디지털 세상을 열다

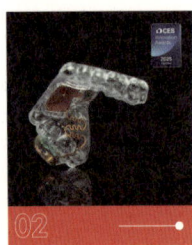

오그멘탈의 마우스패드(MouthPad). MIT 미디어랩과 버클리 출신 창업자들이 개발, '세 번째 손'으로도 불린다. 입에 무는 형태의 새로운 인터페이스 기기로 관성 센서, 압력 센서, 터치 센서를 이용해 혀와 머리의 움직임으로 기기를 조종할 수 있다. CES 2025 전시장에서는 휠체어 이동 제어, 스마트폰 동작 제어 등을 선보였다.

GO. 홍보영상

## 03 26개 국어가 가능한 AI 통역사

산더글래스(XanderGlass)가 청각장애인을 위한 솔루션으로 시작했지만, 일반인에게도 쓸모가 많은 제품이다. 글래스는 90% 이상의 투명도를 유지하면서 26개 언어를 실시간 번역하고 자막 표시까지 가능하다. 언제 어디서건 누구와 있어도 자유롭게 대화가 가능하다.

## 04 장애의 불편함이 사라진다

9세에 다리를 잃은 창업자 중국인 쑨샤오준이 일본 유학 시절 만든 스타트업 바이오닉엠(BionicM)이 내놓은 로봇 의족이다. 기술은 DC 모터 기반의 동력 보조 시스템을 갖춰 올해 최고혁신상을 받았다. 쑨샤오준 대표는 행사장에서 직접 의족을 차고 전시관에서 관람객을 맞았으며 비장애인과 다를 바 없는 이동 능력을 보여줬다.

## 05 입는 컴퓨터

마이안트(Myant)의 재킷은 삼투압 기술로 단순한 수분 제어를 넘어 '텍스타일 컴퓨팅(Textile Computing)'이라는 새로운 개념을 제시했다. 옷을 통해 인체의 다양한 생체 신호를 측정하고, 이를 기반으로 착용자의 건강 상태를 실시간으로 모니터링할 수도 있다.

"2020년대가 인텔리전스 시대라면, 2030년대는 퀀텀 시대가 될 것이다."

CTA 수석 디렉터 브라이언 코미스키

"로봇공학 분야에서 향후 3~5년 이내에 챗GPT와 같은 혁신적인 변화가 일어날 것이다. 15년 이내에 모든 사람이 AI 비서와 함께하는 시대가 올 것이며 대기업 임원들이 여러 보좌관과 일하는 것처럼 일반인도 가상의 AI 스태프의 지원을 받을 수 있다. AI 비서들은 스마트글래스와 같은 웨어러블 기기를 통해 항상 사용자와 함께할 것이다."

메타 수석 AI 과학자 얀 르쿤

## 06
### AI가 관리하는 미래 도시

도요타가 구상한 스마트 시티인 우븐시티(Woven City)가 올해 처음으로 사람을 맞는다. '살아 있는 실험실'로 불리는 우븐시티는 올여름부터 시작, 실제 2000명의 거주민이 생활하며 새로운 기술을 검증한다. 후지산 아래인 시즈오카현 스소노 지역, 축구장 약 100개를 합친 규모다. 도시 인프라 전체를 AI로 관리한다. 탄소 제로, 자율주행, 스마트홈 시스템, 로보틱스 등 미래기술의 집약체다.

## 07
### 병원의 개념이 통째로 흔들린다

온메드의 케어스테이션스(CareStations)의 원격 의료 서비스만 있다면 굳이 멀리 있는 병원까지 갈 필요가 없다. 프라이빗 부스에 들어가 데이터를 수집해 의사에게 전달하면 진단과 처방을 받을 수 있다. 필요할 경우 가까운 약국으로 처방전을 전송하거나 추가적인 검사를 권유할 수도 있다. 애보트의 링고(Lingo)는 당뇨병이 없는 일반인을 대상으로 한 건강 모니터링 기기로, 포도당 데이터를 측정하고 스마트폰 앱을 통해 분석 결과를 제공한다. 사후 치료가 아닌 예방적 건강관리로의 패러다임 전환이다.

## 08
### 매연이 사라진 세상

볼보는 100% 안전하고, 100% 화석연료 없는, 100% 더 생산적인 운송과 인프라 비전을 제시했다. 전기화, 수소연료전지, 재생할 수 있는 바이오연료를 활용한 내연기관이라는 세 가지 접근 방식을 통해 화석연료 없는 운송 수단을 보여 줬다. 2040년까지 '넷제로'로 만들겠다는 목표도 세웠다. 파나소닉도 2035년까지 전체 매출의 30%를 AI 기반 친환경 사업에서 창출할 것이며 이미 44개 제조 시설의 '넷제로'를 달성했다고 밝혔다.

## 09
### 힘들고 지루한 노동으로부터의 해방

존 디어의 자율 농기계는 16개의 카메라로 나방 크기의 물체까지 감지하며 생산성을 2배로 향상했다. 액센추어는 AI 기반 자동화로 수동 노동을 50% 감소시켰다. ESPN은 AI 기반 상담 시스템으로 생산성을 25% 향상했고 소규모 경기까지 자동 하이라이트 영상을 제작할 수 있음을 보여줬다. 창의성이 필요하지 않은 영상 제작에 매달리던 노동은 이제 안녕이다.

## 10
### 집은 소비재

하우스미(Haus.me)는 주거 개념을 완전히 흔들었다. 한 시간 안에 설치가 끝나고 건축 허가나 기초 공사가 필요하지 않고 어디든 원하는 곳으로 주거 공간을 옮길 수 있다. 집 안에는 침대나 수저, 젓가락 등 필요한 모든 물건이 다 들어 있다. 기존 대비 80%의 에너지와 물 사용 절감으로 지속가능성도 높였다.

UPFRONT · Trend

## CTA 브리핑, CES 2025 트렌드

미국소비자기술협회(CTA)가 꼽은 2025년의 트렌드를 요약하면
AI를 통한 거의 모든 것의 자동화가 효율성은 물론
지속 가능한 세상을 만드는 데도
큰 역할을 하게 된다는 것으로 요약할 수 있다.

### 디지털이 없던 세상을 모르는 세대

스마트폰과 노트북을 보고 자란 젠지(Gen Z; 1997년부터 2012년 사이에 태어난 세대) 인구가 전체의 약 32%를 차지한다. 이들은 평균 13개의 테크 기기를 보유하고 새로운 기술을 채택하는 데 주저함이 없다. 지속가능성에 관심이 높고 에너지 효율이나 재활용 가치를 지닌 제품에 대한 구매 의향이 높다.

### AI가 구매 방식을 바꾸고 있다

온라인 쇼핑이 당연하고 구매 전에 가상 피팅을 하는 것도 이제는 낯설지 않은 세상이 오고 있다. 물론 젠지 세대의 영향이 크다. 2025년 미국 소비자 기술 매출은 5370억 달러로 꾸준한 성장세를 이어가고 있다. CTA 데이터에 따르면 연평균 성장률은 3.2%다. 2024년 기준, 64%의 미국 소비자가 AI 기반 쇼핑 도구를 사용한다.

### 스마트폰을 넘어선 휴머노이드 가정용 로봇

스마트폰을 손에서 놓지 않는 것이 당연한 일상이듯 집집마다 휴머노이드 로봇 한 대쯤 있는 세상이 오고 있다. 1년 사이 미국 소비자 중 93%가 생성형 AI에 익숙해졌고 61%는 AI를 업무에 활용하게 됐다.

---

**SUMMARY**

- ✓ 디지털 네이티브 1세대, Gen Z가 이끄는 디지털 라이프
- ✓ AI는 기본, 완벽한 디지털 공존 시대
- ✓ 에너지, 식량 등 인간을 위한 기술 발전 방향
- ✓ 지속가능성과 효율성, 기술로 해결한다
- ✓ 에이지테크가 바꾸는 고령 사회

### AI 기반의 개인화된 디지털 라이프

디바이스의 역할이 단순 하드웨어에서 개인화된 '스마트 플랫폼'으로 변하는 중이다. AI는 스마트폰이나 노트북, 스마트글래스, 자동차에도 탑재되면서 사람들의 아주 니치한 니즈마저 만족시켜 주는 세상이다. 스마트TV는 엔터테인먼트를 넘어 스마트홈 관리 허브로 발전한다.

### 스마트 기술은 커뮤니티의 토대

SDV(Software Defined Vehicle)는 소프트웨어로 하드웨어를 제어·관리하는 자동차다. 보트나 비행기도 이제는 SDV로 변화하는 추세다. AI 수요 증가에 따라 전력 인프라 확충이 시급한 과제로 대두됨에 따라 안정적인 전력 공급의 중요도도 커지고 있지만 전기 모빌리티의 확장은 멈추지 않는다.

### AI가 언어 장벽 허물자 콘텐츠 산업도 주목

디즈니, 폭스, 마이크로소프트, 틱톡 등 글로벌 미디어 기업이 올해 대거 참여해 디지털 콘텐츠의 미래를 제시했다. 광고 마케팅 분야에서 LG애드솔루션, 삼성 애즈, 레딧, 위버 어드버타이징 등이 AI 기반 솔루션을 무기로 효과적인 소통 방식을 선보인 점도 눈길을 끌었다.

### 농업에서 식탁까지, AI가 먹거리 시장을 만났다

식량 공급망 강화(Bolstering the Food Supply Chain)는 자동화, 수확량 증대, 자원 보존이라는 세 가지 핵심 분야에서 기술 발전이 극대화되고 있다. 쿠보타(Kubota)와 같은 기업은 자율주행 농기계와 자동화 솔루션을 통해 농업 생산성 극대화했다. 이를 통해 인건비 절감은 물론 생산 과정의 효율성을 높였다.

### 센서가 하드웨어의 효율성을 높였다

콘티넨탈 차량에는 운전 중에도 다양한 소프트웨어를 이용할 수 있게 하는 장치가 마련됐다. 센서의 기술 진화 덕분이다. 이런 영향은 모빌리티 쪽에서 두드러지게 나타난다. 스카우트(Scout)에 탑재된 차량 센서와 솔루션은 위성 연결을 통해 소프트웨어 활용도를 높였다.

### 에이지테크, 더 오래 건강하게 산다

고령화 시대에 소위 에이지테크는 각광받는 시장이다. CTA에 따르면 미국 소비자의 80%가 스마트홈 기술을 에이지테크로 인식하고 있고 52%는 이미 에이지테크 제품을 하나 이상 보유했다. 글리댄스(Glidance) 시각장애인을 위한 제품 글라이드(Glide)는 시력이 안 좋은 시니어에게도 유용하다는 평가다.

### 물 부족, 지구온난화…기술로 해결한다

지구와 인간의 삶을 위협하는 글로벌 과제를 해결하는 기술 개발이 가히 놀랍다. 파나소닉은 재활용 가능성을 강조한 고성능 리튬 이온을 발표해 주목받았다. 가구 일체형으로 마트에서 구매하듯 살 수 있는 에너지 효율 높은 주택은 라이프 스타일 판도까지 바꿀 수 있을 정도다.

### AI 기반 도시 인프라의 진화

AI 기반 스마트TV는 홈 엔터테인먼트에서 스마트홈 관리 허브로 변모했다. TV는 콘텐츠 디바이스를 넘어 스마트홈 커맨드 센터로 역할을 재정립하는 분위기다. 건강과 에너지, 심층적인 개인 맞춤형 웰빙 지원도 TV만 있으면 해결할 수 있다. 스마트홈, 스마트시티 시대는 '디지털 공존' 트렌드와 맥락을 같이 한다.

### AI 헬스케어의 철저한 사전 예방 시스템

온메드(onMed)의 진단 서비스인 케어스테이션스는 원격 의료 서비스로 관심을 모았다. 2025년에는 AI를 접목한 헬스케어 기술이 특히 두드러졌다. 육체 건강을 넘어선 정신 건강 영역까지 확장되는 트렌드도 새롭다. 아플 조짐이 보이면 바로 문제 해결에 나서는 예방 시장이 의료 시장 패러다임을 바꾸고 있다.

## SECTION 1
### Key Insight

# DIVE IN

전 세계가
CES 2025에
몰입했다.

### 참가 기업 수, 역대 최대 또 경신

# 4800개 기업

올해 참가 기업 수는 지난 CES 2024보다 300여 개 늘었다. 특이할 만한 특징이라면 올해 한국 스타트업 참가가 크게 늘었다는 점.

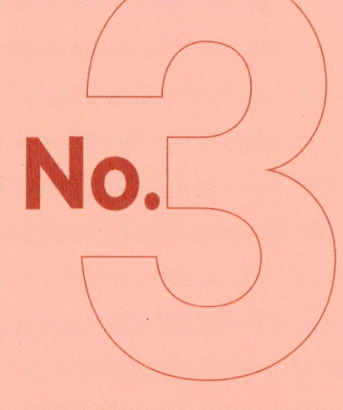

# No.3

### K-Tech 주목

지난해와 마찬가지로
한국은 참가 기업 수에서
미국, 중국 다음으로
높은 비중을 차지했다.
CES 2025에 참가한
한국 기업은 1031곳으로
전체 참가 기업의 21%다.

## TECHNOLOGY OLYMPIC

# 166 개국

지난 CES 2024에는 150개국이 참가했고, 올해는 그보다 좀 더 늘었다. 이 참가국 수의 의미가 잘 감이 오지 않는다면 세계 거의 모든 나라가 참가한 지난해 파리 올림픽을 참고하자. 파리 올림픽에는 206개국이 참가했다. 즉 CES는 전 세계 3분의 2가 넘는 국가가 참가한다.

## GLOBAL BEST MOVE

# 323개 기업

세계에서 가장 덩치 큰 기업들이 대거 CES로 움직였다. '포춘 글로벌 500' 기업 중 323개 사가 CES 2025에 모습을 드러냈다. '포춘 글로벌 500'은 미국 경제 전문지 <포춘>이 매년 발표하는 매출액 순위 세계 500개 기업을 말한다.

## BOSS IS COMING!

# 61%

올해 CES 2025의 고위직 등록자 비중은 61%다. 13만명 이상이 참가한 이번 행사에 고위직(C-레벨), 즉 최고(chief) 직위에 있는 이들이 그 수많은 인파 중 절반을 넘게 차지했다는 얘기다.

SECTION 1                                                                What & Why

# AI 산업혁명, 100조달러 신산업의 탄생

젠슨 황의 CES 2025 기조연설은 2007년 애플의 아이폰 공개 이후
가장 중요한 기조연설이 될 것이다. 그는 '피지컬AI'라는 새로운 시대의 문을 열었다.

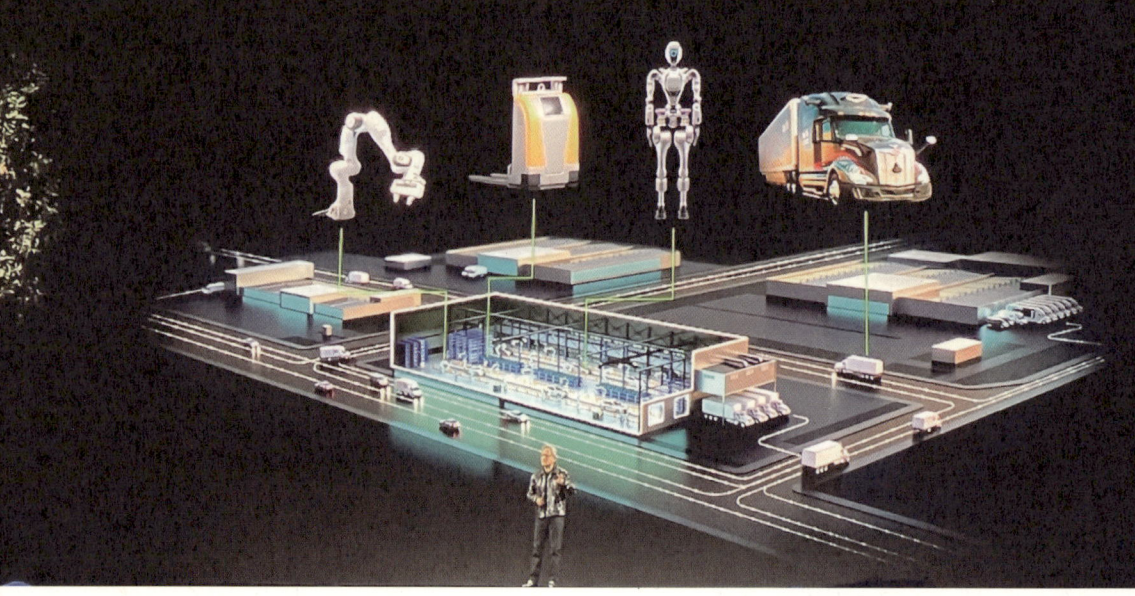

"로보틱스 산업은 처음으로 수십조달러대(멀티 트릴리언 달러) 산업이 될 것입니다."

지난 1월 6일(현지시간) 미국 라스베이거스에서 열린 CES 2025 기조연설. 젠슨 황 엔비디아 최고경영자(CEO)는 혁신적 인공지능(AI) 플랫폼인 지포스(GeForce) RTX50 GPU, 코스모스(Cosmos), AI 슈퍼컴퓨터 '디지트(Digits)'를 선보였다. 만달레이베이 컨벤션센터를 가득 메운 약 2만명의 관객과 실시간으로 시청한 수십만명의 시청자들은 1시간 반 동안 펼쳐진 젠슨 황 CEO의 AI 비전 선포식을 숨죽여 봤다.

지난 2025년 1월 7일부터 10일까지 개최된 세계 최대 테크 이벤트 CES 2025의 하이라이트였다.

## '피지컬AI 시대' 탄생 알린 기조연설

현장을 접하는 순간, 스티브 잡스 애플 창업자가 지난 2007년 최초의 아이폰을 공개한 이후 가장 관심을 받았고 훗날 역사적인 순간으로 인식될 신기술 발표라는 생각이 들었다. 스티브 잡스의 아이폰 발표 이후 20년간 '스마트폰'을 넘어 수십조달러 규모의 모바일 산업을 만든 시작이었다면 젠슨 황 CEO의 CES 2025 발표는 향후 수십조달러 규모가 될 피지컬AI(Physical AI) 산업의 시작을 알리는 이벤트였다. 젠슨 황 CEO의 CES 기조연설과 엔비디아 연례개발자대회(GTC)의 기조연설을 지난 2016년부터 수차례 지켜봐 왔지만 젠슨 황이 '스티브 잡스'와 비견될 줄은 예상치 못했다.

매년 1월 둘째 주 미 라스베이거스에서 어김없이 개최되는 CES가 '시대 선언'과 같은 역할을 한 것은 젠슨 황 CEO가 처음은 아니다. 빌 게이츠 마이크로소프트(MS) 창업자는 1995년부터 2008년까지 CES 기조연설을 통해 X박스, 스마트워치, MP3 플레이어, 가정용 데이터센터, 디지털 미디어센터 등을 발표하며 IT 산업을 선도했다. 리드 헤이스팅스 넷플릭스 창업자도 지난 2016년 1월 6일 CES 2016에서 미국, 영국, 캐나다 등 제한적 국가에서 서비스하던 넷플릭스를 이날부터 130개국으로 확대한다고 발표, 넷플릭스 세계화를 선언하기도 했다. 그는 이날 "여러분은 지금 글로벌 TV 네트워크의 탄생을 목격하고 있습니다"라고 말했는데 그로부터 10여년이 지난 2025년, 넷플릭스는 실제 유료 스트리밍 서비스를 넘어 'TV'의 또 다른 대명사가 됐다. 젠슨 황의 CES 2025 기조연설은 훗날 '피지컬AI 시대의 개막을 알리는 연설'로 평가받을 것이다.

CES는 소비자 가전 전시회(Consumer Electric Show)로 TV, 냉장고, 세탁기, 스마트폰, 웨어러블 기기 등 B2C 전자 제품의 엑스포였다. CES 2025는 본격적으로 B2B 비즈니스 이벤트로의 전환을 14만명의 참관객에게 알리게 된 것은 이번 이벤트의 또 다른 의미였다.

게리 샤피로 CTA 회장은 5일 열린 기자회견에서 이번 CES 2025 기조연설 라인업의 의미를 묻는 더밀크의 질문에 "CES의 기조연설은 CES가 점차 B2C에서 B2B 이벤트로 전환되고 있음을 의미한다. 파나소닉, 델타 등의 연설에서 이같은 사실을 확인할 수 있다"고 언급하기도 했다. 이는 AI 시대로 본격 진입함에 따라 소비자 가전(B2C) 분야 혁신보다 비즈니스 혁신이 빠르게 진행되고 있음을 뜻한다. 실제 CES 2025에서 기조연설을 한 엔비디아, 파나소닉, 델타, 액센

**1.**
'피지컬AI' 시대가 열릴 것임을 시사한 엔비디아 젠슨 황의 기조연설 현장.

**2.**
젠슨 황 엔비디아 CEO의 기조연설을 듣기 위해 모인 사람들. 이날 2만명에 가까운 사람이 기조연설에 참석했다.

추어, 볼보 등은 모두 비즈니스 고객들에 초점을 맞춘 미래 비전을 발표했다.

왜 글로벌 선도 기업들은 '죽느냐 사느냐'의 갈림길에 선 것처럼 회사의 운명을 건 듯이 움직이고 있을까? AI 기술로 인해 산업의 변곡점을 통과했으며 변화의 초기에 산업 '인프라스트럭처'가 바뀌고 업무 프로세스가 바뀌고 있기 때문이다. AI를 중심으로 기술 발전이 가속화(acceleration)됨에 따라 산업의 근간이 먼저 바뀌는 것이다. 이 기회를 놓치지 않아야 살아남을 수 있다는 것을 현장에서 목격했다.

### 왜 100조달러 AI 산업혁명인가?

지난 1879년 토머스 에디슨이 40시간 이상 지속되는 실용적인 백열전구를 발명한 이후 자동차, 전차, 공장 등에 불을 밝혀 오늘날 근대 산업혁명의 기틀을 만들었다.

지난 2022년 11월 오픈AI가 챗GPT를 공개한 이후 가속도가 붙은 AI 혁명이 모든 디지털 산업을 바꿔놓을 잠재력이 있음이 이미 증명됐다. AI로 인해 업무 생산성은 크게 증가하고 있으며 신사업과 비즈니스 모델이 속속 등장하고 있다. AI 기술

> **피지컬AI**
> AI 기술과 인간의 실생활을 연결하는 새로운 분야. 피지컬AI는 전기, 컴퓨터, 인터넷 혁명에 이어 인류 문명을 재정의할 네 번째 산업혁명으로 자리 잡을 가능성이 높다.

## SECTION 1 — What & Why

이 전기와 컴퓨터의 발명처럼 혁명적 산업 변화의 기틀이 되는 '범용·목적 기술(General Purpose Technology)'이라고 인식되는 이유다.

2025년 이후 AI 혁명의 물결은 단순히 디지털 산업을 넘어 물리 세계의 인프라와 비즈니스 모델을 재정의하는 단계에 접어들었다.

실제 CES 2025에서는 웨이모와 죽스(Zoox) 등의 로보택시(자율주행차) 및 휴머노이드 로봇 등이 공개되면서 피지컬AI(Physical AI)가 단순히 개념을 넘어 실제 비즈니스와 산업 구조에 적용되는 사례들이 이미 등장하기 시작했음을 보여줬다. 피지컬AI가 단순히 데이터를 처리하거나 소프트웨어적 해결책을 제안하는 단계를 넘어, 물리적 세계의 문제를 해결하고, 생산성을 높이며, 인간의 삶과 직접적으로 상호작용할 수 있는 가능성을 열어줬다는 평가다.

젠슨 황의 기조연설이 강조한 피지컬AI는 단순히 AI 기술의 한 단계 진화가 아니라, 전 세계 산업이 나아갈 방향을 제시하는 게임 체인저다. 제조업, 헬스케어, 농업, 모빌리티 등 다양한 산업에서 혁신을 촉진할 것이며, 이러한 변화는 기존 인프라를 완전히 새롭게 설계하도록 요구된다. AI 기술이 산업의 근간을 바꾸고 새로운 경제 생태계를 만들어가는 현재, 피지컬AI는 전기, 컴퓨터, 인터넷 혁명에 이어 인류 문명을 재정의할 네 번째 산업 혁명으로 자리 잡을 가능성이 높다.

앞으로 10년, 피지컬AI는 단순한 기술적 혁신을 넘어 산업의 기반과 인류의 생활 방식을 완전히 바꿔놓을 것이다. 이는 향후 10년간 100조달러(약 14경원) 규모의 신산업이 탄생하게 되는 결과를 낳을 것이다.

젠슨 황 CEO는 'AI 산업혁명'이 '100조달러' 규모의 신산업을 낳을 것이라 예고했다. 그는 2024년 6월 스트라이프(Stripe)가 개최한 세션스(Sessions) 기조토론에서 "AI는 앞으로 단백질, 화학물질, 이미지, 로봇 제어와 같은 다양한 형태로 재구성할 수 있는 능력을 갖췄다. 과거의

1.
휴머노이드 관련 영상에 관심을 보이는 관람객들. CES 2025에는 다양한 AI 서비스, 로봇 등이 출품되며 AI 시대의 기술 진화를 알렸다.

2.
엔비디아 전시관에서 관람객을 맞은 휴머노이드 로봇 갈봇(Galbot).

산업혁명에서 전기가 킬로와트시(kWh) 단위로 판매되었다면, 이제는 AI 토큰이 달러당 수백만 단위로 생산되고 거래될 것이다"라며 "이 경제는 전 세계 산업의 생산성과 제품, 서비스를 혁신적으로 변화시킨다. 100조달러 규모에 달하는 전 세계 산업 전반에 걸쳐 새로운 기회를 창출할 것이다"라고 말했다.

AI 산업 혁명은 과거 전기 혁명이 그랬던 것처럼 많은 사람에게 처음에는 이해하기 어려운 변화지만 향후 10년 안에 완전히 새로운 일상으로 자리 잡아 우리가 상상할 수 있는 것 이상으로 거대해진다는 전망이다.

물론 '100조달러'는 그 자체로 상상이 가지 않는다. 하지만 현재 미국 빅테크 기업들의 지난 10년간 시가총액을 비교해 보면 이 같은 수치가 '꿈의 수치' 또는 '허황된 숫자'가 아니라는 것을 알 수 있다.

2025년 1월 기준, 시가총액 1위인 애플은 3조3400억달러, 2위인 엔비디아는 3조3720억달러, 3위인 마이크로소프트는 3조1890억달러, 4위인 알파벳은 2조4070억달러, 5위인 아마존은 2조3750억달러다. 상위 10개 기업(메타, 테슬라, 브로드컴, TSMC, 아람코 포함)의 시가총액을 합치면 약 22조달러를 넘는다.

애플이 최초의 1조달러 시가총액을 돌파한 것은 지난 2018년이었다. 이후 불과 7년 만에 시총 3배를 넘어 최초의 4조달러 시총 돌파를 위해 나가고 있다. 애플과 시총 1위를 다투고 있는 엔비디아는 10년 전인 지난 2015년 시가총액은 182억달러에 불과했다. 10년 만에 엔비디아의 시가총액은 1만8000%나 올랐다. 10년 뒤에 100조달러의 '신산업'이 탄생한다는 젠슨 황 CEO의 전망은 과도한 것이 아니라는 것을 알 수 있다.

### SDX 개념도 등장

AI 기술은 이제 단순히 글, 그림, 영상을 생성하는 디지털 작업에 머물지 않는다. 챗GPT와 같은 생성형 AI 기술은 PC와 모바일 기기에서 창작 도구로 자리 잡으며 인간의 사고와 창의력을 확장했다. 그러나 이 혁신은 디지털 영역에 국한되지 않고, 로보틱스, 모빌리티, 에너지 인프라, 도시 설계 등 물리적 세계와 긴밀히 연결되며 더 큰 변화를 일으키고 있다. CES 2025는 그 현장을 보여줬다는 데 큰 의미가 있다.

20세기 산업혁명이 포드 자동차와 컨베이어 벨트에서 시작되어 근대 제조업의 기반을 닦았다면, 21세기 AI 산업 혁명의 출발점도 운송 수단에서 나올 가능성이 크다.

100년 전 공장이 단순히 물건을 생산하는 공간이었다면, 이제는 서비스 제조업(service manufacturing)이라는 새로운 패러다임이 등장하고 있다. 그 중심에 있는 것이 바로 모빌리티다. 기존의 운송산업은 '무엇을 어떻게 이동할 것인가'라는 문제를 해결하는 데 초점을 뒀다면, 이제는 '이동성을 기반으로 무엇을 창출할 것인가'라는 새로운 가치의 영역으로 진화하고 있는 것.

자율주행차가 단순한 운송 수단을 넘어 이동 중 업무 수행이 가능한 사무실이 될 수 있고, AI와 연결된 스마트 차량은 몰입형 엔터테인먼트 경험을 제공한다. 이동 자체는 또 하나의 즐거움으로 재정의되고 있다. 그 결과 모빌리티는 더 이상 물리적 이동에만 국한되지 않으며, 이동 과정에서 새로운 서비스와 부가가치를 창출하는 플랫폼으로 진화하고 있다.

CES 2025에서 모빌리티는 단순한 이동 수단에서 벗어나 업무 공간, 엔터테인먼트 공간, 그리고 생산성의 허브로 변모하고 있음을 보여줬다. 특히 SDV(Software Defined Vehicle)를 넘어 SDx(Software Defined Everything)로의 확장 가능성이 명확히 드러났다.

산업 구조 변화의 핵심 동력으로 AI 기술의 빠른 침투가 주요 트리거로 작용하고 있으며, 자율주행과 로보틱스 중심의 SDx 영역에서 AI 기술 도입이 활발히 이루어지고 있음을 확인할 수 있었다. AI와 SDx 기술의 융합이 만들어낼 미래는 단순히 기술 혁신을 넘어, 산업 구조와 경제 생태계를 재편하는 거대한 전환점이 될 것으로 보인다.

로보틱스 기술은 스마트홈에서부터 의료 서비스까지 다양한 일상 환경에 적용되며, 삶의 질을 획기적으로 높이고 있다. 또 모빌리티는 이제 차량 판매를 넘어 서비스와 플랫폼 중심 비즈니스 모델을 창출하고 있다. 이는 자동차 산업이 하드웨어 제조업에서 소프트웨어와 데이터 기반 서비스 산업으로 탈바꿈하는 전환점을 맞이했음을 보여준다.

이 모든 변화는 미국을 중심으로 재편된 경제 산업 질서에서 더욱 두드러지게 나타난다. 미국은 AI와 로보틱스, 모빌리티, 에너지 분야에서 기술 혁신과 시장 리더십을 주도하며 새로운 산업 질서를 구축하고 있다.

AI와 로보틱스, 모빌리티, 에너지 그리고 도시 설계의 진화는 단순히 기술 발전을 넘어, 새로운 가치와 비즈니스 모델을 탄생시키고 있다. 이는 디지털과 물리적 세계의 경계를 허물며 인간의 삶과 산업 구조를 근본적으로 재편한다.

SECTION 1　　　　　　　　　　　　　　　　Key Insight 1

# '피지컬AI' 시대 개막

8년만에 CES로 돌아온 엔비디아 젠슨 황의 입에 전 세계가 주목했다.
로봇과 AI 기술을 주축으로 산업 생태계의 거대한 변화가 예상되는 시점이다.

> **POINT**
> **엔비디아 프레스 컨퍼런스에서 발견한 3대 미래 전략**
> ▶ 로봇·자율주행 시장 포커스…
> "피지컬AI 기초 모델필요"
> ▶ "우리는 기술 플랫폼 회사"…
> AI 에이전트용 생태계 만든다
> ▶ 엔비디아는 시장 만드는 기업…
> "점유율 뺏는 싸움 안해"

"코스모스(Cosmos)는 미래에 다가올 거대한 로봇 산업의 출발점입니다." 젠슨 황 엔비디아 CEO는 7일(현지시각) 라스베이거스 퐁텐블로 호텔에서 별도 진행한 프레스 대상 질의응답 세션에서 "코스모스를 통해 로보틱스(robotics·로봇공학)가 실현될 것"이라며 이같이 말했다. 엔비디아의 코스모스는 피지컬AI 개발 플랫폼이다. 피지컬AI 개발에 활용하는 기초 모델(foundation model)인 '코스모스 월드 파운데이션 모델(WFM)', 비디오 처리 파이프라인 등으로 구성됐다. 피지컬AI란 로봇, 자율주행차처럼 물리 법칙의 적용을 받는 환경에 사용하기 위한 AI시스템을 말한다. 오픈AI가 챗GPT를 선보이며 생성형AI 혁명을 일으킨 것처럼 코스모스로 로봇·자율주행차 산업을 선도한다는 비전이다. 젠슨 황 CEO는 이미지와 단어, 소리를 이해하는 '인식형AI(Perception AI)' 단계, 텍스트와 이미지, 사운드를 만드는 '생성형AI(Generative AI)' 단계, 사람의 개입 없이 특정 작업을 자율적으로 수행하는 '에이전트AI(Agentic AI)' 단계를 넘어 '피지컬AI'의 시대가 개막됐다고 선포했다. 젠슨 황 CEO가 2017년 이후 처음으로 CES 기조연설에 나선 배경으로 풀이된다.

## 엔비디아는 AI 인프라 기업

당시 엔비디아의 시가총액은 699억달러(약 102조원)로 현재(3조3700억달러, 약 4918조원)의 현재의 48분의 1에 불과했다. 엔비디아는 8년 만에 컴퓨터 그래픽 카드 제조업체에서 AI 인프라 기업으로 변신하며 기업가치가 50배 가까이 급증했다. 젠슨 황 CEO가 바라보는 미래, 엔비디아의 전략에 관심을 기울여야 하는 까닭이다.

엔비디아의 전략은 크게 세 가지로 정리할 수 있다. 우선 기계가 사람처럼 말하는 걸 넘어 사람처럼 걷고, 운전할 수 있게 만들려면 피지컬AI 기초 모델이 필요하다. 기초 모델은 오픈AI의 GPT, 메타의 라마(Llama), 구글 제미나이(Gemini)처럼 다른 AI 모델 및 AI 제품, 서비스 개발을 위한 기반이 되는 모델을 말한다. 자연어 이해 및 생성에 특화된 LM(언어 모델)과 달리 월드모델(WM)은 이미지, 비디오에 특화됐다는 게 차이점이다. AI가 물리 법칙을 이해하고 재현하려면 '높은 곳에서 아래로 흐르는 물' 같은 자연계 현상을 학습하는 게 중요한데, 여기에 주로 사용되는 게 이미지, 비디오 데이터다. 자동차에 부착된 카메라로 촬영한 도로 주행 영상 데이터를 떠올리면 된다. 문제는 방대한 양의 실제 데이터, 테스트가 필요하다 보니 구축하는 데 막대한 비용이 든다. 코스모스 WFM를 활용하면 저렴한 비용으로 방대한 양의 물리 기반 합성 데이터를 쉽게 생성할 수 있다는 게 엔비디아 측 주장이다. 코스모스 WFM은 2000만 시간 분량의 영상을 14일 만에

1. 젠슨 황 엔비디아 CEO가 기조연설에서 엔비디아의 미래 비전을 설명하고 있다.
2. 젠슨 황 엔비디아 CEO가 기조연설에서 소개한 그레이스 블랙웰 NVLink72.

파악할 수 있는 성능을 갖췄다. 엔비디아에 따르면 글로벌 차량 공유 업체 우버, 중국 전기차 업체 샤오펑(XPENG)을 비롯해 혁신적인 로봇 기업으로 꼽히는 1X, 어질리티(Agility), 피규어AI(Figure AI), 갤봇(Galbot) 등이 코스모스를 도입했다. 글로벌 1위 완성차 업체 도요타와 협력, 자율주행 시스템 및 칩을 제공한다는 계획도 밝혔다.

엔비디아는 코스모스 오픈 모델 제품군을 발표하며 "WFM을 필요에 맞게 맞춤화할 수 있다"고 밝혔다. 오픈 모델 라이선스로 코스모스 WFM을 제공, 로보틱스 및 자율주행 생태계 및 커뮤니티를 키운다는 목표다. 자율주행차나 로봇의 움직임을 효과적으로 제어하는 데 필요한 인프라를 제공, 생태계를 확장함으로써 관련 기술 주도권을 확보하려는 전략으로 풀이된다. 엔비디아의 이런 생태계 중심 접근 방식은 쿠다(CUDA, 엔비디아 GPU 사용을 위한 소프트웨어 프레임워크) 생태계를 구축해 AI 반도체 시장 주도권을 확보한 것과 비슷한 전략이다. WFM 모델을 오픈하고, 소프트웨어 프레임워크, 툴킷(toolkit, 도구 모음), 라이브러리를 제공함으로써 피지컬AI 모델, 에이전트AI 서비스 산업의 주도권을 쥘 수 있기 때문이다. 이런 소프트웨어 생태계는 당연하게도 엔비디아 칩에 최적화돼 있다.

### "우리는 시장을 만드는 사람들이다"

엔비디아는 시장을 만드는 사람들로 그들을 규정했다. 모바일 기기용 CPU(중앙처리장치), GPU(그래픽처리장치) 출시 계획이 있느냐는 질문에 대한 젠슨 황 CEO의 답이다. 퀄컴, 미디어텍, 애플 등 모바일 칩 설계 강자들이 장악하고 있는 시장에는 당분간 진출할 계획이 없다는 메시지로 해석됐다. 스마트폰 등 작은 배터리로 작동하는 모바일 기기는 저전력 설계가 중요하기 때문에 암(Arm) 아키텍처 기반으로 CPU, GPU, NPU(신경망 처리장치)가 발전돼 왔다. 스마트폰 시장을 장악하고 있는 퀄컴의 스냅드래곤 AP(애플리케이션 프로세서), 애플의 A 시리즈 칩이 대표적이다.

반면 엔비디아는 다소 전력 소모가 있더라도 강력한 연산 능력을 가진 칩 설계에 강점을 나타내 왔다. 특히 AI 가속기라고도 불리는 데이터센터·서버용 GPU 시장은 엔비디아가 전 세계 시장 점유율 98% 차지, 사실상 독점하고 있다. 젠슨 황 CEO는 프로젝트 디지트(Project DIGITS)가 엔비디아가 추구하는 방향성을 보여주는 예라고 강조했다. 프로젝트디지트는 엔비디아가 CES 2025 기조연설에서 발표한 세계에서 가장 작은 슈퍼컴퓨터다. 젠슨 황 CEO는 "아무도 하지 않았을 일이기 때문에 우리는 디지트를 만들었다. 앞으로도 그렇게 할 것"이라고 했다.

젠슨 황 CEO는 "사람이 밀어서 움직이는 잔디깎기는 없어질 것"이라고 했다. AI 분야의 기하급수적 성장이 지속 가능하냐는 질문에는 "AI 발전에는 물리적 한계가 없다"고 답했다.

**AI $50조**
약 7경2800조원. 향후 로보틱스 시장 전망치다.
자료 더 밀크

SECTION 1 — Key Insight 1

**SPECIALIST VIEW**

**정지훈** 디지스트 겸임교수 및 모두의 연구소 비전책임자

한양대학교 의학 박사, 서던캘리포니아대학교 대학원에서 의공학 박사 학위를 받았다. 기술을 중심으로 한 미래 사회에 관심을 갖고 전방위적 활동을 펼치고 있다. 〈거의 모든 인터넷의 역사〉, 〈거의 모든 IT의 역사〉, 〈미래자동차, 모빌리티 혁명〉 등을 저술했다.

## 엔비디아, 'AI 플랫폼 제국' 선언

'AI 시대의 개막'을 알린 듯 웅장했던 젠슨 황의 기조연설.
그러나 그들에게도 넘어야 할 산이 있다.

CES 2025에서 펼쳐진 젠슨 황 엔비디아 CEO의 키노트는 한 편의 잘 짜인 블록버스터 영화를 방불케 했다. 캡틴 아메리카의 방패를 연상케 하는 반도체 웨이퍼 크기의 'NVL72 서버', 토르의 망치처럼 보이는 로봇 플랫폼 '토르(Thor)' 보드를 활용한 퍼포먼스 등, 무대 장치만으로도 관객들의 시선을 사로잡기에 충분했다. 여기에 'AI 시대의 개막'을 알리는 웅장한 선언은 새로운 시대를 열 영웅의 출사표처럼 들렸다. 젠슨 황 CEO가 그려낸 엔비디아의 미래는 단순한 반도체 제조사를 넘어 'AI 플랫폼 제국'을 향한 야심 찬 도전이었다. 그러나 블랙웰 아키텍처, 월드 파운데이션 모델(WFM)인 코스모스(COSMOS), 토르(Thor), 세계 최초 개인용 AI 슈퍼컴퓨터 디지트(Digits) 등 플랫폼을 잇달아 공개한 화려한 발표의 이면에는 빅테크의 자체 칩 개발과 경쟁사들의 맹렬한 추격이라는 도전을 헤쳐 나가야 하는 엔비디아의 생존 전략이 엿보이기도 했다. 지금 엔비디아는 '넘사벽'의 기

1. 키노트 연설 중 디지트를 시연 중인 젠슨 황.

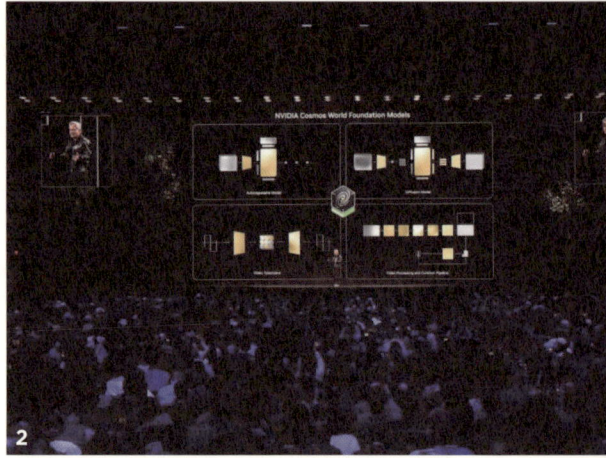

2. CES 2025에서 기조연설 중인 젠슨 황 엔비디아 CEO.

술 해자를 구축한 것으로 보인다. 하지만 무엇이 엔비디아를 혁신에 혁신을 거듭할 정도로 불안하게 했을까?

## 엔비디아, 그들만의 리그인가? AI PC 시장 진출과 블랙웰 생태계 확장

엔비디아는 이번 CES에서 지포스(GeForce) RTX 50 슈퍼(SUPER) 시리즈와 AI 슈퍼컴퓨터 디지트를 공개하며 AI PC 시장에 본격적으로 뛰어들었다. 블랙웰 아키텍처를 기반으로 하는 RTX 50 SUPER 시리즈는 게이밍 성능을 극대화하면서도 강력한 AI 추론 역량을 갖춰 로컬 PC에서 다양한 생성형 AI 애플리케이션을 구동할 수 있도록 했다. 특히 디지트는 이러한 RTX GPU를 바탕으로 개인용 AI 슈퍼컴퓨터를 표방해 개발자와 연구자가 로컬 환경에서 모델 훈련 및 추론을 가속할 수 있도록 돕는다. 가격은 3000달러로 '혁신' 그 자체다.

이러한 행보는 퀄컴, 인텔, AMD 등이 잇달아 AI PC 시장 진출에 박차를 가하는 상황 속에서, 엔비디아도 '별도의 NPU 없이' 쿠다(CUDA) 코어를 활용한 GPU 기반 AI 가속으로 승부를 보겠다는 선언과 다름없다. 하이퍼스케일러 고객에게 고성능 서버 GPU를 공급하던 엔비디아가 AI PC라는 새로운 격전지에 발을 들인 배경에는 구글, 아마존, 메타 등 빅테크 기업들의 자체 AI 칩 개발 가속화가 자리한다. 특히 구글은 TPU v6e를 기반으로 학

블랙웰 아키텍처.

### 엔비디아가 선보인 새로운 혁신 기술

**RTX 50 SUPER 시리즈**
블랙웰 아키텍처 기반으로 게이밍뿐 아니라 AI 추론 성능을 크게 향상했다. 엔비디아는 이를 강조하기 위해 FP4 벤치마크 결과를 공개했지만, 정수형 양자화(INT8, INT4)나 FP8, FP16, BF16 등 다양한 정밀도 형식이 활용되는 시장 현실을 감안하면 "FP4만으로 모든 경쟁력을 입증했다"라고 단정 짓기는 어렵다는 지적도 있다.

**NVIDIA NIM**
AI 모델을 쉽게 배포하고 관리할 수 있는 추론 마이크로서비스를 한층 강화했다. 사용자 데이터를 기반으로 개인화된 AI에이전트를 개발·배포할 수 있도록 지원해, AI PC 활용범위를 넓히겠다는 전략이다.

**sLM 지원**
엔비디아는 sLM에 대한 지원을 통해, RTX 50 SUPER 시리즈가 탑재된 PC에서 sLM을 효율적으로 구동할 수 있도록 지원한다.

**디지트(Digits)**
AI 개발자와 연구자를 위한 개인용 AI 슈퍼컴퓨터. 강력한 RTX GPU 성능을 바탕으로 로컬 환경에서 AI 모델 훈련 및 추론을 가속화하며, NIM과의 연계를 통해 AI 개발 및 배포를 간소화한다. 이는 AI PC의 범주를 일반 사용자뿐 아니라 개발자와 연구자까지 확장하려는 전략으로 풀이된다.

습한 제미나이(Gemini) 2.0을 성공적으로 출시하며 자체 칩 생태계를 적극 키우고 있다. 이는 엔비디아의 GPU 사업에 직접적인 위협이 될 뿐 아니라 장기적으로 AI 반도체 시장 주도권을 놓고 빅테크와의 한판 대결이 불가피함을 의미한다.

## 작아지는 AI 모델, 커지는 불안감

AI기술의 진화 방향이 엔비디아의 전통적 강점과 엇갈리고 있다. 과거 GPT-4나 PaLM과 같은 1조(trillion) 파라미터 규모의 거대 모델이 연구되던 시기에는, NVL72와 같은 거대 클러스터가 이러한 모델 훈련을 위한 강력한 솔루션 중 하나였다. 하지만, 최근 AI 연구는 작은 파라미터 모델에 추론 시간을 늘리고, 연쇄사고(chain of thought), 혼합 전문가 모델(Mixture of Experts, MoE) 등 새로운 기법을 적용해 거대 서버 없이도 뛰어난 성능을 내는 방향으로 진화하고 있다.

이러한 트렌드는 엔비디아의 핵심 경쟁력 중 하나였던 대규모 서버 인프라의 중요성이 상대적으로 약화될 수 있음을 의미한다. 이런 변화는 엔

## SECTION 1　　　　　　　　　　　　　　　Key Insight 1

비디아에 근본적인 도전이 될 수 있다. 대규모 GPU 클러스터에 기반한 비즈니스 모델이 흔들릴 수 있기 때문이다. 특히 빅테크들의 자체 AI칩 개발이 가속화되는 상황에서 이러한 트렌드 변화는 엔비디아의 시장 지배력을 위협하는 또 하나의 변수가 될 전망이다.

1.
AI 모델을 쉽게 배포하고 관리할 수 있는 추론 마이크로서비스를 강화한 'NIM'.

2.
CES 2025에서 공개한 엔비디아의 '코스모스'.

전략과 유사하지만, 엔비디아는 한발 더 나아가 소프트웨어와 하드웨어를 모두 아우르는 수직적 통합을 꾀하고 있다는 점에서 더욱 강력한 독점 체제를 구축하려는 시도로 해석될 수 있다. 이러한 '나 홀로' 전략은 과거 CUDA 생태계에서 보여준 독점적 지위에 대한 우려를 다시금 불러일으킨다.

### 플랫폼 기업으로의 야심, 독점적 생태계에 대한 우려

젠슨 황은 엔비디아가 코스모스와 토르를 통해 단순 하드웨어 기업을 넘어 플랫폼 기업으로 도약할 것임을 천명했다. 특히, WFM코스모스를 깃허브(GitHub)에 공개하며 개방형 생태계 구축에 대한 야심을 드러냈다. 또 자율주행 로봇 및 휴머노이드 개발을 위한 토르 플랫폼으로 피지컬AI(Physical AI) 분야의 주도권을 확보하겠다는 의지를 피력했다.

하지만 이러한 플랫폼 전략은 쿠다(CUDA) 생태계에서 보여 준 독점적 지위에 대한 우려를 다시금 불러일으킨다. '소프트웨어는 공짜로 줄 테니, 하드웨어는 우리에게 의존하라'는 메시지는 모바일 시대에 구글의 안드로이드와 퀄컴의 칩셋이 한 몸처럼 움직이며 시장을 장악했던

### 반도체 경쟁력 자체에 대한 의문

엔비디아는 서버 GPU 시장의 절대 강자지만, 온디바이스

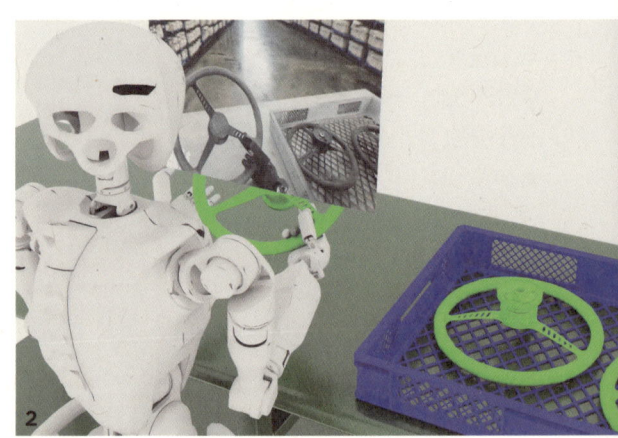

AI 시장은 또 다른 전쟁터다. 토르를 포함한 온디바이스 AI를 지원하는 반도체는 유무선 통신, 저전력 설계, 발열 제어 등 서버와는 다른 차원의 기술적 난제를 해결해야 하기 때문이다. 엔비디아는 전통적으로 모놀리식(monolithic) 디자인을 통해 최상의 성능을 구현하는 데 강점을 보여왔다. 하지만 이는 전력 소모와 발열 관리 측면에서는 불리하게 작용한다.

반면 퀄컴은 스냅드래곤 시리즈를 통해 스마트폰, 태블릿, 노트북, 자동차 등 다양한 폼팩터에 최적화된 칩 설계 및 제조 역량을 축적해 왔다. 특히 소니 혼다 모빌리티의 아필라(AFEELA)에 스냅드래곤 디지털 섀시 플랫폼을 공급하는 등 자동차 시장에서도 이미 상당한 성과를 거두고 있다.

엔비디아가 피지컬AI 시장 진출을 선언했지만, 과연 퀄컴의 아성을 무너뜨리고 온디바이스AI 시장에서도 지배력을 확보할 수 있을지는 미지수다. 특히 엔비디아가 피지컬AI 분야를 강조하는 것은 테슬라와 애플을 의식한 행보로 풀이된다. 테슬라는 자율주행, 애플은 혼합현실(MR) 등 각자의 영역에서 하드웨어와 소프트웨어를 통합한 피지컬AI 생태계를 구축하고 있다. 엔비디아는 코스모스와 토르를 통해 이러한 기업들과 경쟁하며, 피지컬AI 시장의 주도권을 확보하겠다는 야심을 드러내고 있다.

## 엔비디아가 선보인 새로운 혁신 기술

### WFM 코스모스(COSMOS)

코스모스는 다양한 센서 데이터를 이해하고, 추론하고, 행동할 수 있는 AI에이전트를 개발할 수 있는 기반을 제공한다. 오픈 소스를 표방한다. 누구나 코스모스를 활용, 자신만의 AI 모델을 훈련하고 다양한 애플리케이션에 적용할 수 있도록 한다. 특히 WFM 코스모스를 오픈 소스로 공개하고, 자율주행 로봇 및 휴머노이드 개발을 위한 토르 플랫폼을 발표한 것은 단순히 LLM을 넘어 피지컬AI 분야로 무게 중심을 옮기려는 전략이다.

### 토르(Thor)

자율주행 로봇 및 휴머노이드 개발을 위한 차세대 SoC 플랫폼이다. 토르는 블랙웰 아키텍처 기반의 GPU와 새로운 CPU 코어를 통합, 복잡한 AI 모델을 실시간으로 처리하고 로봇의 인지, 계획, 행동을 제어할 수 있는 강력한 성능을 제공한다.

### NIM

단순한 추론 마이크로서비스를 넘어, AI에이전트를 구축하고 배포하기 위한 핵심 프레임워크다. 이는 기존 서비스 중심의 빅테크 기업들이 자체 AI칩 개발을 통해 플랫폼 장악력을 높이려는 움직임에 대한 대응으로 해석된다. 엔비디아는 NIM을 통해 개발자들이 자사의 하드웨어와 소프트웨어를 기반으로 AI에이전트를 쉽게 개발할 수 있도록 지원함으로써, 자신들을 중심으로 한 AI 생태계를 구축하겠다는 전략이다.

## 엔비디아, AI 시대의 캡틴이 될 수 있을까?

CES 2025에서 엔비디아가 공개한 블랙웰 아키텍처 기반 신제품과 WFM 코스모스, 토르 플랫폼은 분명 혁신적이다. 그러나 치열해지는 경쟁 구도와 플랫폼 전략의 성공 여부는 아직 안개 속에 놓여 있다.

빅테크·반도체 기업들은 자체 칩 개발로 엔비디아의 서버 GPU 시장 장악력을 흔들고 있고, 엔비디아가 뛰어든 AI PC와 피지컬AI 시장에서도 이미 인텔·퀄컴·AMD·테슬라·애플 등 쟁쟁한 경쟁자들이 포진해 있기 때문이다. 엔비디아가 AI 시대의 '캡틴 아메리카'가 되기 위해서는 지금까지 구축한 하드웨어·소프트웨어 에코시스템을 더욱 개방하고, 협력 모델을 확장해 경쟁사들의 공세에 기민하게 대응해야 한다. 기술 혁신은 계속될 것이며, 엔비디아의 도전 역시 쉽게 멈추지는 않을 것이다. 그들이 제시한 미래가 현실이 된다면 우리의 일상은 또 한 번 큰 변화를 맞이할 가능성이 높다. 다만, 엔비디아가 노리는 '플랫폼 제국'이 진정으로 꽃피우기 위해서는 독점에 대한 우려와 경쟁사들의 강력한 도전을 어떻게 극복하느냐가 관건이다. 개방성과 협력을 표방하지만, 쿠다(CUDA) 생태계에서 보여준 독자 행보가 잠재적 파트너들에게 여전히 '경고등'으로 인식될 수 있음도 간과해서는 안 된다.

SECTION 1　　　　　　　　　　　　　　　　　Key Insight 2

## 기술에도 영혼이 있나요?

라스베이거스 컨벤션 센터(LVCC) CES 2025 현장에서 BMW가 슬로건으로 내건
'Tech has no soul or does it?' 이란 문구가 시선을 사로잡았다.

**POINT**
- BMW 파노라믹 iDrive로 SDx 생태계 확장
- 디지털 콕핏 확산 지속… 한국과 중국 경쟁심화 가능성 커져
- 차량용 인포테인먼트 시스템과 ADAS 통합 트렌드

매년 LVCC 야외 공간인 '센트럴 플라자'에서 전시를 진행해 온 BMW가 센트럴 플라자 앞 르네상스 호텔 외벽을 대형 광고판으로 활용했다. 자체 전시관 외벽에는 '마음과 영혼이 안에 있다'는 문구를 표시해 내부를 궁금하게 만들었다.

BMW의 메시지에는 '사람과 더 밀접하게 소통하는 차량'이라는 기술 트렌드가 반영됐다. 대표적인 예가 사운드하운드 AI와 루시드 모터스의 협업이다. 두 회사는 차량 인포테인먼트에 생성형 AI 기술을 접목, 음성 비서로 활용하며 직관적으로 차량을 제어할 수 있게 했다. AI 기술의 발달로 마치 사람과 대화하듯 자동차와 소통하고, 자동차를 제어할 수 있는 시대가 온 것이다.

'자율주행 기술의 발전'을 암시하는 메시지도 담겼다. 자율주행 기술의 발전으로 구글 웨이모는 샌프란시스코에서 로보택시 상용화에 성공했다. 아마존 죽스(Zoox), 전기차 1위 테슬라도 적극적으로 로보택시 사업을 추진 중이다.

영혼을 가진 것처럼 스스로 움직이는 자율주행차는 완성차 산업의 미래로 여겨져 왔다. BMW는 이 분야를 적극적으로 개척해 온 선두 주자 중 하나다. 2024년 글로벌 완성차 업체 중 최초로 첨단운전자보조시스템(ADAS) 레벨 2단계와 3단계(Personal Pilot L3)를 통합해 제공한 것도 BMW였다.

### "헤이 BMW" 지능형 개인 비서 호출

실제로 BMW는 이번 CES에서 'BMW 파노라믹 iDrive'를 세계 최초로 공개, 소프트웨어를 통해 제어하는 모든 기기(SDx, Software-Defined Everything)로서의 자동차 및 첨단 모빌리티의 현재를 보여줬다. BMW 파노라믹 iDrive는 BMW의 헤드업 디스플레이 콘셉트인 BMW 파노라믹 비전을 중심으로 설계됐다. 혁신적 디스플레이와 차량 제어 방식의 통합이 특징이다. 최신 운영 체제인 'BMW 오퍼레이팅 시스템 X'를 기반으로 작동, 차량 내 지능형 허브 역할을 수행한다.

완전히 새로운 헤드업 디스플레이(HUD) 기술을 기반으로 하는 BMW 파노라믹 비전은 차량 앞 유리 전체를 활용, 운전자에게 가장 적합한 높이에 정보를 투사할 수 있다.

AI 기술과 접목돼 인간 운전자와 더 밀접하게 소통할 수 있다는 점도 특징이다. "헤이 BMW"라는 말로 BMW의 지능형 개인 비서를 호출할 수 있는 식이다. 대규모언어모델(LLM)이 적용돼 자연어 처리 능력도 개선됐다. 프랭크 웨버 BMW 그룹 보드 멤버 겸 기술개발 총괄 이사는 "BMW 파노라믹 iDrive는 BMW 그룹의 선구적인 연구 및 기술적 도약의 집약체"라며 "멀티모달(multimodal, 다중모드) 인터랙션 분야에서 다시 한번 자동차 업계의 표준을 제시할 것"이라고 했다.

독일 자이스(ZEISS)와 협력으로 홀로그래피 윈드실드

1. BMW가 CES 2025 기간 최초 공개한 'BMW 파노라믹 iDrive'. 차량 앞 유리 전체를 디스플레이로 사용한다.

2. 라스베이거스 현지에서 테스트 주행 중인 아마존 죽스의 자율주행 차량.

디스플레이(HUD)를 선보인 현대모비스 역시 주목받았다. 자이스는 이 제품으로 CES 2025 모빌리티 분야 최고 혁신상을 받았다.

### 인포테인먼트 시스템과 ADAS 통합

국내 업체 중에서는 삼성전자, LG전자, 현대모비스 등이 다양한 디지털 콕핏(cockpit, 운전석) 신기술을 공개했다. 특히 AI 기술과의 결합을 통해 완성도가 높아졌다는 평가를 받았다. 디지털 콕핏 확산 트렌드가 계속되는 가운데, 한국 기업들과 중국 업체와의 경쟁이 심화할 가능성이 크다는 게 업계의 관측이다. SDV(Software Defined Vehicle, 소프트웨어 중심 차량)로의 변화가 빨라지면서 OTA(Over The Air, 차량 제어기 무선 업데이트) 기술로 소프트웨어는 물론 하드웨어까지 개선할 수 있는 기술 트렌드도 포착됐다.

사용자들에게 다양한 정보와 경험, 새로운 서비스 등을 제공할 수 있는 커넥티드카 개념을 구체화하고 있다. iM 증권 리서치본부는 "SDV 확산으로 아날로그 대시보드는 터치 인터페이스를 가진 디스플레이로 대체될 수밖에 없을 것"이라고 전망했다.

자율주행기술이 고도화될 경우 콘텐츠 허브 역할로서 오토매틱 디스플레이의 중요성이 더 커질 것이란 예측이다. 삼성전자가 하만을 통해 공개한 디지털 콕핏, 삼성디스플레이가 선보인 '리얼 블랙 HUD', 소니 혼다 모빌리티의 '아필라(Afeela)' 시제품 안에 설치된 디지털 콕핏 등이 대표적인 예다.

차량용 인포테인먼트 시스템과 고급 운전자 지원 시스템(ADAS)이 통합되는 트렌드도 확인할 수 있었다. LG전자 VS(Vehicle Solution)사업본부가 퀄컴(Qualcomm) 손잡고 퀄컴의 자동 주행 및 칩 기술과 LG의 차량용 인포테인먼트 시스템을 단일 컨트롤러로 통합한 게 대표적 사례다.

HL클레무브와 삼성전자 하만 역시 제휴를 체결, 자율주행과 인포테인먼트 기능이 통합된 플랫폼 제작에 나선 상태다. 현대모비스, HL만도 등 전기신호로 액추에이터를 움직이는 업체들이 ADAS 겸용으로 부품 사용이 가능한 디자인을 채용하는 등 자율주행차 시대에 발맞추려는 움직임도 확인할 수 있었다.

**디지털 콕핏 시장 예상 성장률**

약 61조원 (2022년) → 약 110조원 (2028년)

**약 110조원**
2배 가까이 성장 예상

자료: 스트래티지애널리틱스(SA)

SECTION 1　　　　　　　　　　　　　　　　Key Insight 2

SPECIALIST VIEW

**정구민 국민대학교 전자공학부 교수**

현대자동차 생산기술개발센터, LG전자 CTO, 삼성전자 소프트웨어센터, 네이버 네이버랩스의 자문 교수로 활동했다. 유비벨룩스 사외이사를 역임하는 등 업계와 학계를 두루 거친 전문가로 인정받고 있다. 현재 휴맥스와 현대오토에버 사외이사, 국가과학기술자문회의 기계소재전문위원회 위원, 한국모빌리티학회 부회장, 한국정보전자통신기술학회 부회장, 대한전기학회 정보 및 제어부문 이사를 맡고 있다.

## 자동차는 이제 소프트웨어 산업

지난해 정체를 겪었던 자동차 시장을 반영하듯 올해 CES 2025에는 자동차 제조사들이 대거 불참했다. 그러나 다양한 모빌리티 기기를 선보인 혁신 기술은 그 어느 때보다 풍요로웠다.

CES에서 모빌리티 산업은 지난 2012년 메르세데스-벤츠의 기조연설 이후 주류 산업으로 자리 잡았다. 그러나 CES 2025에서는 큰 변화의 신호가 감지됐다.

이 변화는 2024년 글로벌 자동차 시장의 정체와 밀접하게 연결돼 있다. 지난해 자동차 시장의 침체를 반영하듯 다수의 글로벌 자동차 업체들이 이번 전시회에 불참했다. 그 자리를 일부 중국 업체가 채웠으며 CES에서 전기차, 자율주행, 소프트웨어 중심 차량(Software Defined Vehicle, SDV) 기술을 선보였던 독일 3사 중 BMW만이 자리를 지켰다.

미국 자동차 업체들 역시 CES 2024에 이어 이번에도 불참했으며 현대차와 기아 역시 전시를 진행하지 않았다. 대신 토요타와 볼보는 기조연설로 참여를 대신했다.

결과적으로 전시회에 참가한 기존 자동차 업체는 BMW, 혼다, 지리, 장성자동차에 불과했다. 신생 전기차 회사인 소니-혼다 모빌리티가 전시를 선보였다. 이와 함께 선박, UAM, 로봇 등 다양한 모빌리티 기기로 자동차 기술이 확산하는 모습이 주목받았다.

기술적으로는 전동화, 자율주행, SDV, 생성형AI, 모빌리티 기기 확산이라는 다섯 가지 키워드가 주요 이슈로 떠올랐다. 최근 자동차 업계의 핵심 주제였던 전동화, 자율주행, SDV에 더해 생성형AI가 새롭게 부상했으며, 다양한 모빌리티 기기로의 기술 확산도 이어지고 있다.

### 2024년 자동차 시장 변화와 중국의 급발진

지난 2024년은 자동차 시장에 많은 변화가 있던 해였다. 특히, 중국 시장의 변화는 글로벌 자동차 산업에 큰 영향을 미쳤으며 전기차, 자율주행, SDV 기술의 발전도 두드러졌다.

먼저 중국 시장의 변화로 인한 글로벌 자동차사의 위기가 주요 이슈로 부각됐다. 자동차 시장이 성장 정체를 겪는 가운데, 미·중 무역 분쟁과 독·중 디커플링 심화는 주요 자동차 제조사들에 큰 부담으로 작용했다. 2024년 10월 유럽연합(EU)은 중국 정부의 보

조금 지급을 문제 삼아 중국산 전기차에 대해 최대 45.3%의 관세를 부과하기로 결정했다. 이에 대응, 중국 정부는 2.5리터 이상의 대형 엔진 차량에 대한 관세를 검토하고 친환경차 전환을 통해 독일과 일본 업체를 견제하고 있다.

특히 중국 토종 자동차사의 급성장은 시장의 판도를 크게 변화시켰다. 중국 내 중국 전기차 회사들이 급성장하자 기존 중국 시장에서 선전하던 독일 일본 기업들이 큰 위기에 빠진 것이다.

실제 2023년 7월 중국 로컬 자동차사들의 판매 점유율이 처음으로 50%를 돌파한 데 이어, 2024년 3분기에는 64%까지 증가했다. 비야디(BYD)의 최고경영자(CEO)는 3~5년 내 해외 브랜드의 점유율이 10% 이하로 떨어질 것이라고 전망하기도 했다. 이에 따라 독일 폭스바겐과 일본 닛산은 경영에 어려움을 겪었다. 2024년 3분기 영업이익 기준으로 현대·기아는 3.4% 감소에 그치며 선방했지만, 폭스바겐 42%, BMW 61%, 벤츠 48%, 닛산 85%, 토요타 20%, 혼다 15% 감소를 기록했다.

폭스바겐은 2024년 12월, 독일 직원 12만명 중 약 30%에 달하는 3만5000명을 대상으로 구조조정을 발표했다. 닛산은 대만 폭스콘과 중국 자동차사의 M&A 표적이 되다가 일본 정부 주도로 혼다-닛산 합병이 발표됐다.

중국 정부는 2018년 베이징 모터쇼에서 2025년까지 연간 300만대 수출 목표를 선언한 이후, 동남아, 남미, 중동, 아프리카 등 해외 시장 공략을 강화하고 있다. 다만, 미·중 무역 분쟁, 부동산 시장 악화 등 다양한 요인으로

**1.**
LG이노텍을 찾은 관람객들이 다양한 전장부품을 살펴보고 있다.

**2.**
혼다의 2026년 양산 목표인 혼다 제로 살룬.

**3.**
존 디어의 2세대 자율주행키트 기반 트랙터.

**4.**
발레오는 CES 2025에서 파노비전 기술을 선보였다.

SECTION 1　　　　　　　　　　　　　　Key Insight 2

인해 중국 경기 침체가 진행 중이어서 앞으로의 행보를 주목해야 할 상황이다.

### 글로벌 모빌리티 다섯 가지 트렌드
CES 2025 모빌리티 전시의 핵심 이슈는 친환경, 자율주행, SDV, 인공지능(AI) 그리고 모빌리티 기기의 확산이었다. CES 2024와 비슷한 키워드가 주목받았지만, 개별 키워드에서의 변화와 발전에 주목할 필요가 있다.

**트렌드1　전기차가 모빌리티 이슈 압도**
먼저, 친환경 측면에서 올해 전시된 차량은 대부분 전기차가 차지했다. 지난해는 수소차가 주목받았으나 현대차와 토요타의 불참으로 수소차 관련 논의는 거의 이루어지지 않았다. BMW와 혼다의 콘셉트카 전시, 볼보의 양산 전기차 EX90 소개, 중국 지커(Zeekr)의 전기차와 장성자동차(Great Wall Motors)의 플러그인 하이브리드 차량 전시 그리고 소니혼다모빌리티(SHM)의 아필라(Afeela) 전시가 눈길을 끌었다. BMW는 2025년 양산 예정인 차세대

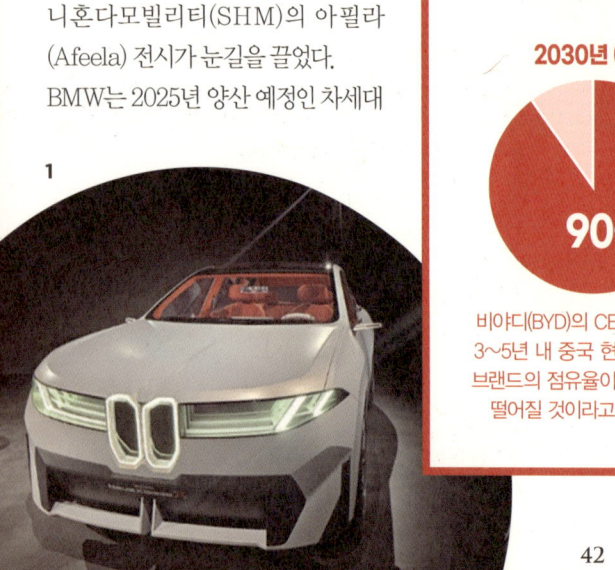
1.

2.

**중국 자동차사 중국 내 판매 점유율**

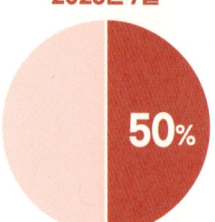
2023년 7월　50%
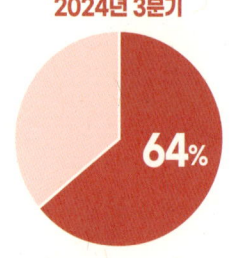
2024년 3분기　64%

2030년 예측　90%
비야디(BYD)의 CEO는 앞으로 3~5년 내 중국 현지에서 해외 브랜드의 점유율이 10% 이하로 떨어질 것이라고 전망했다.

1. CES 2025에 전시된 BMW 노이에 클라쎄 차량.
2. 롯데 EVSIS의 미국 수출용 충전기.

전기차 플랫폼 노이에 클라세(Neue Klasse) 차량을 통해 파노라믹 i드라이브 기술을 선보였다. 이는 전면 유리창을 디스플레이로 활용하는 기술로, CES 2023과 IAA 2023에서 소개된 콘셉트의 연장선에 있다.
혼다는 CES 2024에서 공개했던 혼다 0시리즈를 발전시켜, 2026년 양산형 차량인 혼다 0 살롱과 혼다 0 SUV를 새롭게 공개했다.
중국의 지커와 장성자동차는 가격 경쟁력을 앞세워 주목받았으며, 소니혼다모빌리티는 아필라를 오는 2026년 상용화한다고 발표했다. 한국 기업 중에서는 모트렉스가 PBV

기반 전기차 충전용 차량 콘셉트를, 롯데EVSIS는 미국 수출용 전기차 충전기를 선보이며 존재감을 드러냈다. 기술적인 측면에서는 4680 배터리와 이를 기반으로 한 셀투바디(cell-to-body), 셀투팩(cell-to-pack) 기술, 그리고 냉각 효율을 높이기 위한 액침냉각(immersion cooling) 기술이 주요 이슈로 떠올랐다.

### 트렌드 2 현실로 다가온 로보택시

2024년 한 해 동안 자율주행 기술은 빠르게 발전했으며, 2025년에는 시장에 큰 변화를 예고하고 있다.

주요 자동차 제조사들은 차세대 전기차와 자율주행 기술, SDV(Smart Driving Vehicle) 플랫폼 기반 차량의 양산에 돌입했으며, 구글 웨이모, 아마존 죽스, 테슬라 등 기업들은 도심 자율주행 서비스 확장에 박차를 가하고 있다. 또한 운전자 없는 자율주행 트럭의 상용화도 자율주행 시장 성장의 주요 동력으로 주목받고 있다.

CES 2025에서는 구글 웨이모, 아마존 죽스, 모빌아이 등 주요 자율주행 기업들이 첨단 기술과 차량을 선보이며 큰 관심을 끌었다. 구글 웨이모는 2024년에 발표한 6세대 자율주행차를 전시했으며, 구글 알파벳으로부터 50억 달러의 추가 투자를 유치해 자율주행 도시 확장 프로젝트를 이어가고 있다. 특히 현대 아이오닉 5를 기반으로 한 자율주행 차량을 공개해 이목을 집중시켰다.

아마존 죽스는 2024년부터 본격적으로 자율주행 서비스를 시작했으며, 모빌아이는 재정적 어려움 속에서도 CES 2025에 참여해 존재감을 드러냈다.

자율주행 센서 기술 분야에서는 웨이모, 모빌아이, 중국 화웨이가 라이다와 4D 이미징 레이더의 내재화를 목표로 활발히 움직이고 있다. 웨이모는 자체 개발한 센서를 자사 차량에 직접 적용하고 있으며, 화웨이는 중국 자동차 제조사에 센서를 공급하고 있다. 반면 모빌아이는 개발 비용 부담으로 2024년 9월 자체 센서 개발을 중단했다.

CES 2025에서는 주요 자동차 제조사와 라이다 공급사 간 협업 사례도 주목받았다. 예를 들어, 볼보는 루미나(Luminar), BMW는 이노비즈(Innoviz), 장성자동차는 허사이(Hesai), 지커는 로보센스(RoboSense)와 협력하며 기술적 진전을 이뤄냈다.

한국 기업들도 두각을 나타냈다. 에스오에스랩과 솔리드뷰는 라이다 기술을, 스마트레이더시스템과 비트센싱은 4D 이미징 레이더 기술을, 써모아이는 열화상 카메라 기술을 각각 전시하며 기술력을 입증했다.

### 트렌드 3 구체화한 SDV 기술

SDV(Software Defined Vehicle) 분야에서는 프로세서, 전기·전자 구조, 소프트웨어 플랫폼의 발전이 점차 구체화하고 있다. CES 2025에서는 이러한 SDV기술을 기반으로 한 사용자 서비스와 관련 플랫폼이 다수 전시되었으며, 특히 실내 인터페이스와 관련된 다양한 아이디어들이 주목받았다. 인피니언, 벡터, QNX, EB, dSPACE 등 주요 기업들은 SDV를 위한 핵심 기술을

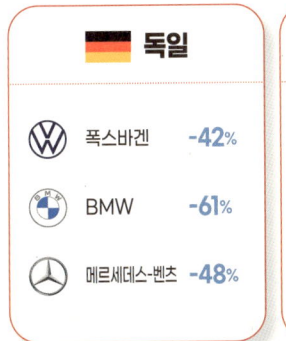

**2024년 3분기 주요 자동차사 영업이익의 전년 동기 대비 변화**

| 독일 | | 한국 | | 일본 | |
|---|---|---|---|---|---|
| 폭스바겐 | -42% | 현대자동차, 기아 | -3.4% | 닛산 | -84% |
| BMW | -61% | 현대자동차 | -6.5% | 도요타 | -19.6% |
| 메르세데스-벤츠 | -48% | 기아 | +0.6% | 혼다 | -14.6% |

자료 정구민

SECTION 1 　　　　　　　　　　　　　　　　　　　　Key Insight 2

선보였다. 아마존과 혼다는 클라우드 기술을 활용해 차량 개발 기간을 단축할 수 있는 협력 사례를 발표했다.
서비스 측면에서도 혁신적인 기술이 소개됐다. 현대모비스는 홀로그래픽 윈드실드 디스플레이를 공개하며 차량 내 정보 표시와 사용자 경험의 혁신 가능성을 제시했다. BMW의 파노라믹 i 드라이브는 차량 내부에서의 콘텐츠 소비를 중심으로 한 새로운 인터페이스 기술로 주목받았다.
또한 QNX는 소리와 음향 기술을 플랫폼화한 'QNX사운드'를 발표했다. 이 솔루션은 SDV와 연계된 다양한 소프트웨어를 다운로드하고 활용할 수 있도록 지원하며, 사용자 경험을 한 단계 끌어올릴 가능성을 보여 줬다.

**트렌드 4　AI와 만난 자동차**

생성형 AI도 최근 자동차 산업의 핵심 이슈로 부상하고 있다. CB인사이츠는 2024년 10월 보고서를 통해 생성형 AI의 자율주행 기술 적용에 대해 세 가지 주요 방향성을 제시했다.
첫째 대규모언어모델(LLM)을 활용한 개인화 및 맞춤형 서비스 제공, 둘째 가상 시뮬레이션을 통한 비용 절감, 셋째 영상 해석 및 설명을 통한 안전성 향상이 그것이다. CES 2024에서 화제를 모은 차량용 LLM은 2024년 동안 상용화 단계에 진입했다. 폭스바겐은 2024년 6월 챗GPT를 적용한 차량 양산을 시작했다. CES 2025에서는 아마존과 BMW가 협력해 개발, 양산한 차량을 선보였다. 이 차량은 사용자의 요청을 정확히 해석하고 명령을 수행하는 기술을 시연하며 큰 관심을 끌었다.
미국의 사운드하운드AI는 클라우드 기반 LLM과 엔비디아 오린 프로세서를 활용한 온디바이스 LLM 기술을 공개했다. 한국의 마음AI는 퀄컴 프로세서를 기반으로 한 온디바이스 LLM을 전시했다. CES 2025에서는 엔비디아가 코스모스 월드 파운데이션 모델을 발표하며 자율주행차와 로봇의 다음 동작을 예측하는 기술을 선보였다. 한국의 마음AI는 자율주행용 생성형 AI인 WoRV를 공개해 주목받았다. 이 기술은 2024년 뉴립스(NeurIPS)에서 최우수 논문상(Outstanding Paper)을 받으며 세계적인 기술력을 인정받았다.

**트렌드 5　헤비 모빌리티의 등장**

헤비(Heavy) 모빌리티의 등장 역시 CES 2025에서 주목할 만한 점이었다.
농기계 업체 존 디어는 건설용 장비와 조경 장비로 시장을 확장하겠다는 계획을 발표했다. 이는 모빌리티 기술의 적용 범위를 넓히려는 노력으로 평가된다. 존 디어와 캐

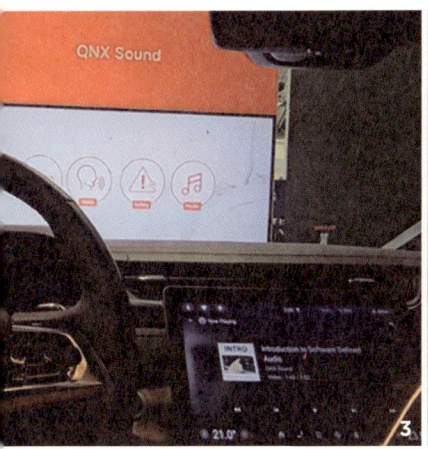
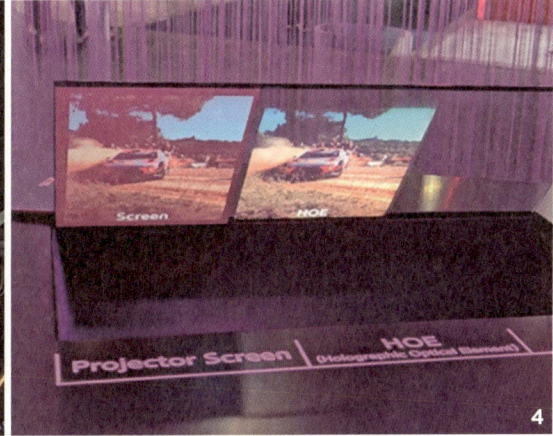

1. 아마존 죽스 자율주행차량.
2. 이노비즈 라이다를 장착한 볼보 자율주행차량.
3. QNX의 음향 기술 플랫폼 QNX사운드.
4. 현대모비스 홀로그래픽 윈드실드 디스플레이.
5. 전시관을 가득 채운 캐터필러의 대형 덤프트럭.

터필러는 대형 덤프트럭에 하이브리드 엔진을 적용, 대형 모빌리티를 친환경적으로 전환하기 위한 최소한의 시도를 보여줬다.

쿠보타, 대동, 존 디어 등 다수의 업체가 농기계 관련 기술과 장비를 전시한 것도 이번 CES의 특징으로 꼽힌다. 중국 샤오펑의 AeroHT는 차량과 분리되는 도심항공모빌리티(UAM)를 선보였다. 브런즈윅은 전기 자율운항 선박을 전시하며 주목받았다.

## CES 2025가 주는 시사점은?

코로나19로 인한 자동차 공급망 붕괴는 수요에 공급이 따라가지 못하는 결과를 초래했다. 이에 따라 코로나 시절 경제를 이끈 우리나라 업체들은 관련 시장에서 좋은 실적을 올릴 수 있었다.

그러나 공급망이 안정화된 이후, 2023년 말에서 2024년 초까지 공급 과잉 상태로 접어들었고, 2024년에는 자동차 시장의 정체로 인해 경쟁이 심화하고 있다.

또한 중국 시장의 변화로 시장 변동성이 커졌다. 2025년에는 경쟁이 더욱 치열해질 것으로 예상된다. 우리나라 업체들은 친환경, 전기차, SDV, 생성형 AI 등 미래 핵심 분야에서 경쟁력을 강화해야 할 필요성이 커지고 있다.

CES 2025 모빌리티 전시는 친환경, 자율주행, SDV, 생성형 AI, 모빌리티 기기 확산이라는 미래 모빌리티의 주요 흐름을 잘 보여줬다. 자동차 시장 정체로 많은 자동차 제조사들이 불참했지만, 미래 기술 발전을 위한 다양한 혁신 기술이 선보이며 관심을 끌었다.

우리나라 기업들도 CES 2025에서 뛰어난 기술력을 선보였다. 현대모비스, HL만도, HL클레무브, LG전자, LG이노텍, 삼성전자, 삼성SDI, 모트렉스, BH EVS, 스마트레이더시스템, 에스오에스랩, 뷰런테크놀로지, 아우토크립트, 비트센싱, 솔리드뷰, 모빌테크, 마음AI, 펀진, 엠씨넥스, 써모아이, 삼보모터스 등 다양한 업체들이 혁신적인 전시를 통해 기술력을 입증했다.

# 새로운 AI 비즈니스, AI정제 모델

글로벌 컨설팅 기업 액센추어가 AI 개발 전 과정을 지원하는 'AI정제'란 새로운 플랫폼을 소개했다.
인간의 뇌가 학습하듯 기업은 자연스럽게 AI를 도입할 수 있도록 하는 시스템이다.

CES 2025에서 글로벌 컨설팅 기업 액센추어의 줄리 스위트(Julie Sweet) 회장 겸 CEO가 새로운 AI 비즈니스 모델, 'AI정제(AI Refinery)' 모델을 소개했다. 줄리 스위트 CEO는 AI 기술 발전이 기업과 사회에 어떠한 새로운 영향을 미치고 있는지 분석하고, AI 시대 기업 혁신과 인력 구조 변화에 대한 통찰력 있는 견해를 제시했다. 이번 대담은 액센추어가 엔비디아와 함께 새로운 AI 비즈니스 그룹을 출범하고, AI 도입 가속화를 위한 12개 산업별 에이전트 솔루션을 발표한 직후 이뤄져 업계의 이목이 더욱 집중됐다.

### POINT
- ▶ AI개발 및 배포 플랫폼, 'AI정제'
- ▶ 산업별 스타터 키트 제공
- ▶ 뇌가 학습하듯 플랫폼 통해 AI학습 가능

## AI정제 모델, 디지털 혁신의 '스타터 키트'

액센추어는 인공지능(AI) 컴퓨팅 기업 엔비디아와 손잡고 새로운 AI 비즈니스 그룹을 출범했다. 기업이 에이전틱AI(Agentic AI) 시스템을 도입하고 확장할 수 있도록 지원하는 조직이다. 이 파트너십은 엔비디아의 AI 기술 스택과 액센추어의 'AI정제 플랫폼(AI Refinery)'을 기반으로 한다. AI정제는 액센추어의 AI 개발 및 배포 플랫폼이다. 데이터 준비, 모델 개발, 배포, 모니터링 등 AI 개발 전 과정을 지원한다. 기업 전반에 걸쳐 일관된 방식으로 AI를 학습하고 적용할 수 있는 통합 구조를 제공하는데, 줄리 스위트 CEO는 이를 인간의 뇌가 학습하는 방식에 비유했다. 기업들이 새로운 모델을 온 보딩하고 인증하는 과정에서 직원들이 세부 과정을 알 필요가 없도록 설계한 것도 놀라운 점이다.

액센추어가 'AI정제' 플랫폼 만들기에 나선 이유는 그동안 수행해온 수많은 컨설팅 프로젝트에서 겪은 경험 때문이다. 현재 대다수의 기업이 수많은 AI 파일럿 프로젝트를 진행하고 있지만 실질적 가치 창출에는 어려움을 겪고 있다.

AI정제 플랫폼은 이런 문제를 해결하기 위해 산업별 특성을 반영한 '스타터 키트'를 제공한다. 각 기업은 이 키트를 기반으로 자사의 데이터와 시스템에 맞춰 AI 솔루션을 커스터마이징하면 기존 및 신규 시스템과 상호운용성을 보장한다. 또 새로운 학습 과정 없이 자연스럽게 AI를 도입할 수 있게 된다.

## 실효성 거두는 액센추어만의 솔루션

기술적 측면과 함께 줄리 스위트 CEO는 AI 도입에 있어서 신뢰를 구축하는 것이 얼마나 중요한가를 역설했다. 여기서 신뢰란 첫째는 기술적 신뢰를 일컫는다. AI시스템이 이론에 그치는 것이 아니라 제대로 작동하는가에 대한 측면이다. 이는 실제 활용의 유용성을 통해 형성되는 신뢰이며 실행이 될수록 점차 두터워지는 신뢰다.

둘째는 감정적 신뢰다. 인공지능이 도입되고 확산할수록 직원들은 자신의 고용 안정성에 대해 염려하지 않을 수 없다. 줄리 스위트 CEO는 AI 시스템이 확장되려면, 직원의 고용 안정성과 미래에 대한 우려를 해소해 주어야 한

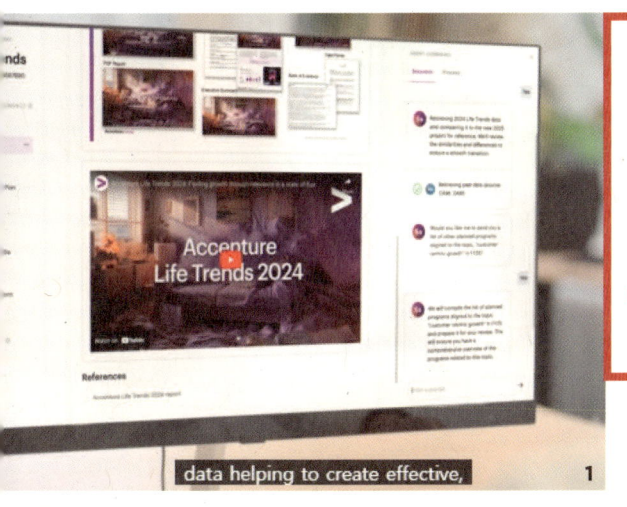

accenture
**50%**
액센추어가 개발한 AI 디지털 트윈 기술로 절감한 수동 작업 및 운영 비율

1. 액센추어의 AI리파이너리 홍보 영상.
2. CES 2025 현장에 마련된 액센추어 전시장.

에만 도입되거나 자동화도 일부만 이루어졌기 때문이라고 해석했다. AI가 도입되고 기업에 내재화될수록 오래된 직무 스킬을 가진 부문에서는 인력 감축이 발생하게 될 것이고, 동시에 새로운 업무도 창출하게 될 것으로 내다봤다.

액센추어는 2015년 '마이 위자드(My Wizard)' 플랫폼을 출시했다. 이를 통해 수만명이 수행하던 테스팅 업무의 대부분을 자동화했고, 새로운 사업 창출을 도모할 기반이 됐다. 또 직원에게 지속적인 재교육을 제공해 직원 역량 강화에 힘쓰고 있다. 이들은 2024년부터 역량 강화 교육을 제공하는 '런 밴티지(Learn Vantage)' 사업을 시작했고 연간 약 10억달러를 투자했다. 교육을 통해 전통적인 작업에 투입되던 인력들이 새로운 교육을 받아 다른 영역으로 이동하는 현상이 나타나고 있다. 나아가 스위트 CEO는 어떤 새로운 일자리가 생길지에도 주목해야 한다고 강조하면서, '초개인화(hyper personalization)'와 같은 완전히 새로운 사업 모델의 등장을 예견했다.

이같은 액센추어의 행보와 비전에 대해 CTA의 CEO인 게리 샤피로는 "액센추어는 혁신의 지속적인 원동력이 되어 AI 분야에서 획기적인 성과를 거둠으로써 기술 서비스의 유산을 이어가고 있다"면서 "줄리의 리더십 아래 액센추어는 클라우드와 AI 솔루션 분야의 리더가 되었으며 전 세계 최대 기업들에게 지속 가능한 비즈니스 모델을 확장했다"고 평가했다.

다고 강조했다. 이 신뢰가 구축돼야만 직원의 적극적인 협조와 참여를 이끌어낼 수 있기 때문이다.

액센추어는 실제로 자사 약 78만명 직원의 스킬을 데이터베이스화해 체계적으로 관리한다. 이 데이터에 기반해 20시간 이내에 필요한 역량을 갖춘 인재를 필요한 프로젝트에 적절히 배치할 수 있는 시스템도 구축했다. 또 줄리 스위트 CEO는 "지난 2년간 생성형 AI의 영향을 예측하고 기술 부문의 모든 주요 역할들을 검토해왔다"며, AI 시대 모든 직무의 필요 스킬을 재정의하는 작업을 진행 중이라고 강조했다.

줄리 스위트 CEO는 기업 차원뿐 아니라 개인 차원에서 AI 시대의 변화를 감지하고 파악 중이다. 그녀는 아직 AI가 현재 수행하고 있는 업무 대부분이 개별 과제 수준에 머물러 있다고 평가했다. 실험적 수준이기 때문에 AI 도입 후에도 인건비 절감의 효과는 아직 미미한 것도 사실이다.

이렇게 실효성이 아직 뚜렷하지 못한 이유는 AI 도입이 근본적 변화를 일으키지 못하고, 일부 영역

SECTION 1　　　　　　　　　　　　　　　　　　　　Key Insight 3

SPECIALIST VIEW

**윤송이** NC 문화재단 이사장

KAIST 전기공학과를 졸업, 이후 미국 MIT 컴퓨터신경과학 박사 학위를 받았다. 맥킨지 & 컴퍼니와 와이더댄닷컴, SK텔레콤 상무를 거쳐, 엔씨소프트 부사장 및 최고전략책임자(CSO)로 취임했다. 현재는 NC 문화재단 이사장을 역임하고 있다.

## '4대 AI 혁신' 분야와 한국 AI 발전을 위한 제언

AI는 현재 법률 및 회계, 의료, 물류, 금융 등 4대 분야에 접목돼 혁신 중이며 한국 AI 발전을 위해서는 기술 개발, 글로벌 시장 진출, 인재 유치 등 다각적인 측면에서 경쟁력을 갖춰야 한다.

이번 CES 2025 주제인 '커넥트, 솔브, 디스커버, 다이브 인(Connect, Solve, Discover, Dive In)'은 깊이 있는 탐구와 몰입을 통해 AI 혁신의 가능성을 실현하는 방향성을 제시하고 있다.

2024년에 이어 AI는 올해도 전 세계적으로 가장 주목받는 기술이 될 것으로 예상된다. 그리고 지금 우리는 전 세계가 AI 하이프(hype, 과대광고)의 변곡점을 넘어서 실질적인 결과를 만들어 내기 위해 치열하게 달려가고 있는 시점에 서 있다.

이제 AI는 단순히 가능성을 논의하는 것을 넘어서 사회적 또 산업적 측면에서 실질적 변화를 이끌어 내야 하는 중요한 단계에 이르렀다. 이 지점에서 우리의 질문은 '우리나라 AI 생태계는 어디 서 있으며 또 어디를 향해 나아가고 있는지'에 대한 것이다.

### 자원, 인재, 창의성과 혁신이 3대 핵심 요소

AI가 기대에 부응하면서 진정한 변화를 끌어내기 위해 필요한 세 가지 핵심 요소가 있다. 바로 자원, 인재 그리고 창의성과 혁신의 조합이다.

이 세 가지가 유기적으로 결합할 때 AI는 기술적인 혁신을 넘어서 우리 사회의 우리 사회 경제 긍정적 변화를 가지고 오는 강력한 원동력이 될 수 있다.

먼저 전 세계 AI 생태계를 이끄는 미국에서는 어떤 변화들이 일어나고 있는지를 살펴볼 필요가 있다. AI는 이미 가능성을 넘어서 각 사회 각 분야의 비즈니스 프로세스에 접목돼 사용되고 있다. 생성형 AI를 만드는 몇몇 회사들만을 바라보면서 AI가 돈을 벌고 있는지 아닌지를 묻는 것은 바른 질문이 아니라고 생각한다. 얼마나 빠르게 기존의 비즈니스 프로세스를 개선하고 있고, 또 새로운 생산성 기준을 만들어 가고 있는지에 주목해야 한다.

대표적으로 4개 분야 사례를 들 수 있다. 법률 및 회계, 의료, 물류, 금융 분야에 AI가 접목돼 혁신을 이뤄가고 있다.

첫 번째 사례는 '패시브(passive, 수동형) 타임키핑 솔루션'이다. 이 기술은 별도 수작업 없이 자동으로 시간을 기록해 주는 솔루션으로 변호사나 회계사 등 시간 단위로 보수가 책정되는 전문직 종사자들에게 큰 호응을 얻고 있다. 단순히 업무 효율성을 높이는 것을 넘어 비효율적인 작업 시간을 줄여 더 가치 있는 일에 집중하도록 도와주

> **79%**
> 미국의 2023년
> 타임키핑 솔루션
> 적용률은
> 79%에 달한다.

윤송이 NC 문화재단 이사장이 더밀크의 이노베이션 나이트 연사로 무대에 섰다.

는 것이다. 이 솔루션을 활용하면 노동자와 팀 간 업무처리 방식 비교 및 재택근무와 사무실 근무의 효율성을 분석할 수 있다. 경영 전략에 반영할 수 있는 실질적인 데이터와 인사이트를 제공해 경영에 큰 도움을 준다.

지식 노동자는 하루 9시간 중 3시간만 생산적인 업무에 사용한다고 알려져 있는데, 이러한 비효율성을 해결하기 위해 미국의 법률 분야는 타임키핑을 포함한 AI솔루션을 이미 적극적으로 도입하고 있다. 도입률은 지난 1년 만에 19%에서 79%로 급증했다. 솔루션을 도입한 곳과 그렇지 않은 곳의 생산성 및 업무 질의 격차는 현격히 벌어지고 있다.

다른 사례는 '앰비언트AI(Ambient AI)'라는 솔루션이다. 이미 미국 의료 분야에 많이 도입돼 주류로 사용되고 있는 기술이다. 의사들의 90% 이상은 정기적으로 번아웃을 경험하는데, 이 번아웃의 주요 원인은 과도한 행정 업무에 있다.

앰비언트 AI 기술은 환자와 의사의 대화를 자동으로 기록하고 정리해 의사가 가장 중요한 업무인 환자와의 소통과 교감에만 집중할 수 있도록 도와준다.

미국의 의료 정보기술 센터 통계에 따르면 현재 미국 대형 병원의 75%가 앰비언트AI를 포함한 다양한 AI 솔루션을 도입하고 있으며 이 중 87%의 의료기관은 "문서 자동화 솔루션이 업무 정확성을 높이고, 매출 손실도 줄이고 있다"고 답했다. 많은 병원이 AI 솔루션을 도입해 결과적으로 의료 서비스의 질도 개선되고 있다.

금융 분야에서도 AI솔루션은 이미 매우 적극적으로 활용되고 있다. 닐슨 보고서에 따르면 2026년까지 전 세계적으로 신용카드 사기로 인한 손실액은 430억달러에 달할 것으로 예상된다. 이에 대응해 엔비디아는 그래프 신경망과 기존 알고리즘을 결합해 사기 탐지 솔루션을 제공하고 있다. 아메리칸 익스프레스, 비자, 페이팔 같은 대형 금융 서비스 기업들이 이 기술을 적극적으로 활용 중이다. 특히 비자의 경우 지난 5년간 지속해서 사기 방지를 포함한 여러 AI솔루션에 100억달러 이상을 투자했다. 2023년에 방지한 사기 금액이 400억달러에 달한다고도 밝혔다.

**SECTION 1**  Key Insight 3

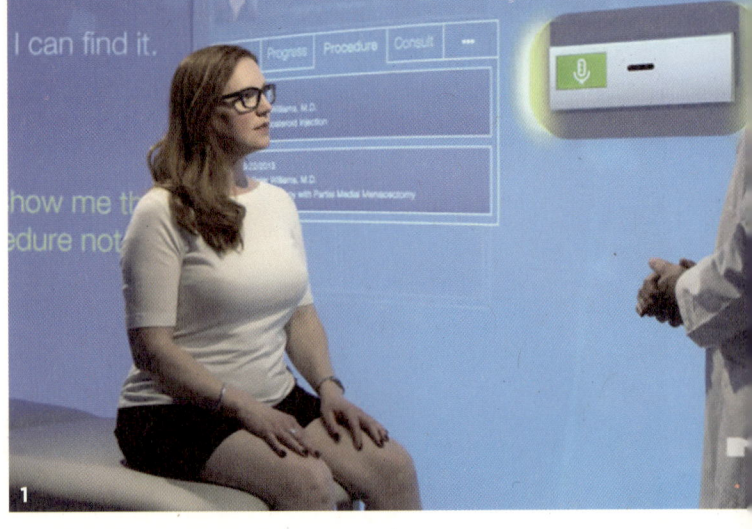

또 AI 기술을 활용, 분식 회계가 이뤄지는 것을 미리 탐지하는 기술도 도입되고 있다. 이 기술을 이용하면 3년 내 분식회계로 인해 회사에 부도가 날 것인지 여부를 95% 이상의 정확성으로 예측할 수 있다. 과거 엔론 사례를 봐도 이런 AI 기술은 사람이 미처 보지 못하는 패턴까지 찾아내 천문학적인 금융 손실을 예방하는 데 사용될 수 있다. AI는 이미 단순히 새로운 기술에 대한 가능성을 논의하는 수준을 넘어 미국 내 다양한 현장에 도입돼 활용되고 있다. 전문가들이 본질적인 역할에 집중할 수 있도록 지원해 실질적인 비즈니스 프로세스 변화를 끌어낸다.

자율주행 기술이 이끄는 물류 운송 혁신 사례도 마찬가지다. 맥킨지 보고서에 따르면 자율 운행 선박은 인건비와 안전 관련 비용을 최대 90%까지 절감할 수 있다. 글로벌 트레이드는 자율주행 트럭이 수동 운전 트럭에 비해 마일 당 비용을 30% 이상 줄일 수 있다고 분석하기도 했다. 벤티 테크놀로지(Venti Technologies)는 이 분야의 선도적 기업 중 하나다. 자율주행과 로봇 기술을 활용해 물류 운송의 효율성을 극대화하고 있다. 이 기술은 이미 싱가포르항만에 적극적으로 도입돼 사용되고 있으며 위험한 작업 환경에서 인간 대신 기계가 물류를 처리, 산업 재해를 줄이는 동시에 훨씬 저렴한 가격에 물류 운송을 가능케 했다.

첨단 로봇 회사들은 지속해서 물류 분야 로봇 기술을 고도화하고 있다. 운송 작업의 유용성과 정확성을 높이고 생산성을 크게 향상하는 것이다. 세계 최대 물류 회사 중 하나인 페덱스는 AI 디지털 트윈 솔루션을 도입해 비용을 대폭 절감하고, 고객 대응력을 강화하며 물류 산업 전반의 혁신을 주도하고 있다. 페덱스의 이러

**87%**
미국 의료기관의 87%가 문서자동화 솔루션으로 수익 손실을 개선했다.

**1.** 마이크로소프트와 뉴언스가 만든 의료 앰비언트AI 솔루션. 환자와의 대화가 자동 기록돼 의사들의 행정 업무를 줄여준다.

**2.** 스탠포드 인간중심연구소의 연구실. 보컬 샌드박스의 로봇 셋업은 실시간 학습하면서 사람이 원하는 액션을 수행하고 도와준다.

한 변화는 물류 산업의 경쟁력을 강화할 뿐만 아니라 새로운 표준을 제시하며 미래 산업 구조를 재편하는 계기가 되고 있다.

### 한국 AI 생태계의 장애물과 한계점

한국도 AI 혁신과 변화를 만들어 내기 위해 의미 있는 진전을 이루고 있다. 이런 성과는 고무적이지만 이제 더 큰 도약을 준비해야 할 것이다. 글로벌 AI 주도권은 미국과 중국이 압도적인 위치를 차지하고 있기 때문이다.

산업과 실질적 가치 창출 면에서는 한국은 규모의 경제를 이루지 못해 격차를 좁히지 못하고 있다. 또 미국 빅테크 기업은 대규모 자원 확보를 통해 AI 기술 개발과 인재 양성에 재투자하면서 선순환 구조를 이루고 있지만, 한국은 자본 시장과 소비 시장의 한계로 인해 이런 구조를 구축하기가 어려운 상황이다.

국내 석박사급 인재의 해외 유출과 낮은 회귀율도 심각한 문제로 나타나고 있다. 불충분한 인센티브와 더불어

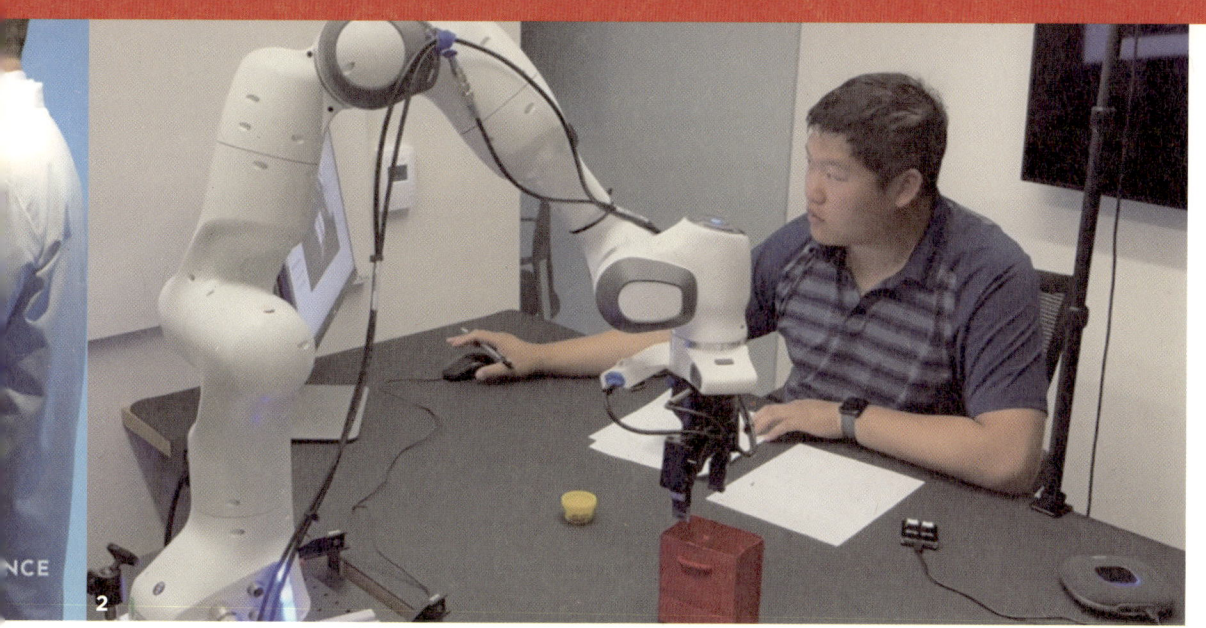

경직된 연구 환경이 주요 원인일 수 있다. 협소한 인재 풀은 한국 AI 기술의 국제 경쟁력을 약화할 가능성이 크다. 한국 대학의 연구 성과 중 AI 산업에 직접 활용되는 비율은 18%로 미국이나 일본에 비해서 현저히 낮다. 복잡한 이해관계로 인해 유의미한 연구 결과가 상용화로 이루어지지 못하는 경우도 여전히 많다.

이는 궁극적으로 AI 생태계 발전의 큰 장애물로 작용하고 있다. 자원, 인재, 창의성 및 혁신 측면에서 어떤 개선이 필요할까?

흡으로 인해 발전에 많은 제약을 받고 있다.

스탠퍼드 '인간중심 인공지능연구소(Human-Centered Artificial Intelligence, HAI)'가 펴낸 보고서에 따르면 2023년 한국의 AI 민간 부문 투자액은 약 13억9000만달러로 그 규모가 미국의 약 2%에 불과하다. 지난 10년간 AI 민간 부문 누적 투자액을 봐도 한국과 미국의 격차는 약 46배에 이른다. 한국 스타트업의 5년 생존율은 약 29%로 세계 평균(45%)과 비교했을 때 현저히 낮은 수준이라고 할 수 있다.

이를 해결하려면 초기 창업 리스크를 줄이고 테스트베드 환경을 강화할 수 있도록 제도적이고 구조적인 지원이 필요하다. 특히 민간 네트워크와 멘토링을 통해 성장을 돕는 동시에 창립부터 안정화까지 사이클 전반을 아우르는 포괄적인 지원 체계를 구축할 필요가 있다. 나아가 글로벌 네트워크의 확장은 국내 AI 생태계 지원 기반을 확대하고 국제적 경쟁력을 높이는 핵심 전략이 될 것이다. 이를 위해서는 국내 스타트업과 해외 기업 간의 협력 기회

### 제언①
### 글로벌 네트워크 확장과 포괄 지원 체계 필요

자원 측면에서는 국내 스타트업 지원을 더 확대하고 글로벌 네트워크를 확장해야 할 필요가 있다. 스타트업은 AI 생태계의 핵심 원천으로 대기업에 비해 유연하고 창의적인 접근이 가능하며 AI 기술 실험과 검증에서 핵심적 역할을 담당할 수 있다. 하지만 AI 스타트업 생태계, 한국의 AI 스타트업 생태계는 지금 자금 부족과 지원 체계의 미

SECTION 1                                Key Insight 3

와 공동 연구, 기술 교류를 활성화해야 한다. 이를 통해 국내 기업은 최신 글로벌 트렌드와 기술을 빠르게 습득하고 해외 시장에서의 입지를 강화할 수 있을 것이다. 글로벌 투자자와의 연결성을 높이는 플랫폼을 구축해 국내 스타트업에 필요한 자금을 원활히 조달할 수 있도록 해야 한다.

선진국의 성공 사례를 벤치마킹하는 것도 중요한 전략이다. 독일의 프라운호퍼 협회는 산학 협력을 기반으로 다양한 스타트업과 중소기업이 첨단 기술을 빠르게 사용할 수 있도록 맞춤형 솔루션과 컨설팅을 제공하는 등 지원을 아끼지 않고 있다. 이런 협력 모델을 한국의 스타트업 생태계에 맞게 도입한다면 기술 개발과 사업 확장을 이루는 선순환 구조를 구축할 수 있을 것이다. 결국 국내 스타트업 지원과 글로벌 네트워크 확장은 단순히 자본을 늘리는 것에 그치지 않고 기술 개발, 시장 진출, 인재 유치 등 다각적 측면에서 한국의 AI 생태계 경쟁력을 향상할 수 있을 것이다.

### 제언②
**인재가 핵심, 보상 체계 도입하고 여성·지방 인력 활용**

한국은 미국, 중국, 인도에 비해 인구 대비 공학자를 더 많이 배출하는 나라로 알려져 있다. 하지만 AI 분야의 급격한 기술 발전과 인재 수요 증가로 인해 공급이 이를 따라가지 못하는 현실이다. 국내에서 양성된 이공계 인재의 상당수는 해외로 유출되고 있고, 또 2023년 서울대 이공계 대학원의 절반 이상 학과가 입학 정원을 채우지 못하는 등 배출되는 이공계 인재의 수도 절대적으로 줄고 있다.

국내 인재 풀 확장을 위해 연구 환경 개선과 함께 경쟁력 있는 보상 체계 도입을 시급하게 마련해야 한다. AI 분야의 인재들이 국내에 머물며 역량을 발휘할 수 있도록 환경을 조성하고 지원을 강화해야 하는 것이다. 여성 인재와 지방 인재 양성을 중심으로 하는 구체적인 전략 마련도 고려해 볼 수 있다. 특히 여성 인재 양성은 AI 생태계 발전에 중요한 요소다. 한국은 과학 기술 분야에서 성비 차이가 특히 크고 여성의 참여율이 낮다. OECD와 유네스코 보고서는 과학 기술 연구 분야에서 한국의 여성 참여율이 선진국 중 하위권임을 지적하고 있다.

이 문제를 해결하려면 여성 인재가 경력을 계속 발전시켜 낼 수 있도록 일과 가정의 양립 지원 정책, 기업 차원의 멘토링과 다양성 전략이 필수적이다. 또 지방 인재 양성은 AI 생태계 지역 균형 발전을 위한 핵심 과제다. AI 기술과 인재가 수도권에 지나치게 집중되면서 지방은 인재와 기업 모두 고립되는 사막화 현상을 겪고 있다. 이를 극복하기 위해 지방 소재 기업이나 공공기관, 대학 간 협력을 강화하고 지역 기반 AI 프로젝트와 교육 프로그램을 확대해야 한다. 결론적으로 국내 AI 인재 풀 확장은 정책과 인센티브를 넘어 다양성과 포용성을 중심으로 종합적 접근을 하는 것에서 답을 찾을 수 있다.

### 제언③
### 산학협력과 책임 있는 혁신

창의와 혁신을 위한 학교와 산업의 긴밀한 협력도 매우 중요하다고 생각한다. 많은 혁신 기업들은 연구실의 기술과 창의성을 토대로 탄생해 왔다. 연구실에서의 창의성이 산업 간의 긴밀한 협력을 통해 상용화로 이어져 온 것이다. 앞서 언급한 벤티 테크놀로지를 비롯한 다양한 AI 기업들이 학교에서 만난 팀, 아이디어, 기술을 기반으로 수조원에서 수십조원의 가치를 가진 혁신 기업으로 성장했다.

미국에서는 이렇게 학교에서의 창의성이 혁신 및 상업화로 연결되도록 산업과 학계의 긴밀한 협력이 이뤄지고 있다. 스탠퍼드대에서 분리된 SRI인터내셔널에서 시작한 음성 비서 '시리'가 애플에 인수된 사례가 대표적이다. IBM과 MIT는 AI 공동 연구소를 설립해 다양한 공동 연구를 진행하고 있고, IBM의 클라우드 서비스로 상용화하는 데 성공하기도 했다. 반면 한국 대학의 경우 연구 성과가 산업에 직접적으로 활용돼 규모 있는 경제를 이뤄낸 사례가 많지 않다. 간극을 메우기 위해 국내 연구소와 대학, 기업이 더욱 긴밀히 협력하고 기술을 시장에 성공적으로 도입할 수 있도록 정부와 민간의 지원 체계가 강화될 필요가 있다.

책임 있는 혁신도 중요하다. AI 기술은 그 파급력이 큰 만큼 윤리적 고려가 필수적이다. 이는 기업의 생존과 이익 측면에서도 매우 중요하다. 윤리가 없는 혁신은 지속할 수 있지 않기 때문이다. 앞서 소개한 미국의 앰비언트AI와 자율주행 로봇 혁신 사례에서도 윤리는 핵심 요소다. 예를 들어 의료 분야에서 앰비언트AI 기술이 환자의 대화를 기록할 때 데이터 프라이버시나 보안 문제, 환자의 인종, 나이, 성별에 대한 데이터 편향 이슈를 방지하는 게 매우 중요하다. 이를 위해 기술·의료뿐 아니라 철학·윤리·사회과학 등 사회의 다양한 가치를 반영할 수 있도록 다학제적인 노력이 뒷받침돼야 한다. 윤리적 고려를 통한 책임 있는 혁신은 한국 AI 생태계에 경쟁력과 지속가능성을 가져다줄 것이다. 어느 하나만으로는 혁신을 이룰 수가 없다. 모든 요소가 유기적으로 결합할 때 한국의 AI 생태계에 진정한 변화를 가지고 올 수 있다.

소설가 윌리엄 깁슨의 말처럼 미래는 이미 와 있다. 하지만 고르게 퍼져 있지 않을 뿐이다. 우리는 AI 기술이 가져다줄 미래의 모습을 이미 목격하고 있다. 중요한 것은 이 미래를 현실로 만드는 것이다. 소수만을 위한 혜택이 아니라 우리 사회 모두가 AI 기술에 따른 번영을 누릴 수 있도록 포용적이고 지속 가능한 미래, 가장 인간적인 미래로 나아갈 수 있도록 함께 노력하길 바란다.

**1.**
로레알은 매년 유네스코와 함께 여성 과학인을 선정하고 있다. 여성 과학 인재에 대한 관심이 필요하다.

**2.**
광주형 인공지능 반도체 AiM-GJ-1 시제품 시연. AiM-GJ-1은 폐쇄회로(CC)TV에 AI를 접목해 이상이 발생하면 이용자에게 알리는 기능을 수행한다.

**3.**
유럽 및 독일을 대표하는 국책 연구기관인 프라운호퍼. 기술 개발의 산실로 꼽히는 이곳은 스타트업 지원 등을 아끼지 않는다.

SECTION 1　　　　　　　　　　　　　　　　Key Insight 4

# 존 디어 이펙트

농기계 분야의 테슬라, 일명 '농슬라'로 불리는 존 디어는 올해 역시
기술 개발이 마땅히 가야 할 길을 보여줬다.

**POINT**
- 식량안보라는 인류 위협 문제 해결
- 농업외 건설현장 등 노동인력 감소 문제 해결
- 근본적 목적에 솔루션 제시하는 세계관이 시장 설득

인공지능(AI) 기술 발전이 가속화되면서 '초격차'라는 용어는 기업의 핵심 전략으로 자리 잡았다. 그러나 단순히 기술적 우위를 확보하는 것만으로는 시장의 리더가 되기 어려운 시대다. 기술만으로는 한계가 명확하다는 뜻이다. 그렇다면 기술 외에 무엇이 위대한 기업을 만드는 요인이 될까? 바로 소비자를 설득할 수 있는 명확한 목적과 세계관이다. 세계관이 없는 기술, 목적 없는 제품은 결국 공허한 혁신으로 그칠 수밖에 없다.

CES 2025에 소개된 수많은 기술 속에서도 소비자에게 깊은 인상을 남긴 기업은 따로 있다. AI와 같은 혁신을 전통적 사업에 접목하면서도, 이를 명확한 목적과 메시지로 풀어낸 기업이다. 미국의 중장비 및 농기계 제조사로 '농슬라(농기계 분야의 테슬라)'로 불리는 '존 디어(John Deere)'가 대표적이다. 180년 이상의 역사를 자랑하는 존 디어는 CES 2023에서 농기계 업체로는 최초로 기조연설 무대에 올랐다. 이 자리에서 자율주행 트랙터를 선보이며 24시간 작물 재배와 잡초 감지, 제초제 분사 등 혁신적인 기술을 공개해 큰 주목을 받았다. 단순한 기술 진보를 넘어 소비자와 시장을 설득하는 강력한 세계관을 구축했기 때문이다. 기존 사업에 혁신 기술을 도입하며 인류 전체를 향한 존 디어만의 메시지를 전달해 공감을 이끌어낸 것. 이것이 바로 '존 디어 이펙트(John Deere Effect)'다.

## 존 디어, 설득력 있는 세계관의 성공적 구축

존 디어는 GPS, 라이다, 카메라 기술을 활용해 자율주행 농기계를 개발하며 정밀 농업의 새로운 장을 열고 있다. 이러한 기술 개발에 집중하는 이유는 농기계 제조사라는 그들의 본질적 사명 때문이다. 지미 힌드만 존 디어 최고기술책임자(CTO)는 지난 1월 6일 CES 2025 기조연설에서 식량 문제를 언급하며 이를 해결하기 위한 혁신의 필요성을 강조했다. 그는 세계 인구가 80억명에서 100억명으로 증가하는 상황에서 안정적인 식량, 의류, 인프라를 제공하는 것이 인류에게 매우 어려운 도전 과제가 될 것이라고 지적했다.

실제로 미국은 농업 부문에서 심각한 인력난을 겪고 있다. 힌드만 CTO에 따르면 미국 농부의 평균 나이는 58세에 이르며, 하루 12~18시간씩 노동에 투입되지만 이마저도 점점 줄어드는 추세다. 건설 부문 역시 상황이 심각해

1. CES 2025 웨스트홀에 마련된 존 디어 전시관.
2. CES 2025에 등장한 존 디어의 자율주행 기술이 탑재된 농기계 장비.

88%의 건설 계약자가 숙련된 인력을 확보하지 못해 어려움을 겪고 있다.

반면 미국은 2040년까지 약 15조달러 규모의 인프라 격차를 해소하기 위해 대규모 건설 인력이 필요한 상황이다. 여기에 더해 도널드 트럼프 2기 행정부가 강력한 반이민 정책을 예고해 농업과 건설 인력 확보가 더욱 어려워질 것으로 전망된다. 이러한 상황에서 식량 부족이라는 글로벌 안보 문제 해결을 위한 대안으로 자율주행 기술이 주목받고 있다. 존 디어는 지속가능한 농업을 실현하기 위해 AI, 로봇 공학, 그리고 정밀 농업 기술을 결합한 최신 자율 기술로 이 문제를 해결하고 있다. 기술적 혁신이 어떻게 실질적인 글로벌 도전에 대응하는지 보여주는 사례다.

존 디어는 CES 2025에서 24시간 농사가 가능한 자율주행 트랙터와 경운기, 과수원 살포기, 상업용 조경 장비, 건설 장비 등 다양한 2세대 자율주행 키트 기반 제품을 대거 선보였다. 새롭게 설계된 카메라 어레이와 엔비디아의 처리 장치, 그리고 '블루 리버 테크놀로지(Blue River Technology)'의 머신 러닝 알고리즘이 결합된 형태다. 덕분에 먼 거리의 시야를 확보하고, 정밀한 깊이 측정이 가능해졌다.

특히 자율주행 과수원 트랙터는 3개의 라이다(LiDAR) 센서와 7개의 카메라를 탑재해 과수원 작물의 실시간 3D 이미지를 제공하며, 분무기를 정확히 어디에 적용할지 판단할 수 있다. 이 기술은 농업뿐만 아니라 건설용 중장비와 조경 장비 등으로도 확장되고 있다.

농부들은 스마트폰 앱을 통해 장비를 원격으로 제어하고 모니터링할 수 있다. '존 디어 오퍼레이션 센터 모바일'을 활용하면 된다. 숙련된 노동력 감소 문제를 해결하며, 생산성을 획기적으로 향상시키는 데 기여하고 있다. 힌드만

**88%**
미국 내 인력난을 겪는 건설 부문 계약자의 비율. 그 와중에 강력한 반이민 정책이 예상되는 트럼프가 대통령이 되며 대체 인력 확보 방안에 관심이 높아지고 있다.

CTO는 "미국 캘리포니아의 견과류 농장에 자율주행 트랙터를 도입해 노동력 부족 문제를 해결했다"며 "자율주행 기술 적용 후 생산성이 40% 향상됐고, 작업 폭도 두 배로 늘어났다"고 설명했다. 건설 현장에서도 자율주행 기술이 채택돼 덤프트럭의 자재 운반 자동화가 이뤄졌다. 카메라 어레이와 라이다 센서는 장애물을 탐지하고 회피하며, GPS를 통해 실시간으로 위치와 경로를 조정한다. 이러한 혁신의 중심에는 강력한 데이터 처리 능력과 AI가 자리 잡고 있다. 엔비디아의 AI칩은 실시간 데이터와 각 픽셀의 의미를 분석해 자율주행 장비가 복잡한 환경에서도 안전하게 작동할 수 있도록 지원한다.

존 디어의 혁신이 '존 디어 이펙트'라는 개념으로 확장될 수 있었던 것은 자사의 강점과 기술, 그리고 그 기술과 제품의 명확한 목적이 조화를 이루며 독창적인 세계관을 구축했기 때문이다. 중소기업청장을 역임한 주영섭 서울대 특임교수는 '왜(Why)'라는 목적을 지배하는 기업만이 글로벌 리더의 자리에 오를 수 있다고 강조한다. 주 교수는 한국 기업들이 진정한 글로벌 리더로 자리매김하기 위해서는 기술을 통해 '왜(Why)'라는 근본적인 목적을 지배해야 한다고 주장했다.

SECTION 1 　　　　　　　　　　　　　　　　　　　　Key Insight 4

**앤드류 응(Andrew Ng) 스탠퍼드대학교 교수**

스탠퍼드대학교수이자 인공지능 분야의 선구자로 불린다. 스탠퍼드 인공지능 연구소에서 데이터 마이닝과 머신러닝을 가르치던 중 'CS229'라는 머신러닝 강의가 온라인을 통해 퍼졌고, 전무후무한 인기를 얻으며 AI 지식의 대중화에 크게 기여했다.

## 'AI 4대 석학' 앤드류 응이 바라본 AI 트렌드

범용 기술로서 AI는 '새로운 전기'와 같다고 생각한다.
AI는 새로운 애플리케이션을 구축할 많은 기회를 창출한다.

### 애플리케이션에 기회가 있다

오늘날 많은 사람이 여전히 애플리케이션의 다양성을 과소평가하고 있다고 생각한다. 훨씬 더 많은 애플리케이션이 생겨나고 AI 접목 기회가 바로 그 지점에 있다. AI 기술 스택(tech stack) 차원에서 생각해 보면 좋다. 제일 아래에 반도체와 클라우드 계층이 있다. 그리고 그 위에 많은 기반 모델(foundation model)이 구축된다. 가장 큰 기회는 이 위에 구축된 애플리케이션에 있다. 애플리케이션이 더 많은 수익을 창출해야 전기 요금으로 발전 사업을 유지하듯 AI 인프라 비용을 감당할 수 있기 때문이다. 발전소 건설(AI 인프라 구축)은 훌륭한 사업이다. 하지만 가전제품이나 전기로 움직이는 다른 모든 비즈니스만큼 좋은 것은 아니다. AI 산업 관점에서 보면 AI도 그런 양상을 따라가리라 생각한다.

### AI에이전트, 에이전트 워크플로·오케스트레이션 주목

AI에이전트는 작년부터 가장 주목받는 트렌드 중 하나다. 오늘날 많은 사람이 챗GPT 같은 AI에 특정 주제에 대한 에세이를 써 달라고 요청하는데 이렇게 한 번에 글을 쓰는 일은 어렵다. 반면 작업 과정을 스스로 나눠 수행하는 '에이전트 워크플로(workflow, 작업 절차)'를 통하면 훨씬 더 나은 결과물을 얻을 수 있다. 에이전트가 글쓰기를 위한 조사를 수행하고 초안 생성을 실행한 다음, 초안을 개정하는 게 더 나은지 판단해 다시 수정하는 일련의 과정을 반복하는 방식이다.

AI에이전트 부상에 따라 AI 스택에 새로운 계층이 하나 더 등장했다. 바로 에이전트 오케스트레이션(orchestration, 조율) 계층이다. 오케스트레이션은 컴퓨터 과학자들이 사용하는 용어로 여러 개의 호출을 연결해 애플리케이션을 더 쉽게 구축할 수 있도록 도와주는 소프트웨어를 의미한다. 에이전트 오케스트레이션 계층을 사용하면 다양한 AI

1

에이전트들의 활동을 매우 효율적으로 사용해 애플리케이션을 매우 빠르게 구축할 수 있다. 에이전트 워크플로를 사용해 많은 회사가 서비스를 개발 중이며 특정 목적에 맞는 반복적인 워크플로를 개발하고 있다.

1. AI 스팩에 관해 설명하는 앤드류 응 스탠퍼드대학교 교수.
2. MS는 2024년 자체 AI 개인 비서 기능을 수행하는 Copilot Agents를 발표했다.

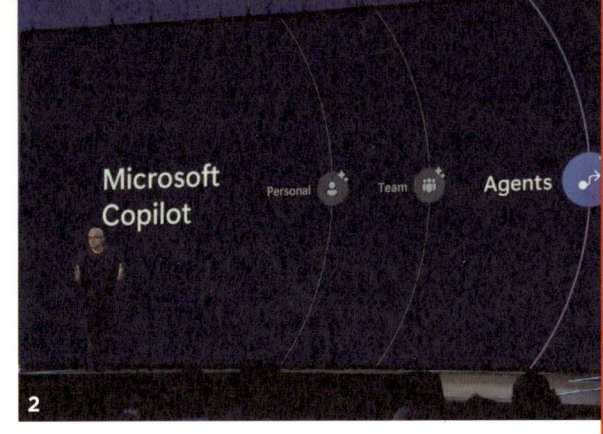

### 추론 하드웨어 발전, 프로토타입 제작 효율화

또 한 가지 트렌드는 컴퓨팅 하드웨어의 발전이다. 현재까지 집중된 엔비디아, AMD 등에 대한 관심은 AI 모델 훈련을 위한 컴퓨팅 인프라에 집중돼 있었다는 점이다. 하지만 전 세계적으로 좋은 AI 모델이 많이 등장하며 추론도 훨씬 더 빠르고, 효율적으로 수행할 수 있게 됐다.

에이전트 워크플로는 많은 양의 텍스트를 생성하는데, 읽고 쓸 수 있는 양이 많은 고성능 AI 모델을 활용해 20분 정도 추론하게 하면 더 좋은 결과를 얻을 수 있다. 이런 추론 강화 추세에 맞춰 반도체 혁신 기업들이 토큰 생성이나 AI 모델의 텍스트 생성을 훨씬 더 빠르게 만들고 있다.

생성형 AI가 AI 프로토타입(prototype, 시제품)을 매우 효율적으로 구축할 수 있게 해준다는 점도 주요 트렌드 중 하나다. AI를 통해 기업 혁신 프로세스가 바뀌고 있다. 예를 들어 과거 6개월 또는 12개월이 걸리던 애플리케이션 개발 기간을 훨씬 단축할 수 있게 됐다. 프로토타입을 만드는 비용이 매우 저렴해졌다는 뜻이다.

AI는 이 모든 것을 개선하고 있지만, 프로토타이핑 단계에서는 판도를 완전히 바꿀 수 있는 기술이다. 스마트한 기업들은 이제 많은 프로토타입을 만들고 있으며 "6개가 실패해도 괜찮다. 잘 작동하는 두 개의 새로운 프로토타입을 발견하는 데 드는 대가라면 괜찮다"고 말할 수 있게 됐다.

### AI 개발 윤리의식도 중요

빠르고 책임감 있는 자세도 중요하다. 아직은 아니지만, 제조·자율주행·보안 등 다양한 분야에서 새로운 시각적 AI 애플리케이션이 등장할 것이다. 텍스트 분석이 엄청난 가치를 인정받고 있는 것처럼 이미지 분석도 새로운 애플리케이션의 막힌 곳을 뚫어주는 역할을 할 수 있는 변곡점을 맞이하고 있다고 생각한다.

한 가지 더 흥미로운 점은 데이터의 중력이 감소하고 있다는 점이다. 데이터를 어딘가에 저장하면 데이터를 추적하고, 처리 위치 워크로드(workload, 작업량)를 계산하는 것이 마치 중력처럼 느껴진다. 하지만 생성형 AI 워크로드는 컴퓨팅 집약적이어서 처리 위치는 거의 중요하지 않다는 것이 밝혀졌다. 데이터 중력 감소는 개발자가 인터넷을 통해 데이터 패킷을 전송, 다양한 좋은 서비스를 연결할 수 있게 됐다는 의미다. 결과적으로 데이터 센터의 위치 및 데이터 센터를 구성하는 방식에 있어 다른 패턴이 나타나고 있다.

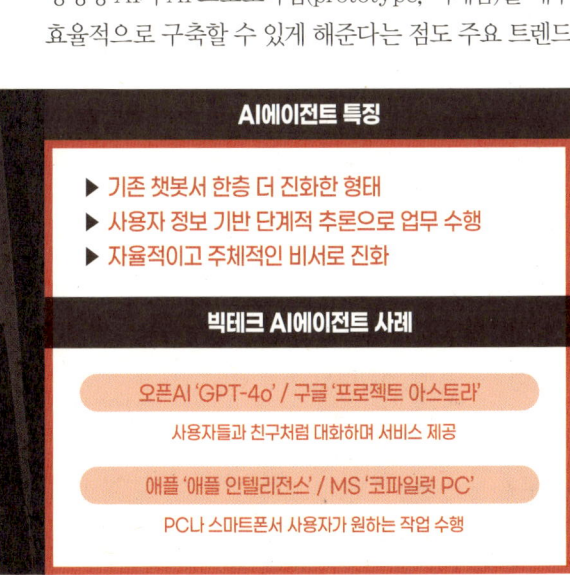

**AI 에이전트 특징**
- 기존 챗봇서 한층 더 진화한 형태
- 사용자 정보 기반 단계적 추론으로 업무 수행
- 자율적이고 주체적인 비서로 진화

**빅테크 AI에이전트 사례**

오픈AI 'GPT-4o' / 구글 '프로젝트 아스트라'
사용자들과 친구처럼 대화하며 서비스 제공

애플 '애플 인텔리전스' / MS '코파일럿 PC'
PC나 스마트폰서 사용자가 원하는 작업 수행

SECTION 1　　　　　　　　　　　　　　Key Insight 5

# 더 젊게 더 오래, 헬스케어 혁신

AI 시대의 헬스케어 기술은 이제 단순히 기술적인 혁신을 넘어, 사회적 변화와 세대별 요구에 부응하는 방향으로 진화하고 있다.

전 세계적으로 저출산과 고령화가 거대한 사회적 이슈로 부각되고 있다. CES 2025에서는 이를 해결하기 위한 기술적 해법으로 에이지테크(AgeTech)와 맞춤형 헬스케어 기술이 주요 화두로 떠올랐다. 해당 기술은 단순히 개인의 건강을 관리하는 차원을 넘어 사회적 문제 해결의 중요한 수단으로 자리매김하고 있다.

**POINT**
▶ 개인화된 솔루션 제공하는 기술 대거 등장
▶ 전연령 흡수하는 다목적 헬스케어 제품 주목
▶ 질병 진단을 넘어 건강 코치 개념 접근

브라이언 코미스키 미국소비자기술협회(CTA) 수석 디렉터는 핵심 기술 중 하나로 '장수'를 꼽으며, 기술적 진보가 더 오래 건강한 삶을 가능하게 할 것이라고 전망했다. 게리 샤피로 CTA 대표는 "첨단 기술 덕분에 인간의 수명이 연장되었으며, 삶의 질 또한 크게 향상됐다"고 강조했다.

미국은퇴자협회(AARP)는 CES 2025에 대규모 부스를 마련해 에이지테크 기업들을 소개하며 이 같은 문구를 벽면에 적었다. "현재 세계 인구 4명 중 1명은 50대 이상이지만 2050년에는 3명 중 1명이 50대 이상이 될 것이다."

## 에이지테크의 부상, 고령화 시대의 해결책

CES에서 눈에 띈 에이지테크는 고령 인구가 급격히 증가하는 상황에서 꼭 필요한 기술로 인식됐다. 세계적으로 평균 기대수명이 늘어나면서 장수 사회를 준비하기 위한 기술적, 사회적 접근이 필수가 됐기 때문이다. 헬스케어 웨어러블로 유명한 위딩스(Withings)의 BPM Vision은 고령층을 위해 설계된 혈압 모니터링 기기로 대형 컬러 화면과 직관적인 인터페이스를 통해 사용자의 접근성을 크게 높였다. 이 제품은 혈압을 모니터링하는 데 필요한 절차를 단계별로 안내하며 고령자들이 건강 데이터를 스스로 관리하고 이를 통해 예방적 의료 서비스를 받을 수 있도록 돕는다. 이러한 기술은 단순히 데이터를 수집하는 것을 넘어 개인화된 지침과 솔루션을 제공함으로써 삶의 질을 개선하는 데 기여한다.

또 다른 사례로는 'eSight Go'라는 디지털 저시력 보조 장치다. 이 장치는 중심 시력을 잃은 사람들을 위해 사용자에게 최적화된 영상을 제공한다. 그래서 저시력인 사

람도 일상 활동을 더 원활하게 수행할 수 있도록 돕는다. eSight Go는 특히 고령화 사회에서 점차 증가하는 시각장애 문제를 해결하는 데 중요한 역할을 할 수 있다는 점에서 주목받았다.

### 세대별 맞춤 전략: Z세대 겨냥한 혁신

AI 시대에는 기술 자체보다 고객의 라이프스타일과 가치관을 얼마나 잘 이해하고 반영하느냐가 비즈니스 성공의 핵심이다. CTA의 연구에 따르면 Z세대는 미국 내 기술 얼리어답터의 60%를 차지하고, 이 세대의 선호와 가치관이 기술 혁신의 방향성을 크게 좌우하고 있다. Z세대는 기능적인 기술을 넘어 개인화된 경험과 자신만의 정체성을 표현할 수 있는 제품과 서비스를 선호하는 경향이 있다.

Z세대를 표현하는 핵심 키워드는 '초개인화'다. 건강한 삶을 오래 유지하려면 각기 다른 체질과 라이프스타일에 맞춘 맞춤형 헬스케어가 중요하다는 인식이 확산하고 있다. 이에 따라, Z세대는 집에서 간편하게 건강 관련 수치를 측정하고, 데이터를 수집해 직접 대시보드를 통해 확인하는 방식을 선호하는 경향이 뚜렷하다.

세라젬은 지문 센서로 사용자를 인식하고 개별 요구에 맞춰 물의 온도와 pH 수치, 비타민·미네랄 등을 조정할 수 있는 'AI 메디 워터(AI MEDI WATER)'를 공개해 CES 2025 혁신상을 받았다. AI 메디 워터는 사물인터넷(IoT) 연결 기능도 갖추고 있어 헬스케어 기기와 연결해 실시간 건강 데이터를 기반으로 적합한 물을 추천받을 수 있다. 이번 CES에서 최고 혁신상을 받은 캐나다 헬스케어 기업 엘리헬스(Eli Health)는 침에서 코르티솔 또는 프로게스테론 수치를 감지하는 호르몬 측정기 '호르모미터(Hormometer)'를 선보였다. 사용자는 3단계로 코르티솔과 프로게스테론 등 호르몬 수치를 측정해 일상에서 호르몬 수치를 관리할 수 있다.

### 세대 통합 헬스케어 플랫폼: 가족을 연결해 주는 기술

노년층과 젊은 세대를 동시에 겨냥한 다목적 헬스케어 솔루션도 주목받았다. 이러한 제품들은 사용자가 나이나 건강 상태에 상관없이 동일한 기술을 활용할 수 있도록 설계됐다. 파나소닉은 가족 구성원이 건강 데이터를 공유하고 함께 관리할 수 있는 통합 플랫폼 우미(Umi)를 선보였다. 우미는 AI 기반의 건강 코치로, 가족 구성원들이 더 잘 돌보고, 조율하며, 연결할 수 있도록 지원한다. 이것은 모바일 앱을 통해 음성 채팅으로 목표 설정, 루틴 만들기, 작업 관리 등을 도와준다. 특히 노인을 돌보는 가족들에게 유용한 기능도 제공한다. 또한 우미는 앱티브(Aaptiv), 프레시젼 뉴트리션(Precision Nutrition), 슬립스코어랩(SleepScore Labs) 등 다양한 웰니스 파트너와의 연결 기능을 통해 건강한 습관 형성과 웰니스 루틴 구축을 지원한다.

가족 구성원은 플랫폼을 통해 부모와 자녀가 서로의 건강 상태를 실시간으로 확인하고 필요한 조치를 함께 취할 수 있다. 이는 단순히 기술적 편의를 제공하는 것을 넘어, 가족 간의 유대를 강화하고 전 세대에 걸쳐 건강 관리 문화를 정착시키는 데 기여할 것으로 보인다.

AI와 헬스케어 기술은 더 이상 기술 그 자체의 발전에 머물지 않고, 인간 중심의 접근과 사회적 문제 해결을 목표로 진화하고 있다.

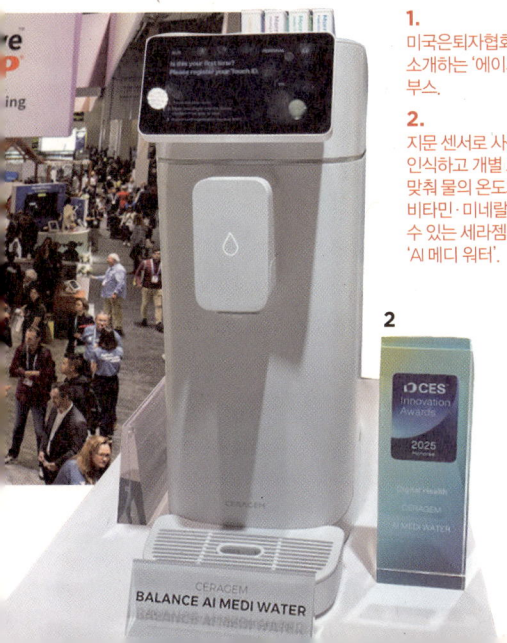

1. 미국은퇴자협회(AARP)가 소개하는 '에이지테크' 기업 부스.
2. 지문 센서로 사용자를 인식하고 개별 요구에 맞춰 물의 온도와 pH 수치, 비타민·미네랄 등을 조정할 수 있는 세라젬의 'AI 메디 워터'.

SECTION 1  Key Insight 5

SPECIALIST VIEW

**전진수** 전 슈퍼랩스 대표

삼성전자 책임연구원, SK텔레콤 미디어기술원장, 5GX서비스 사업단장, 메타버스CO장(부사장) 등을 지냈다. 2023년까지 네이버 계열 스노우 자회사인 슈퍼랩스 대표이사를 맡았다. 슈퍼랩스는 네이버판 AI화가인 '라스코AI'를 발표했다. 2020년 산업통산부 장관상을 받았다.

## 유레카 파크, 삶의 질 향상을 위한 기술 트렌드

CES 2025 유레카 파크에는 1400여개의 스타트업이 참여했으며, 그중 625개가 한국 기업이었다.
신기술을 장착한 제품들을 보며 현재의 트렌드와 미래의 지향점을 생각했다.

라스베이거스 베네시안 엑스포(Venetian Expo)에서는 스타트업과 중소기업의 기술 전시가 이루어지는 곳으로, 그중 유레카 파크(Eureka Park)는 혁신 기술과 스타트업을 위한 특별한 전시장이다.
CES 수상작은 기술성뿐 아니라 디자인, 혁신성, 사회적 기여도를 고려하여 평가한다. 그중 기술 분야의 점수가 높은 제품에 대해 최고 혁신상을 부여한다. 기업은 혁신상 신청을 위해 제품의 소개자료, 제품에 대한 기술적 설명 및 기능성, 제품의 디자인과 사용자 경험, 제품의 혁신성과 차별성, 제품이 인간 안보에 기여하는 방법(Human Security for All, HS4A), 제품 사진, 데모 영상, 판매/판매 예정 링크를 제출해야 한다. 특히 HS4A은 기술이 음식, 건강, 경제, 환경, 커뮤니티, 개인의 안전과 이동성, 정치, 접근성의 8가지를 고려하여 3년 째 결과에 반영하고 있다. CES 혁신상(CES Innovation Awards)을 모아둔 전용 공간이 베네시안(유레카 파크) 2층에 있다. 올해 CES 혁신상은 현재까지 33개 분야에서 총 461개가 수여됐다. 그중 중소기업이 받은 혁신상은 260개로 61.9%에 달한다. 벤처·창업기업은 125개다. 혁신상 461개 중 210개를 우리나라 기업이 받았다. 최고혁신상 34개 중 한국 제품은 15개나 된다.

### 자동화 시대를 넘어 지능형 디바이스의 시대로

스마트홈과 디지털 헬스케어, 푸드테크, 악세서리 분야와 유레카 파크의 1300여개 스타트업 각축전에서 공통으로 보이는 요소 중 하나는 모든 기기가 자율적으로 움

**1.**
유레카 파크의 한
스마트글래스 부스.
**2. 3.**
유레카 파크 내 한국 전시관.

직이고, AI를 접목해 점점 지능화된다는 점이다. 단순한 전자제품을 뛰어넘어, 고객을 학습해 데이터를 쌓고, 개인화·지능화된 기기를 통해 맞춤형 서비스를 제공한다. AI 자동화 기술이 이제 대형 뿐 아니라, 중소형 기기에도 통합되었다.

로보락(Roborock)의 saros z70은 자율주행 청소 도중 수건이나 물건을 발견하면 옴니그립(omniGrip) 로봇 팔을 통해 물건을 치우고 청소 경로를 확보한다. 로봇 청소기뿐 아니라, 잔디깎기 로봇, 수중 청소 가능한 자율주행 로봇, 자율주행 카트 등 자율주행의 영역이 이제는 움직이는 모든 것으로 확대되고, AI 기반의 자동화 시스템이 두드러졌다. 180여개의 물품을 구분해 분류하는 작업도 가능하다. 스튜디오랩의 자동화 로봇 GENCY PB는 커머스용 사진 촬영 로봇으로 AI가 실시간으로 피사체를 분석해 최적의 촬영 구도를 판단한다. 버튼 하나만 누르면 수백장의 커머스용 사진을 얻을 수 있다.

**461개**

CES 2025에서 혁신상을 받은 제품 수. 그중 61.9%가 중소기업 제품이다.

자료 더밀크

3

## 에이지 테크와 접근성은 시대적 흐름

올해 CES에서 특히 인상적이던 부분은 기술의 에이지 테크(age tech)와 접근성(accessibility) 분야다. 접근성은 나이, 성별, 장애 유무와 관계없이 모든 사람이 동등하게 기술을 이용할 수 있도록 제품, 서비스, 환경을 디자인하는 것을 의미한다. 이를 통해 모든 사람이 더 행복하고 활동적인 삶을 누릴 수 있도록 기회를 제공하는 산업 분야다. HS4A의 8번째로 작년부터 추가됐다.

위로보틱스의 윔(WIM)은 보행 보조 로봇으로 에너지를 20% 절감해 준다. 노인의 걷기 연령을 평균 16세 낮춰줄 뿐 아니라, 강도 높은 보행을 계속 해야 하는 산악구조대, 환경 미화원까지 이미 산업에서 활용 중이다. 한국 회사인 휴로틱스는 재활치료와 운동선수들의 부상 치료 가능한 보조 로봇을 선보였다.

한양대학교 게임 연구실이 출품한 이명 디지털 치료 장치(TD Square) 제품은 시각, 청각, 촉각 피드백과 가상현실 기술을 결합해 인지 행동치료를 제공하는 이명 치료기이다. 생성형 AI로 생성한 환자 맞춤형 이명 입체 음향

## SECTION 1　　Key Insight 5

을 환자가 직접 제어하고 제거할 수 있다.

기린의 전자 소금 숟가락은 이번에 큰 인기를 끌었다. 전류를 사용해 저염 식품의 짠맛과 감칠맛을 강화하도록 설계된 숟가락으로, 현재 일본에서 판매 중이다. 저염식을 도와 건강하게 오래 사는 삶을 지향하는 기술로, 미각 조절 젓가락도 개발 완료돼 기대를 모으고 있다.

에실로룩소티카의 뉘앙스 오디오는 청각 약자를 위한 글래스형 디지털 보청기로, 바라보는 방향의 사람의 목소리만 선정해 증폭하는 옵션을 제공한다. 시끄러운 곳의 소음을 차단해 주는 기능으로 청각 약자가 소리지르듯이 말하지 않도록 배려한 디바이스이다. 미국식품의약국(FDA)을 통해 청각보조기기로 판매될 예정이다. 솔리드(Soliddd)는 가상현실 스마트글래스로 황반변성 등 시야의 일부를 가리는 질환을 앓는 사람들에게 전체 시야를 제공해 시각 장애인의 시야를 되찾아 준다.

스위스 마그네스(Magnes)의 누슈(NUSHU)는 보행이 불편한 파킨슨병 환자들, 노환, 치매 등으로 정상적인 걸음이 어려운 사람들이 정상적으로 걸을 수 있도록 돕는 신발이다. 신발 내부에 10여 개의 센서가 보폭, 보행속도, 이동거리, 균형, 발뒤꿈치의 지면에 닿는 정도의 다양한 보행 데이터를 수집해 고객의 걸음걸이를 분석한 후, 실

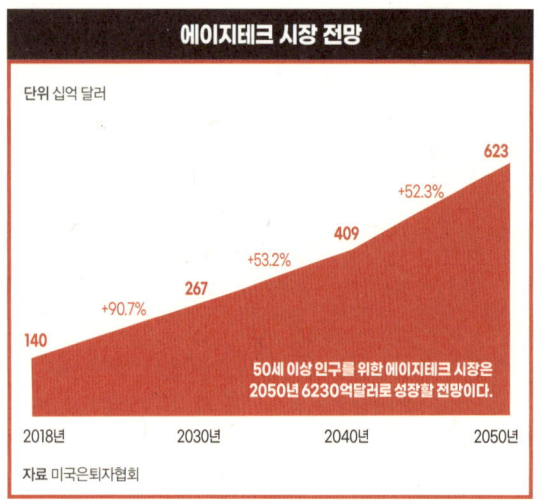

에이지테크 시장 전망

단위 십억 달러

140 (2018년) → +90.7% → 267 (2030년) → +53.2% → 409 (2040년) → +52.3% → 623 (2050년)

50세 이상 인구를 위한 에이지테크 시장은 2050년 6230억달러로 성장할 전망이다.

자료: 미국은퇴자협회

시간으로 타이밍에 맞추어 촉각 신호를 보내줌으로써 발을 자연스럽게 내딛을 수 있게 해 준다.

일본 바이오닉엠(BionicM)의 바이오레그(Bio Leg)는 디지털 의족으로 최고혁신상을 받았다. 바이오레그의 혁신은 의족을 자신감과 스타일의 상징으로 탈바꿈시켰다. 실제로 CES 기간에 디지털 의족을 착용한 관람객들을 몇 명 마주했는데 거부감이 전혀 없이 자연스럽고, 오히려 디자인이 멋지다는 생각이 들 정도였다.

### 생태계를 위한 노력, 오픈 이노베이션은 계속된다

단체와 기술 기업들이 사회적 책임을 실행하는 모습도 보였다. 전 세계 경기 흐름의 양상으로 빅테크와 대기업들도 비용을 효율화하고, 절감하려는 노력을 보이는 상황에서 오픈 이노베이션이 위축되지 않을까 우려가 있었으나, CES 2025에서는 여전히 활발한 활동을 보여주고 있었

1. 보행을 돕는 의족 기술로 혁신상을 받은 위로보틱스 부스.
2. 보행이 불편한 사람을 돕는 스위스 마그네스(Magnes)의 누슈(NUSHU).
3. 미국은퇴자협회가 에이지테크 기술 기업들을 위한 자리를 마련했다.

다. 현대, 삼성, LG, 지멘스, 델 등 유레카 파크에서의 오픈 이노베이션 현장은 여전히 인파가 많이 몰렸다. 대기업에서 직접 할 수 없는 혁신적이거나, 빠르게 검증이 필요한 기술에 대해 투자와 육성이 일어나고 있음을 확인할 수 있었다. 여전히 대기업은 목마르고, 스타트업은 리소스가 부족하다. 대기업과 스타트업의 상호 요구사항을 해결하며, 함께 성장할 수 있는 진정한 원원 구도다.

미국의 미국은퇴자협회(AARP)는 50세 이상 미국인의 권익을 대표하고 삶의 질 향상을 위해 노력하는 3800만 명 이상의 회원을 보유한 비영리단체다. 협회는 현장에서 에이지테크와 접근성 기술을 보유한 회사에 투자뿐 아니라 고객 연결과 노하우 공유 등의 노력을 하는 모습을 보였다.

CES 2024에서 생성형 AI가 각광받으며 기대감을 키웠지만 과연 비즈니스로 이어질까 우려도 컸다. 그러나 1년 만에 AI 기술의 상품화는 물론 구체적인 비즈니스 사례들을 보여 주었다. 불과 1년 만에 AI 기술이 이처럼 광범위하게 실용화된 것은 주목할 만한 변화다. CES는 슬로건 "Connect, Solve, Discover, Dive In"의 모토로 기업에 아직도 더 나아가야 한다는 무언의 압박을 느끼게 한다. 이런 흐름 속에 CTA는 고령화 관련 기술을 HS4A의 항목으로 강조해 기술이 인류의 진화와 발전, 안보에 중요하다는 신호를 보내기도 했다.

후천적 장애인이 88%인 시대에 접근성 기술은 더이상 특정 계층의 문제가 아니다. CES 2025는 기술이 신체적 한계를 극복하고, 심리적 장애로 이어지지 않으며, 모든 이용자가 자연스럽게 받아들일 수 있는 심미성을 고려한 포용적 디자인의 가능성을 보여 주었다. 기술이 인류의 삶의 질 향상으로 이어지기 위해서는 기술 기업, 투자자, 정부, 시민사회의 유기적인 협력이 필수적이다.

SECTION 1　　　　　　　　　　　　Key Insight 6

# 새로운 가정생활의 시작, 리빙 인텔리전스

이제 집이 진화한다. CES 2025에서 세계적인 전자업체는
'리빙 인텔리전스'라는 새로운 시대가 왔음을 알렸다.

CES 2025에 참가한 가전 기업들은 단순히 혁신적인 제품을 선보이는 데 그치지 않고, 인간 중심의 설계와 지속 가능한 발전을 통해 미래 사회의 청사진을 제시했다. 소프트웨어 중심의 생태계가 인간의 삶과 경험을 근본적으로 변화시키는 새로운 시대를 열고 있음을 증명했다. AI와 IoT가 만들어 가는 리빙 인텔리전스 시대는 기술의 진보와 함께 인간의 삶을 풍요롭게 할 새로운 장을 열어 가고 있음이 나타난 것이다.

> **POINT**
> ▶ 가정 내 모든 기기가 연결돼 사용자 패턴 맞춤 서비스 제공
> ▶ 에너지 효율 최적화는 물론 건강관리, 노인 돌봄 등 특정 목적에 맞는 환경 제공

### 리빙 인텔리전스, 홈은 이제 소프트웨어이자 콘텐츠다

CES 2025에서 강조된 또 다른 핵심 메시지는 우리가 리빙 인텔리전스(living intelligence) 시대에 진입하고 있다는 점이다. 리빙 인텔리전스는 단순히 연결된 세상을 넘어, 지능적으로 적응하고 진화하는 세상을 의미한다. 이는 AI와 IoT 기술이 인간의 삶을 어떻게 재정의할 수 있는지를 보여주는 중요한 패러다임 전환이다.

리빙 인텔리전스 시대의 특징은 모든 기기와 서비스가 상호 연결되고, 이를 통해 사용자의 요구에 실시간으로 대응할 수 있다는 점이다. 스마트 가전제품은 사용자 데이터를 기반으로 에너지 효율을 최적화하고, 가전제품 간 자동화된 협업을 통해 더 나은 성능을 제공한다.

또 기존의 단순한 기기 판매 모델을 넘어, 공간 플랫폼 사업으로 확장되고 있다. 냉장고, 세탁기와 같은 개별 가전제품을 판매하는 전통적인 모델에서 벗어나, 이제는 '건강을 챙겨주는 공간', '노인 돌봄을 위한 공간' 등과 같은 새로운 형태의 '공간'을 판매하는 개념으로 발전하고 있다. 가전업체들은 이를 통해 단순한 제품의 구매와 소유가 아닌, 지속적인 가치를 제공하고, 사용자의 생활 환경을 보다 향상하는 방향으로의 변화를 꾀하고 있다.

이러한 공간 플랫폼 사업의 중심에는 AI 허브가 자리 잡고 있으며, 이는 단순히 기술적인 중심이 아닌, 사용자의 삶을 지원하는 중추적인 역할을 한다. AI 허브는 다양한 가전기기와 IoT 장치들을 유기적으로 연결하여, 사용자에게 최적화된 환경을 만들어준다. 사용자가 원하는 기온, 습도, 조도 등 환경적 요소를 실시간으로 조정하거나, 건강 관리, 노인 돌봄 등 특정 목적에 맞는 환경을 설정하는 등 다양한 서비스를 제공할 수 있다. 홈은 이제 건설업이나 전자 하드웨어 산업이 아니라 점차 소프트웨어이자 콘텐츠 산업이 되고 있는 것이다.

### 온디바이스AI 발전이 리빙 인텔리전스 가능하게 해

리빙 인텔리전스가 가능하게 된 것은 온디바이스AI 기기들이 급격히 진화하고 있으며, 홈, 오피스 등 다양한 IoT 기기에서 AI가 혁신적인 역할을 수행하고 있는 덕분이다. 기기 간의 연결성을 확장하고, 사용자 데이터를 학습하여 맞춤형 경험을 제공할 수 있게 하는 것.

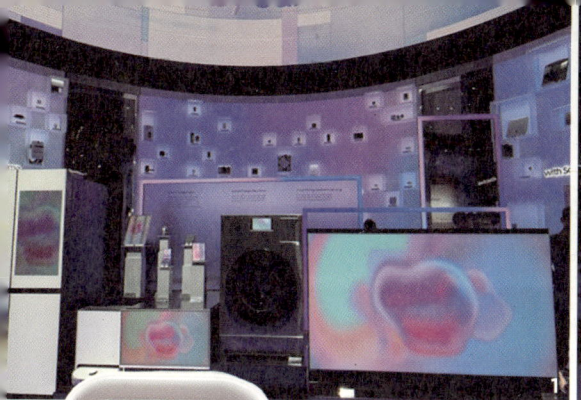
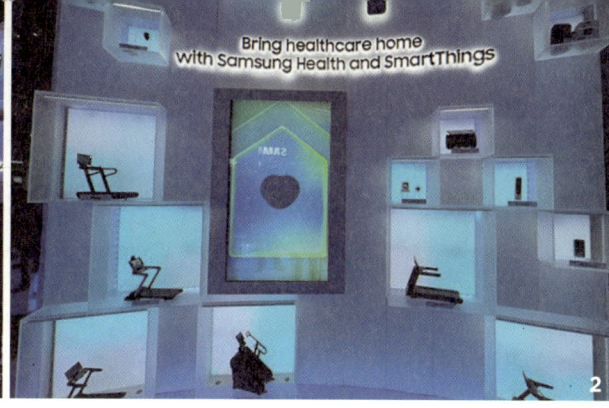

1.2. 삼성전자는 AI로 가전 등 집안 시스템을 전체 관리, 제어하는 홈 AI를 선보였다.
3. LG전자가 선보인 '집사 로봇' Q9.

**$2506억**
2029년 글로벌 스마트홈 시장 예상 규모. 연평균 10.17%씩 성장할 것으로 추정된다.

대규모언어모델(LLM) 기술도 리빙 인텔리전스를 가능하게 하는 인프라다. 자연어를 이해하고 생성하는 데 뛰어나며, 과거의 제한적 명령 수행에서 벗어나 사람의 언어와 문맥을 보다 정교하게 이해하고 반응할 수 있게 됐다. 예를 들어 여러 IoT 기기에서 생성된 방대한 데이터를 실시간으로 처리해 개인화된 서비스와 맞춤형 경험을 제공하는 데 활용된다. 이를 통해 AI는 사용자의 행동 패턴과 선호도를 분석하고, 기기들이 연결돼 스마트하고 효율적인 방식으로 상호작용하는 환경을 만들어 낸다.

이와 같은 기술 발전은 특히 사용자 중심의 개인화된 서비스가 실현되고 있다는 점에서 중요하다. 특히 삼성전자, LG전자 등 국내 가전 업체들은 이러한 AI 기술의 발전을 통해 초개인화된 서비스를 구현하고, 기기 사업에서 공간 사업으로의 확장을 강조했다. 초개인화, 공간 사업 확장, 가전과 차량 및 상업용 공간 확장의 연결이 핵심 변화이며, 이는 가전제품들이 단순한 기술적 혁신을 넘어서 사용자의 삶을 실질적으로 변화시키는 방식으로 발전하고 있음을 보여 줬다. AI와 IoT 기술은 단순히 현재의 생활 방식을 지원하는 데 그치지 않고, 새로운 생활 방식의 표준을 제시하며, 이는 개인화된 경험과 효율적인 리소스 관리, 지속 가능한 삶을 가능하게 한다.

### 삼성전자, LG전자의 공통점은 AI홈

삼성전자와 LG전자는 가정 내 모든 기기를 IoT로 연결해 사용자의 생활 패턴을 학습하고, 이를 기반으로 맞춤형 서비스를 제공하는 스마트홈 생태계를 선보였다. 사용자가 집에 도착하기 전에 온도와 조명을 자동으로 조정하거나, 건강 데이터를 기반으로 식단 추천과 운동 계획을 제공하는 등 일상생활 전반에서 지능적인 지원을 제공한다.

파나소닉과 TCL도 AI 기반의 IoT 기기를 통해 단순한 연결성을 넘어 사용자 중심의 지능적 적응 시스템을 강조했다. 사용자의 행동과 선호도를 학습해 지속해서 진화하며, 더 나은 사용자 경험을 제공한다.

CES 2025에서 전시된 많은 제품은 사용자 경험을 최우선으로 설계됐다. 음성 인식 기반의 AI 비서가 사용자의 요청에 즉각적으로 반응하며, IoT 기술은 사용자가 손쉽게 모든 기기를 제어할 수 있도록 지원하는 식이다. CES 2025는 AI와 IoT 기술이 인간의 삶을 어떻게 변화시키고 있는지를 명확히 보여 줬다.

소프트웨어 중심 생태계는 단순한 기술 혁신을 넘어 삶의 질과 인간 경험을 근본적으로 변화시키고 있다. 리빙 인텔리전스 시대는 단순히 연결된 세상을 넘어 지능적으로 적응하고 진화하는 세상으로 발전 중이다. 이러한 변화는 미래 생활 방식의 표준을 제시하며, AI와 IoT가 제공하는 가능성을 재정의하고 있다.

SECTION 1      Key Insight 6

SPECIALIST VIEW

**최형욱** 퓨처디자이너스 대표

USC(서던캘리포니아대학)에서 전자공학과 컴퓨터 네트워크를 공부한 후 삼성전자에서 이머징테크와 모바일 디바이스를 연구·개발했다. 사물인터넷 기업 매직에코 대표를 거쳐 혁신기획사 라이프스퀘어에서 기업들의 전략 수립과 혁신을 도우며 세상을 바꿀 다양한 프로젝트를 기획 및 실행하고 있다.

## 다시 돌아온 중국발 뻔뻔한 혁신

CES 2025에서 중국 기업들의 존재감이 유독 크게 다가왔다. 혁신상에 선정된 중국 기업들에 많은 미디어와 유튜버들이 놀라워하며 이구동성으로 중국의 귀환을 헤드라인으로 뽑고 있다.

혁신상을 받은 제품들을 사전에 미디어에만 오픈하는 '언베일드(unveiled)'는 CES의 시그니처와 같은 특별한 행사다. 언베일드에서는 넓은 홀 안에 수백 개의 부스가 배치돼 혁신상을 받은 제품들을 전시하고 직접 창업자들이나 기업의 실무자들이 설명하고 시연까지 진행하니 미리 CES를 한눈에 담기에 최적이 아닐 수 없다. 동시에 한 해의 주요한 트렌드와 함께 여러 가지 시그널을 읽을 수 있기에 많은 미디어가 주목하고 참여하는 인기 있는 이벤트라 할 수 있다.

올해 언베일드도 작년에 이어 거의 모든 것들이 인공지능(AI)에 의해 더욱 고도화·개인화·최적화되는 트렌드를 보여줬다. 헬스케어와 푸드테크 제품들은 물론 로보틱스 제품까지 눈에 띄게 늘어났다. 특히 작년과 차이가 크게 느껴지는 것이 바로 중국 기업들의 존재감이다. 행사장 이곳저곳에서 중국어로 이야기하는 소리가 빈번하게 들리고, 중국 지역명이 기업명에 들어가 딱 봐도 중국 기업임을 알 수 있는 경우도 많았다.

### 중국의 기술적 존재감은 정말 사라졌는가?

전 세계 공장으로 엄청난 가속 성장을 이룬 중국이 경제력과 소비 여력을 기반으로 세계의 시장으로 변모하기 시작한 2010년대는 중국 기업들의 활발한 해외 진출과 중국 정부의 전략적 포석이 맞아떨어진 시기였다. 중국 기업이 CES에 본격적으로 참여하기 시작한 시기도 때를 같이 한다. 많은 중국 기업이 참가하는 것에 고무된 주최 측은 2015년부터 CES ASIA라는 이름으로 아예 중국을 위한 행사를 상하이에서 열기 시작했다. CES 2018이 정점이었다. 전체 참가 기업 4800개 중 3분의 1이 중국 기업이었다. 농담처럼 많은 사람들은 CES를 "China Electronics

Show"라고 부르기도 했다.

하지만 트럼프가 본격적으로 중국의 무역과 금융은 물론 기술 관계까지 제재하면서 CES 2019부터는 알리바바나 텐센트 같은 중국 테크 기업들의 참가가 불투명해지고 화웨이나 샤오미도 부스를 줄이기 시작했으며 참가 기업의 수도 현저히 줄어들었다. 그래도 CES 2020까지는 1300여개로 미국에 이어 두 번째로 참가 기업이 많았는데, 이

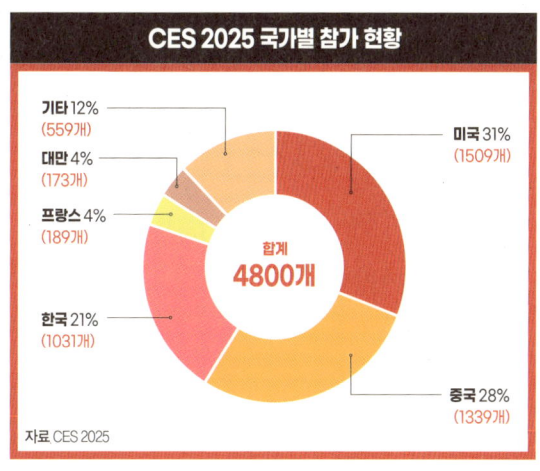

CES 2025 국가별 참가 현황

- 미국 31% (1509개)
- 중국 28% (1339개)
- 한국 21% (1031개)
- 프랑스 4% (189개)
- 대만 4% (173개)
- 기타 12% (559개)

합계 4800개

자료: CES 2025

**1.** 중국 스타트업의 경쟁력을 보여 준 유레카파크에 위치한 엑스봇파크 전시장.

**2.** 중국의 작은 테크 기업들과 스타트업들이 대거 참여한 CES 2025.

후 코로나19가 터지면서 중국은 CES와 격리되는 긴 시간을 거치게 된다. 코로나19 동안 미·중 무역분쟁은 더욱 격화해 글로벌 SCM(Supply Chain Management)이 재편되기 시작했고, 미국의 디커플링 정책으로 CES에서 중국의 존재감은 사라져 갔다. 그나마 소싱 기업들과 액세서리 업체들에 의해 명맥을 유지해 오고 있었다.

'Out of sight, out of mind'라고 중국 기업들이 잘 보이지 않기 시작하면서 사람들은 중국 기업들의 몰락과 함께 중국 기술들이 퇴보하고 있다고 생각했다. 그도 그럴 것이 최근까지 CES에 참가한 중국 기업들의 수도 적었고 참가 기업들로부터 첨단 기술이나 강력한 혁신성을 발견할 수 없었기 때문이다. 언론들은 최근까지 '중국의 혁신은 끝이 났다'라거나, '중국의 테크 기업들은 글로벌 무대에서 사라지고 있다'라는 논조의 기사들을 쏟아 냈고 사람들도 그렇게 믿기 시작했다.

### 중국발 혁신의 특징은 무엇인가?

중국의 혁신은 몇 가지 특징이 있다. 먼저, 우리가 짝퉁 또는 카피캣이라 부르는 아이디어 복제를 통해 빠르게 제품을 만들고 시장에서의 격차를 줄이는 뻔뻔한 혁신이 많다. 복제하는 것을 굳이 혁신이라 부르는 것은 단순히 베끼기만 하지는 않기 때문이다. 리버스 엔지니어링을 통

해 디자인과 콘셉트를 베끼되 가격을 현저히 낮추고, 오리지널에 없는 새로운 기능을 넣거나 확장성을 만들어낸다. 해마다 CES에 참가하는 세그웨이 나인봇이라는 회사가 대표적인데, 원조 세그웨이를 베껴서 값싸게 유용하게 만든 나인봇이 오히려 시장의 승자가 돼 원조 기업을 역으로 인수해버린 사례다. 지금도 삼성이나 애플의 신제품이 나오면 바로 카피 제품을 만들고 기능을 추가해 먼저 판매를 시작하는 일들이 비일비재하다 보니 신제품을 CES에서 선보이지 않고 생산 준비를 마친 후 자체 언팩 행사를 통해 발표하고 있다.

두 번째 특징은 실패에 대한 두려움 없는 과감한 실행이다. '이게 될까? 이게 팔릴까? 고객들은 어떻게 생각할까?'를 고민하는 우리 기업과 달리 중국 기업은 그 시간에 먼저 만들고 본다. 빠르고 값싸게 만들 수 있는 제조 인프라가 있다 보니 답이 없는 고민보다는 먼저 만들어 시장에서 확인하는 것이 빠르다고 생각한다. 그래서 일단 만들어 시장에 들고나온다. 유인 드론과 이동형 차량을 결합한 샤오펑이 대표적인 예다. CES에서 발견하는 제품들의 많은 수가 이런 목적을 가지고 있다. 우리가 보기엔 엉뚱해 보이고 안 팔릴 것 같고 특이한 제품이 시장에서 먼저 실험되고 검증받는 것이다. 이러다 보니 성공하는 경우 그 누구보다도 빠른 시장 진입이 가능해지고, 실패해도 큰 타격 없이 바로 다음 단계로 넘어가는 혁신의 선순환 구조를 가지게 된다.

세 번째 특징은 낮은 규제와 강력한 지원, 거대한 시장을 배경으로 한다는 것이다. 일단 신제품, 신사업, 신기술과 같이 존재하지 않았던 것에 대한 시장의 선 규제가 존재하지 않는다. 전동 스쿠터, 드론, 전기자동차, 로봇, 웨어러블 등 새롭게 등장한 디바이스들은 규제의 제약 없이 빠르게 시장에서 검증과 확산이 가능하며 정부가 지원하겠다고 결정하는 순간 그 속도와 영향력은 엄청난 시너지를 만들어 낸다. 덕분에 나인봇이 엄청나게 성장할 수 있었고 테슬라를 제외한 전기자동차 시장이 중국을 중심으로 재편될 수 있었으며, 세계 최고의 드론 기업과 로봇 기업들이 중국에서 탄생하고 있는 이유이기도 하다.

### 다시 돌아온 중국의 혁신, 무엇이 다른가?

CES 2025에 참가한 중국 기업 수는 1300여개로 5년 전과 비슷한 숫자다. 2024년의 1100여개와 큰 차이가 없어 보이지만 실제로는 매우 큰 차이가 있다. 바로 BYD, 유니

트리와 같은 하이테크 기업들과 테크 스타트업의 참가가 큰 폭으로 늘었다는 점이다. 다들 TCL과 하이센스 같은 종합 가전기업들이 이제 삼성이나 LG와 기술 격차가 크지 않은 TV와 가전을 만든다고 이야기하고 있지만, 이는 이미 몇 년 전부터 지속해서 진행되던 현상이라 특별하다고 보기는 어렵다. 오히려 CES에 보이지 않던 작은 테크 기업과 스타트업이 대거 참가하기 시작한 것이 매우 중요한 시그널이다. 그동안 존재하지 않았다고 생각했던 영역인데 사실 그렇지 않았다는 것을 방증하는 현상이라 볼 수 있기 때문이다.

이렇게 CES 2025에서 다시 발견하게 된 중국발 혁신에는 이전과 다른 몇 가지 특징이 있다. 먼저 정부의 통제가 전격 완화됐다는 것이다. 이는 내수 시장의 불황을 극복하려는 중국 정부의 입장 전환과도 관계가 있는데, 실제로 작년까지는 많은 스타트업의 해외 진출이 정부에 의해 통제받았다고 한다. 두 번째는 다른 국가들과 마찬가지로 중국 정부와 민간의 지원이 존재한다는 사실이다. 엑스봇파크(XbotPark)는 중국 선전에 기반을 둔 테크 스타트업을 선정해 인큐베이션하고 해외 진출을 지원하는 프로그램인데, 이번 CES에 수십 개의 스타트업이 이 프로그램의 지원을 받아 참가했고 실제 참가 제품들의 완성도나 기술력이 매우 높은 수준이었다.

**중국발 혁신, 지금 어디에 있는가?**

베네시안 엑스포 홀 2층에 가면 중국 기업들이 만든 수중 수영장 청소 로봇, 잔디 깎는 자율주행 로봇, 요리하는 로봇을 비롯해 집마다 하나씩 있을 법한 로봇 청소기들을 볼 수 있다. 로보락이나 드리미처럼 우리나라에서 삼성과 LG를 제치고 점유율 상위를 차지하고 있는 로봇청소기들이 부지런히 데모 필드를 누비며 관람객들의 시선을 사로잡고 있다. 20밀리미터가 넘는 문턱을 넘어 다니는 것은 기본이고, 스스로 물걸레를 빨고 교체하는 것도 신기한데 방 안에 떨어진 양말이나 물건을 만나면 갑자기 로봇청소기가 열리면서 로봇 팔이 나와 이걸 지정된 곳에 들고 가 치우기까지 하는 것이다. 삼성전자가 자랑하는 로봇청소기는 장애물을 요리조리 잘 피하면서 청소하는 데모를 보여 줬는데, 중국의 로봇청소기는 소비자가 필요로 하는 보다 본질적인 기능을 구현해 제대로 된 청소가 무엇인지 보여 줘 말문이 턱 막히고 말았다. 카피에서 출발했지만 끊임없는 혁신과 빠른 진화를 통해 결국 고객이 원하는 다양한 모습에 먼저 도달할 수 있음을 입증한 것이다.

이제 이들은 더 이상 단순히 카피캣이라는 이름으로 규정할 수 없다. 중국발 뻔뻔한 혁신은 완전히 새로운 단계로 진화하고 있다. CES 2025는 이러한 중국발 혁신이 지닌 가능성과 잠재력을 다시금 각인시킨 순간이었다.

**중국 로보락의 한국 로봇청소기 시장 점유율**

단위 %
- 2022년: 25
- 2023년: 35.5
- 2024년: 46.5

자료 GfK ※2024년 상반기 기준

1. LVCC 노스홀에 전시된 '세그웨이 나인봇'.
2. 전시 기간 내 화제를 모은 LVCC 센트럴홀 TCL 전시.

# AI산업혁명 시대 진입

CES 2025는 AI산업혁명을 예고했다.
달라진 산업 생태계에서 비즈니스 성공의 핵심은 협력과 파트너십에 달렸다.

**POINT**
- ▶ 데이터와 연결성 등의 문제로 이종 업체 간 협업 강화
- ▶ 시장점유율 아닌 생태계 크기로 비즈니스 성공 결정
- ▶ 협업은 인프라 구축 등 비용 낮춰 진입 리스크도 최소화

글로벌 기업들은 AI기술을 기반으로 한 협력 모델을 통해 단순한 경쟁을 넘어 공동의 혁신을 이루며 산업 전반에 걸친 변화를 주도하고 있다. 단순히 한 기업의 기술적 성과에 머무르지 않고 생태계 전체의 성장과 진화를 가능하게 하는 새로운 시대의 비즈니스 접근법이다. AI기술이 단순한 산업 트렌드를 넘어 모든 산업의 기본 동력으로 자리 잡으면서 단일 기업이 모든 기술과 인프라를 독자적으로 구축하기 어려워졌기 때문이다. AI는 자율주행, 헬스케어, 스마트홈, 제조업 등 다양한 산업에서 핵심 역할을 하지만 상용화하고 발전시키기 위해서는 다양한 이해관계자 간의 협력이 필요하다. 또 AI기술은 복잡성과 규모의 문제를 수반한다. 자율주행 기술만 해도 차량 제조, 인공지능 알고리즘 개발, 고해상도 지도로부터 데이터를 수집하는 과정 등 각기 다른 영역의 전문성을 요구하는데 문제를 해결하려면 기술 기업, 제조업체, 서비스 제공업체 등이 서로 협력해 통합 생태계를 구축하지 않을 수 없다.

## AI 시대, 점유율 싸움은 의미 없다

이제 생태계의 크기가 생존을 결정한다. AI기술은 방대한 데이터가 필요하며 이를 효과적으로 수집하고 활용하기 위해서는 기업 간 데이터 공유와 협력이 뒤따라야 한다. AI의 성능은 데이터의 양과 질에 크게 의존한다. 더 많은 데이터를 확보할수록 AI모델은 더 정확하고 정교한 분석과 예측을 제공한다. 한 기업이 모든 데이터를 독점적으로 보유하고 활용하는 데는 한계가 있다. 예를 들어 자율주행 기술을 개발하는 기업은 도시 교통 데이터가 필요하고, 물류 기업은 배송 데이터를 활용해야 한다. 기업 간의 데이터 공유는 시장의 변화를 신속히 반영하고 기술 개발 속도를 가속하는 데 중요한 역할을 한다.

특히 글로벌 기업들은 데이터 협력을 통해 새로운 비즈니스 모델을 구축하고 있다. 자율주행, 헬스케어, 스마트홈과 같은 분야에서는 다양한 출처에서 수집된 데이터를 결합해 더 나은 결과를 도출하는 중이다. 이는 AI 기술이 단순히 한 기업의 성과에 그치는 것이 아니라 생태계 전체의 경쟁력을 강화하는 방식으로 발전할 수 있음을 보여준다. 클라우드, IoT, 빅데이터와 같은 기술은 AI와 결합해 더욱 혁신적인 솔루션을 만들어내고 이 과정에서 협력의 중요성은 더욱 부각된다.

클라우드와 AI의 융합은 AI 기술의 확장을 가능하게 한다. 클라우드는 AI가 방대한 데이터를 저장하고 처리할 수 있는 인프라를 제공하고 AI는 실시간 데이터 처리와 글로벌 확장이 가능해져 사용자에게 더 나은 서비스를 제공할 수 있다.

IoT와 AI의 결합은 데이터 수집과 분석에서 큰 시너지를

낳는다. IoT 기기를 통해 수집된 데이터는 AI의 학습에 꼭 필요한 자료다. 스마트홈 분야에서 IoT 기기가 사용자의 생활 패턴을 기록하고, AI가 이를 분석해 맞춤형 서비스를 제공하는 것이 대표적인 사례다. 이런 결합은 사용자 경험을 혁신적으로 변화시키며 에너지 절약, 효율적인 자원 관리, 더 나은 생활 품질로 이어진다.

빅데이터와 AI의 상호작용 역시 중요한 통합 요소다. 빅데이터는 AI가 학습할 수 있는 방대한 자료를 제공하고 AI는 데이터를 기반으로 패턴을 발견·예측을 도출한다. AI가 빅데이터를 활용해 시장 트렌드를 예측하거나 고객의 행동을 분석하는 방식은 기업이 전략을 세우는 데 있어 중요한 도구가 되고 있다. 이러한 통합은 기업들이 단순히 경쟁에 머무르지 않고, 새로운 기회를 창출하고 생태계를 확장할 수 있는 기반을 마련한다.

AI 기술은 초기 투자와 인프라 구축 비용이 많이 들어 협력을 통해 리스크를 분산하는 것도 중요하다. 특히 중소기업이나 스타트업은 초기 자본이 부족해 AI 기술 개발과 시장 진입에 어려움을 겪는 경우가 많다. 이러한 문제를 해결하기 위해 대기업과 중소기업 간의 협력 모델이 점차 확대되고 있다. 대기업은 인프라와 자본을 제공하고, 중소기업은 창의적인 아이디어와 민첩성을 더하는 방식으로 상호보완적인 협력을 할 수 있다.

협력은 시장 진입 장벽을 낮추는 동시에, 더 큰 생태계를 구축하는 기회를 제공한다. 예를 들어 공공·민간 파트너십(PPP)

지멘스는 스타트업 지원 프로그램을 통해 보완적 파트너십을 구축해가고 있다.

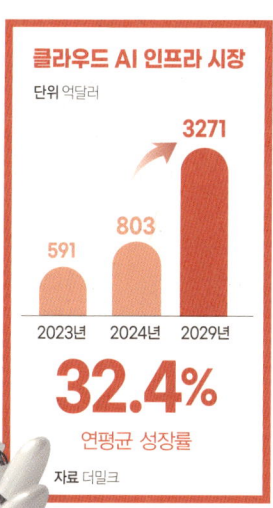

**클라우드 AI 인프라 시장**
단위 억달러
591 (2023년)
803 (2024년)
3271 (2029년)
**32.4%** 연평균 성장률
자료 더밀크

은 정부와 기업이 협력해 공공 데이터를 활용하고, AI 기술을 도시 문제 해결에 적용하는 데 기여한다. 이러한 협력 모델은 기술 개발 속도를 가속화하고, 새로운 시장 기회를 창출하며, 기업 간의 지속 가능한 성장을 가능하게 한다.

실제 젠슨 황 엔비디아 CEO는 CES 2025 기조연설에서 AI의 적용 범위를 데이터센터에서 개인용 컴퓨팅 및 로봇 공학으로 확장하는 비전을 발표했는데 '생태계 전략'이 핵심이었다. 또 지멘스는 CES 2025에서 산업용 AI와 디지털윈 기술을 중심으로 한 혁신적인 솔루션을 발표했다. 특히 '지멘스 인더스트리얼 코파일럿'을 통해 제조 현장에 AI를 직접 도입해 현장 운영자와 유지보수 엔지니어가 실시간으로 신속한 의사 결정을 내릴 수 있도록 지원하는 방안도 발표했다. 스타트업을 포함한 모든 규모의 기업이 자사의 산업용 메타버스 기술을 활용할 수 있도록 지원하는 '지멘스 포 스타트업(Siemens for Startups)' 프로그램도 새롭게 공개했다. 이러한 전략은 협력과 파트너십을 통해 상호 보완적인 생태계를 구축하고, 전체 산업의 발전을 도모하는 데 중점을 뒀다는 데 의미가 있다.

SECTION 1 　　　　　　　　　　　　　　　　　　　Key Insight 7

SPECIALIST VIEW

**민경중** 코아스 대표

저널리스트 출신의 경영자. CBS에 재직하면서 '노컷뉴스'를 기획·창간하고, 온오프라인을 통합한 유비쿼터스 뉴스룸을 만드는 등의 혁신을 보여줬다. 2024년 11월에는 사무 가구 기업 코아스(KOAS)의 대표 이사로 취임했다. 그는 취임 후 'AI 토털 솔루션 기업'으로의 변신을 꾀하고 있다.

## AI 시대 공간의 미래

CES 2025에서 본 AI 시대, 공간의 미래는 AI 대화형 업무를 위한 1인용 스마트워크 부스 'POD' 대중화를 꼽는다.
더불어 자율주행 기술 발전으로 삶과 사무 공간이 전방위적으로 확장 될 것이라 보고 있다.

CES는 단순한 축제를 넘어 기술과 혁신을 각자 경험하고 해석하며 새로운 가치를 발견하는 장으로 평가할 수 있다. 개인적으로는 지난 27년간 기자, 대학교수, 바이어, 전시자, 산업 전문가, 정부 관계자 등 다양한 역할로 CES를 경험해 왔다. 특히 기자로서의 시각이 가장 강했다. 하지만 올해는 달랐다. 40년 역사를 가진 사무용 가구 제조업체 코아스의 CEO로서 CES에 참가하며, 새로운 시각으로 전시를 바라봤다. 단순한 관람객이 아니라 기술과 디자인이 재정의한 사무 공간의 미래를 탐구하며 새로운 비전을 고민해야 하는 자리였다.
CES 2025에서는 미래 사무 공간의 혁신 방향과 AI 및 사물인터넷(IoT)이 만들어 갈 '움직이고 생각하는 공간'의 가능성을 발견할 수 있었다.
원격 근무와 하이브리드 근무 모델의 확산은 사무실 공간의 사용 방식을 크게 변화시키고 있다. 이에 따라 사무 가구, 전자제품, 조명, 공기정화장치 등 모든 요소가 데이터 중심으로 연결되어, 작업 공간이 보다 효율적이고 유기적으로 재편될 것이다. 미래 사무 공간의 5가지 주요 트렌드와 사례를 중심으로 전시를 관람했다.

### 트렌드1 가구가 생각하기 시작했다

앞으로 사무 가구는 인공지능 기술과 사물인터넷(IoT)을 활용해 개인화된 경험을 제공하는 방향으로 변할 것이다. 실제 CES 2025에서 삼성전자는 '스마트싱스(SmartThings)'와 5G를 결합해 사무실 내 모든 기기와 서비스를 연결하는 'FIT 플랫폼(Platform)'을 선보여 큰 눈길을 끌었다.
이 플랫폼은 사무 가구, 조명, 공기청정기 등이 사용자의 상태에 맞춰 자동으로 조정되도록 설계됐다. 이처럼 향후 각 사무실에 있는 스마트 가구가 임직원의 스트레스를 감지, 자세를 모니터링하고 적응형 솔루션을 제공해 건강을 지원하게 될 것이다.
또 사용자의 존재를 인식하고 그에 맞춰 자연스럽게 적응하는 지능형 디지털 환경인 앰비언트AI(Ambient ntelligence, AmI)가 이번 CES에서 강조됐다. 예를 들어, 현재는 버튼을 눌러야 하는 높낮이 조절 책상이 앞으로는 사용자가 사무실에 들어가면 자동으로 높이가 조절된다. 앰비언트AI는 마치 '전자 집사'처럼 우리 주변에서 조용히 존재하며 필요한 서비스를 제공하는 미래 기술의 핵심으로 자리 잡을 것이다. PC와 키보드가 점차 사라지고 AI와 대화형 업무가 이뤄지면 방음과 몰입이 필요한 환경에서 일인용 스마트워크 부스인 POD가 일반화될 것으로 예상된다.
특히, 사무 공간에서 가장 큰 변화를 겪을 공간은 회의실이다. 홀로커넥트사의 홀로박스(Holobox)는 마치 바로 앞에 있는 것처럼 실감 나는 영상을 제공하며, 원격 진료, 회의, 쇼핑, 교육 등 다양한 분야에서 획기적인 변화를 일으킬 것으로 보인다.

될 수 있다. 중국의 샤오펑 자회사인 샤오펑에어로 HT는 CES 2025에서 모듈식 플라잉카인 랜드 에어크래프트캐리어(LAC)를 전시해 주목받았다. 이런 변화는 기술이 단지 편리함을 넘어 삶과 사무 공간의 확장이 전방위적으로 이뤄질 것임을 예고하고 있다.

### 트렌드2 사무실이 움직인다

사무 공간은 이제 고정된 장소를 넘어 차량과 같은 이동형 공간으로 확장되고 있다.

LG전자는 '모빌리티와 업무의 결합'이라는 새로운 개념을 제시했다. LG전자의 '모빌리티 경험(MX)' 플랫폼은 차량을 작업실, 취미 공간, 회의실로 변환하며, 원격 근무 세대에 맞춤형 솔루션을 제공한다. 이를 위해 집과 차량, 상업용 공간 등 다양한 공간에서 보유한 제품과 이를 통해 얻은 고객 인사이트에 MS의 AI 기술을 결합해 공감 지능(affectionate intelligence) 통합 서비스를 구현한다는 계획을 발표했다.

BOE의 스마트 화이트보드 C100은 이동 중에도 끊김이 없는 협업 환경을 제공해 사무 공간의 이동성을 한 단계 끌어올렸다.

아마존의 자회사인 죽스(ZOOX)가 라스베이거스 컨벤션센터(LVCC) 웨스트홀에서 선보인 최신 로보택시 차량은 운전대, 운전석, 가속 페달이 없는 완전 자율주행 차량이다. 좌석이 서로 마주 보는 형태로 전후방 양방향 주행이 가능하도록 설계되어 있어 차내에서 엔터와 인포가 결합한 움직이는 사무실로 활용

### 트렌드3 Wi-Fi 7과 디지털 트윈

IoT 기기와 스마트 디바이스의 급증으로 대역폭 수요가 폭발적으로 증가하고, 신호 범위와 에너지 효율성을 동시에 요구하는 환경이 늘어나고 있다. 기존 Wi-Fi 기술로는 대규모 연결성과 안정성을 확보하기 어려워 고성능의 Wi-Fi 7과 저전력 장거리 통신을 지원하는 Wi-Fi 할로우(HaLow) 기술이 주목받고 있다.

1. 홀로커넥트사의 홀로박스.
2. 자율주행 기술을 선보인 아마존 죽스.

## SECTION 1     Key Insight 7

이 기술은 영화 한 편(30GB)을 5초 만에 다운로드할 수 있고, 8K 영상을 끊김이 없이 스트리밍할 수 있다. 화상회의 중 끊김이나 버퍼링 현상이 거의 없고, VR과 AR 기기 사용 시 어지러운 현상도 줄어든다.

더 빠르고, 더 안정적이며, 더 많은 기기를 동시에 연결할 수 있는 차세대 무선 통신 기술인 Wi-Fi 7은 현실로 다가왔다. 글로벌 네트워킹 및 스마트홈 기술 선도기업인 티피링크(TP-Link)와 무선 연결 솔루션 기업인 아시아RF(AsiaRF)는 최신 무선통신 기술인 Wi-Fi 7 및 Wi-Fi 할로우를 선보였다. 이를 통해 빅데이터를 실시간으로 분석하고, 원격으로 사무실과 생산 현장을 동시에 제어하는 시스템이 가능해지고 있다.

대표적으로 소니는 초고속 네트워크 환경에서 디지털 트윈 기술을 적용한 스마트 공장 관리 솔루션을 시연하며, 원격으로도 생산성과 효율성을 높일 수 있음을 입증했다.

**트렌드 4**   **건강과 웰빙 중심의 디자인**

직원의 건강과 웰빙을 고려한 기술이 사무 공간 혁신의 중심에 있다. 바디프랜드는 CES에서 AI 헬스케어 로봇 '733', 헬스케어 로봇 '에덴로보', 마사지 소파 '파밀레C'를 선보이며 5년 연속 혁신상을 받았다. 이 제품들은 업무 피로를 줄이고 자세를 교정하는 스마트 기능을 통해 건강과 생산성을 동시에 추구한다. 사무용 가구에도 스트레스 관리와 집중력 향상을 위한 조명, 온도, 습도 조절 기술이 필수적으로 접목될 전망이다.

특히 페이스허트(FaceHeart)라는 AI 심장 거울은 심박수, 혈압, 스트레스 지수를 분석하여 아침에 거울을 보는 것만으로도 건강 상태를 확인할 수 있다. 이를 통해 일상적인 건강 모니터링이 가능해진다. 사무실 내 휴게실이나 화장실 등에 설치되어 직원들이 간단하게 자신의 건강 상태를 확인하고, 필요 시 스트레스 관리나 휴식을 취할 수 있도록 지원한다. 이처럼 직원들의 건강과 웰빙에 대한 관심이 반영된 기술들이 쏟아져 나오고 있다. 국

1. 스마트사운드가 개발한 세계 최초 심폐질환 자가 진단 청진기인 스키퍼 H1.
2. 스마트싱스와 5G를 결합한 삼성전자의 새 오피스 공간 FIT.
3. 시애틀의 아마존 본사 건물인 '스피어'.

내 기업인 스마트사운드가 개발한 세계 최초 심폐질환 자가 진단 청진기인 스키퍼 H1과 AI 기반 스마트 베이비 크립인전자요람 베베루시(Bebelucy)는 영유아의 심박수, 호흡수, 수면 패턴, 스트레스 지수 등을 실시간으로 모니터링하여 건강 상태를 관리한다. 이들 제품은 사무 환경에서도 직원들의 건강을 지원하는 데 활용될 수 있다. 예를 들어 플라루시(PlaLucy)는 개인용 피부 관리기로, 사무실에서의 스트레스와 피로로 인한 피부 문제를 완화하는 데 도움을 줄 수 있다. 또 멀티모

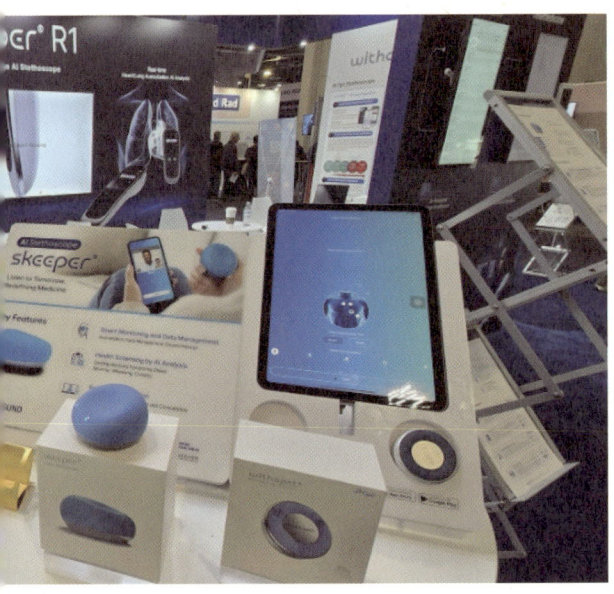

달 인공지능 케어 시스템은 직원들의 심박수, 호흡, 수면 패턴, 스트레스 수준 등을 모니터링하여 건강 상태를 실시간으로 파악하고, 필요시 적절한 조처를 할 수 있도록 지원할 수 있다. 결국 사무 가구는 디지털 헬스 제품과 결합하는 것을 넘어서, 디지털 헬스 자체가 되어야 한다는 사실을 확인할 수 있었다.

### 트렌드 5 지속 가능한 사무 공간

친환경이 중심 주제로 자리 잡으며, CES에서는 재활용 플라스틱과 바이오 기반 복합 소재로 제작된 가구들도 다수 등장했다. 국내 기업 더데이원랩은 생분해 플라스틱 대체제를 활용한 친환경 소재를 선보이며, 글로벌 진출 가능성을 보여주었다. 또한, 순환 경제를 위한 노력의 일환으로 사무 가구 회사들은 모듈화된 디자인을 채택하여 부품을 교체하거나 재활용이 가능하게 해 제품 수명을 연장하는 방향으로 발전하고 있다. 사무실 내 공기 오염을 방지하기 위한 기술 면에서는 두 기업이 주목받았다. 물방울을 이용해 가습, 살균, 공기정화 등을 가능하게 하는 기술로 지속 가능성과 에너지 분야에서 CES 2025 혁신상을 받은 국내 스타트업 에이투어스, 그리고 살아있는 천연 이끼를 이용한 가습기로 CES 2024 혁신상을 받은 모스랩은 이번에 전자 패널과 결합한 제품을 선보이며 인테리어와 공기 정화 효과를 동시에 제공하고 있다.

가구에 들어가는 쿠션제 등 친환경 소재 사용은 미래 사무 환경에서 중요한 과제로 떠오르고 있으며, 이를 해결하고자 하는 가구 회사들은 CES 2025 현장에서 큰 아이디어를 얻을 수 있었다. CES 방문에 앞서 시애틀의 아마존 본사 건물인 '스피어(The Sphere)'를 찾았다. 6만7000 제곱미터 크기의 둥근 유리 온실 구조물에 4만 개 이상의 식물로 꾸며져 있는 이 건물은 아마존 직원들의 휴식, 업무, 식사 공간으로 활용되고 있었다. 상주 원예사만 6명에 70여 명의 전문가가 관리하는 스피어는 마치 영화 '아바타'에 나오는 판도라 세계를 실물로 옮겨놓은 듯한 느낌을 주었다. 공교롭게도 올해 1월 2일부터 글로벌 빅테크 기업으로는 처음으로 재택근무를 없애고 전 직원 5일 근무제를 전면 시행한다고 발표한 직후였다. 직장인 앱인 블라인드에 따르면 73%의 직원이 퇴사를 고려 중이라고 조사된 바 있다. 이는 기술의 진보와 생산성 향상만으로는 직원들이 행복한 공간을 만들 수 없다는 것을 반영한다. 결국, 첨단 기술과 환경을 고려한 설계는 사무 공간의 중심이 될 것이다. 하지만 진정한 혁신은 기술의 발전을 넘어 인간 중심적이고 지속 가능한 공간을 설계하는 데 있다. 이런 측면에서 CES 2025는 우리가 나아가야 할 방향성을 제시하며, 변화의 중심에 설 기회를 열어 줬다고 평가한다.

SECTION 2
Tech View

# SOLVE

혁신 기술로 삶의 문제를 해결하라.

분야별 혁신상 비율

- 스포츠 2.8%
- 드론 3.7%
- 핀테크 3.7%
- 메타버스 3.7%
- 인간 안보 11%
- 스마트시티 13%
- 지속가능성 18.5%
- 인공지능 21.3%
- 디지털 헬스 22.2%

CES 2025 INNOVATION

**292개**
전체 혁신상 수상 기업 수

혁신상을 받은 기업 수는 CES 2024, 310개 사보다 조금 줄었다.

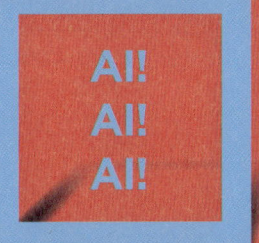

**49.5% up**
혁신상 AI 부문 제출 건수

AI 부문은 지금 가장 핫하다. CES 2024에도 많았던 AI 분야 제출 건수는 CES 2025에 작년 대비 49.5%나 급증했다.

**129개**
혁신상 수상 한국 기업 수

혁신상을 받은 한국 기업 수는 전체 수상 기업 중 46%를 차지하면서 CES 2024에 이어 최다 기업 수상을 달성했다.

**3400여 개**
혁신상 출품작 수

CES 2024 대비 13% 증가한 수준이다.

**Award Entries**

**K-Tech**

**New Tech**

**5개**
혁신상 부문 신설

CES 2025 혁신상 기술 부문은 뷰티, 퍼스널 케어, 패션 테크, 산업 장비 및 기계, 펫테크 등 5개 부문이 신설돼 총 34개가 됐다.

# AWARD INFOGRAPHICS

SECTION 2 — Tech View 1

## AI
# AI 중심 산업 혁신, 3대 핵심 어젠다

AI가 현재 가장 중요하고 핫한 분야라는 것은 분명하다.
그러나 더 자세히 들여다보면 AI 산업 중에서도 더 뜨는 곳, 주목할 것이 있다.

### PART 01

**지금 주목해야 할 AI 관련 3대 이슈**

AI에이전트, 고성능 반도체, AI윤리라는 세 가지 테마가 AI산업 주요 이슈로 떠올랐다.

AI에이전트(AI Agent)는 인간의 개입 없이 다양한 작업을 자율적으로 수행할 수 있는 지능형 시스템을 일컫는다. 주로 복잡한 상호작용이나 작업을 AI로 자동화하는 과정에 활용된다. AI 모델 및 기술 발전에 힘입어 AI 애플리케이션은 챗봇을 넘어 복잡한 워크플로우를 처리할 수 있는 고급 AI에이전트로 발전 중이다. 텍스트뿐 아니라 음성, 이미지 등 다양한 형태의 입력을 처리할 수 있어 사람과 더욱 자연스러운 상호작용이 가능하다.

AI 기술의 성숙도, 풍부한 컴퓨팅 자원, 잘 구축된 기업 인프라와 생태계 등과 더불어 비즈니스 가치 창출 가능성이 강조되며 최근 개발 및 적용이 가속화되는 추세다. 특히 고객 상담 영역에서 AI에이전트는 효율적인 문제 해결 능력을 보여줬다. 고객 상담 외에도 직원 생산성 향상 등 비즈니스 전반에 걸쳐 혁신을 촉진하고 기업 경쟁력을 새로운 차원으로 끌어올린다는 평가를 받는다.

멀티모달 AI, 생성형 AI 등을 결합해 더욱 복잡한 작업이 가능하다는 점도 AI에이전트 산업의 발전 가능성을 높이는 요인 중 하나다. 테슬라는 자율 주행 차량에 AI에이전트를 활용해 실시간 환경 분석과 경로 최적화를 실행 중이며 애플은 '시리', 구글은 '구글 어시스턴트'에 이 기술을 적용하며 스마트폰 위에서 작동하는 온디바이스AI에이전트로 개인정보 보호 및 실시간 업데이트를 강화하고 있다.

일반적으로 AI에이전트는 데이터 수집, 수집된 데이터에 입각한 적합한 의사 결정, 그에 맞는 통합적 시스템 선택/구축까지 자율적으로 시행하는 복수의 AI에이전트 활용과 인간의 최대 편의성 보장을 목표로 한다. 이에 따라 새로운 직업과 기술이 등장하며 지식 노동자의 역할이 더 전략적이고 창의적으로 변화할 것으로 예측된다. 에이전트 생태계가 발전하면서 협업의 중요성, 데이터 프라이버시, 알고리즘 편향성, 노동 시장에 미치는 영향에 대한 관심도 커지고 있다. 윤리적, 사회적 고려 사항도 함께 다뤄져야 한다는 목소리에 힘이 실리고 있다.

### AI 반도체 기반 인프라 강화

AI 반도체의 성능 개선에 힘입어 클라우드

**44.8%**
AI에이전트 시장 연평균 성장률
AI에이전트 시장은 2024년 51억달러에서 2030년 471억달러로 성장할 것으로 예상된다.

엔비디아의 개인용 AI 슈퍼컴퓨터 '프로젝트디지트'를 소개하는 젠슨 황 CEO.

컴퓨팅 및 온디바이스 AI인프라가 강화되고 있다는 점도 주목할 만한 트렌드다.

이를 뒷받침하기 위한 필수적인 자원 중 하나가 엔비디아의 고성능 데이터센터용 GPU다. 지난해 마이크로소프트, 메타 등 주요 하이퍼 스케일러들은 엔비디아의 GPU를 가장 많이 구매했다. CES 2025에서 SK하이닉스가 선보인 차세대 고대역폭메모리 'HBM3E 16' 역시 이런 인프라 강화 트렌드를 반영하는 제품이라고 할 수 있다. 클라우드 AI 인프라는 강력한 서버용 반도체와 고성능 AI모델 기술의 결합으로 다양한 산업 분야를 혁신하고 있는데, 주요 사업자로는 클라우드 서비스 인프라와 자체 AI 모델을 확보한 AWS, 마이크로소프트, 구글 등을 들 수 있다. 이들과 오라클·IBM(데이터베이스), 엔비디아·인텔(반도체 설계) 등이 협력하는 구조다. 클라우드 컴퓨팅과 AI의 통합은 기업이 AI 도구를 업무 및 운영 시스템에 손쉽게 통합함으로써 워크플로(workflow, 작업 절차)를 광범위하게 개선할 수 있게 만들었다.

클라우드와 더불어 기기 자체에서 AI 모델 연산을 수행하는 온디바이스 AI인프라도 빠르게 성장하는 분위기다. 실제로 CES 2025에서 관련 신제품이 대거 등장했다.

### AI 윤리: 급속한 기술 발전과 도전 과제

AI의 급속한 발전은 다양한 윤리적 도전을 수반한다. AI의 편향성과 공정성 문제가 대표적이다. 학습 데이터의 편향성은 특정 집단에 대한 불리한 결정으로 이어질 위험이 있다.

프라이버시 및 데이터 보안 문제도 대두된다. 대량의 데이터 활용에 따른 개인 정보 침해와 데이터 오용 가능성에 대한 우려가 제기되는 것이다.

책임성, 투명성도 중요해지고 있다. AI 시스템의 의사결정 과정이 불투명하므로 책임 소재를 명확히 하는 데 어려움이 있다는 이유에서다.

전문가들은 생성형 AI로 인류에 큰 영향을 미칠 근본적인 변화가 일어날 것으로 예측한다. 이 변화에는 앞서 언급한 고유한 위험이 내포된다.

대다수의 기업과 국가에서 AI를 성장 핵심 동력으로 선정한 가운데, EU는 'AI 법안(AI Act)'과 같은 규제를 설정, 윤리 문제를 강조하고 있다. 생성형 AI의 책임 있는 활용을 촉진하며 기술의 윤리적이고 안전한 적용을 보장하기 위한 기준을 세워야 한다는 게 EU 측 주장이다.

**SECTION 2** — **Tech View 1**

## PART 02

### 2025 AI 시장, 초고속 성장과 혁신의 시대

AI 시장은 2025년을 기점으로 AI에이전트의 산업 적용 확대와 AI반도체 기반 고성능 인프라 강화라는 두 가지 주요 흐름을 중심으로 성장하고 있다.

AI에이전트는 자동화된 의사결정, 실시간 데이터 처리 그리고 효율적인 문제 해결 능력을 통해 비즈니스 전반에 걸쳐 혁신을 촉진하며, 기업 경쟁력을 새로운 차원으로 끌어올리고 있다. 기업들은 AI에이전트를 활용해 특정 업무에 특화된 자동화와 효율화를 추구하고 있으며, 멀티모달AI와 생성형AI를 결합해 더욱 복잡한 작업 수행도 가능한 환경을 만들고 있다.

예를 들어 테슬라는 자율주행 차량에 AI에이전트를 적용해 실시간으로 환경을 분석하고 최적의 경로를 실행하도록 지원하고 있다. 또한 애플의 '시리'와 구글의 '구글 어시스턴트'는 온디바이스 AI에이전트로 활용되며, 개인정보 보호를 강화하고 실시간 업데이트 기능을 향상하는 중이다. 이러한 AI에이전트의 도입은 기업이 보다 스마트한 운영을 가능하게 하고 경쟁력을 지속적으로 확보하도록 돕는다.

AI에이전트 시장은 2024년 51억달러에서 2030년까지 471억달러로 성장할 것으로 예상된다. 2024년부터 2030년까지 연평균 성장률이 44.8%에 이를 것으로 전망된다. 이러한 성장은 자동화에 대한 수요 증가, 자연어처리(NLP) 기술의 발전 그리고 개인화된 고객 경험에 대한 요구 증가가 주요 요인으로 작용하고 있다.

특히 클라우드 컴퓨팅의 광범위한 도입으로 인해 기업들은 AI에이전트를 보다 쉽게 도입하고 운영할 수 있게 됐다. 클라우드 기반 플랫폼을 활용함으로써 기업들은 별도의 인프라 투자 없이 효율적인 비용으로 AI에이전트 애플리케이션을 확장할 수 있으며, 이를 통해 다양한 산업에서 폭넓은 도입하는 것도 가능해졌다. 이러한 시장 확대는 AI 기술 발전과 더불어 기업의 운영 효율성 증대, 맞춤형 고객 경험 제공을 위한 중요한 전환점이 될 것으로 예상된다.

AI에이전트의 성장은 기술의 성숙도, 컴퓨팅 자원의 풍부함, 기업 인프라 및 생태계 구축, 비즈니스 가치 창출 가능성의 조합으로 가속화되는 추세다. 이로 인해 AI에이전트는 고객 서비스, 생산 자동화, 의료, 금융 등 다양한 산업 분야에 적극적으로 도입되고 있다. 캡제미니 리서치 인스티튜트에 따르면 2024년 1100명의 경영진을 대상으로 한 설문조사에서 기업의 10%는 이미 AI에이전트를 사용 중이고 82%는 향후 3년 이내에 AI에이전트를 도입할 계획이라고 밝혔다. 또한 조사에 참여한 경영진의 71%는 AI에이전트가 워크플로 자동화를 크게 개선하고, 고객 서비스의 만족도를 향상시킬 것이라고 응답했다. 이러한 조사 결과는 AI에이전트가 기업 운영의 효율성과 고객 경험을 혁신하는 핵심 요소로 자리 잡고 있음을 시사하며 향후 AI 도입이 더욱 가속화될 것으로 예상된다.

많은 AI 애플리케이션은 HITL(Human-In-The-Loop, 인간 개

**82%의 조직이 1~3년 내에 AI에이전트 사용할 것**
AI에이전트를 사용 중이거나 사용할 계획이 있는 조직의 비율

| 7% | 30% | 52% | 10% |

■ 탐색 계획 없음  ■ 2~3년 내 사용 계획  ■ 향후 몇 년 내 사용 계획  ■ 이미 사용 중

자료 더밀크

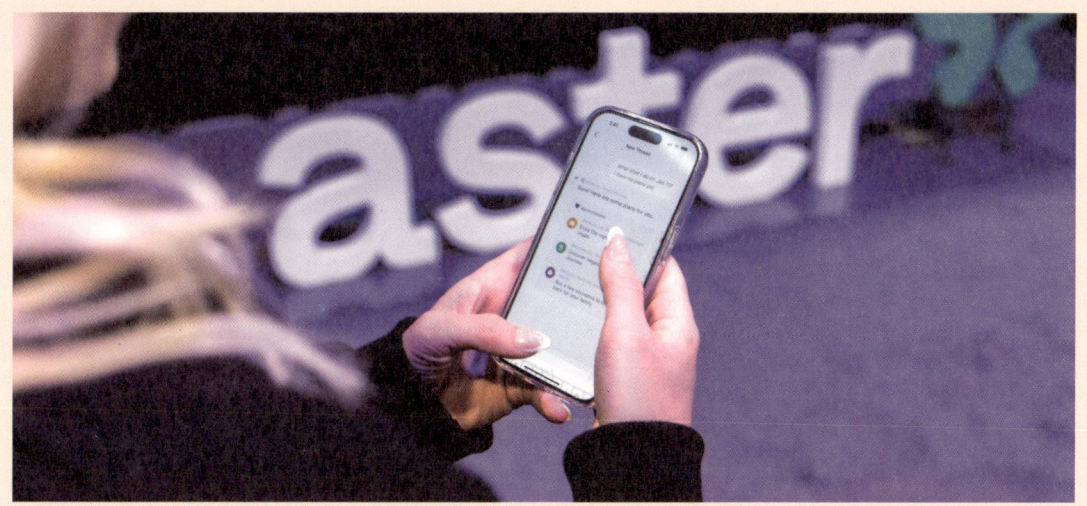

SK텔레콤이 공개한 AI에이전트 '에스터(Aster)'. 에스터는 AI 챗봇처럼 단순한 질문에 답하거나 검색 결과를 알려주는 수준을 넘어서 사용자 요청에 대해 AI가 스스로 목표와 계획을 세우고 수행하는 AI 비서로 '에이전틱 AI(Agentic AI)'를 지향한다.

입형) 방식을 통해 복잡한 워크플로를 다루며, 여러 AI에이전트를 포함하고 있다. 이는 AI시스템이 자율적으로 작동하되 필요시 인간의 개입을 통해 정밀한 의사결정을 내릴 수 있도록 설계된 방식이다.

## 클라우드 AI인프라 및 온디바이스 AI생태계 확장

AI 성능을 극대화하기 위해 클라우드와 온디바이스(On-Device) 컴퓨팅을 통합하는 하이브리드 스케일러 전략이 확산되고 있다. 아마존웹서비스(AWS), 마이크로소프트, 구글과 같은 글로벌 IT 기업들은 자체 데이터센터를 활용해 최첨단 AI 모델과 개발 플랫폼을 제공하고 있으며, 이를 통해 많은 기업이 AI 전환(AX)을 가속화하고 있다.

클라우드 AI인프라는 강력한 서버용 반도체와 고성능 AI모델 기술의 결합을 통해 다양한 산업 분야를 혁신하고 있다. 특히, AWS, 마이크로소프트, 구글과 같은 글로벌 클라우드 서비스 제공업체들은 자체 AI모델과 인프라를 확보하며 시장을 주도한다. 이들 기업은 오라클·IBM(데이터베이스), 엔비디아·인텔(반도체 설계) 등과의 협력 구조를 통해 AI 기반 클라우드 서비스를 더욱 강화하고 있다. 클라우드 컴퓨팅과 AI의 통합으로 기업들은 AI 도구를 업무 및 운영 시스템에 손쉽게 적용할 수 있으

**$3271억**
글로벌 클라우드 시장은 2029년 3271억까지 성장할 전망이다.

며 이를 통해 워크플로는 더욱 광범위하게 개선된다.

또한 인터넷 연결 없이 기기 자체에서 AI 모델의 연산을 수행할 수 있는 온디바이스AI도 빠르게 성장 중이다. 대표적인 사례로는 AI PC와 고성능 스마트폰이 있으며, 이 기술은 자율주행차와 로봇으로도 확장되고 있다. 온디바이스AI는 데이터 처리 속도를 높이고 보안성을 강화하며, 네트워크 의존도를 줄이는 등 다양한 이점을 제공한다.

시장 조사 기관 마켓앤마켓(Markets and Markets)에 따르면, 글로벌 클라우드 AI 시장은 2024년 803억 달러에서 2029년

3271억 5000만 달러로 성장할 것으로 예상되며, 연평균 성장률은 32.4%에 이를 전망이다. 이러한 고속 성장의 배경에는 기업들의 AI 인프라에 대한 수요 증가와 클라우드 기반 서비스의 확대가 있다.

AI PC 시장 또한 빠르게 성장해 2024년 506억달러에서 2030년까지 730억달러 규모로 확대될 전망이다. 연평균 성장률은 28.82%로 예상되며, 이는 AI 기술의 발전과 함께 기업 및 개인 사용자들이 AI를 보다 적극적으로 활용하려는 수요 증가를 반영한다. CES 2025에서는 엔비디아, AMD, 인텔, 퀄컴 등 주요 반도체 기업들이 각각 AI PC용 칩을 공개했다. 엔비디아는 RTX 50 시리즈를, AMD는 라이젠 AI 맥스를, 인텔은 코어 울트라 200HX를, 퀄컴은 스냅드래곤 X를 선보이며, AI PC 시장의 성장을 촉진하고 있다. 또한, 델(Dell), HP,

> 클라우드 AI 인프라는 강력한 서버용 반도체와 고성능 AI모델 기술의 결합을 통해 산업 혁신을 앞당기고 있다.

인텔의 AI가 내장된 PC.

레노버(Lenovo), 삼성전자, LG전자 등 글로벌 주요 PC 제조사들도 CES 2025에서 AI PC 신제품을 대거 선보이며 시장 확대에 박차를 가하고 있다.

### AI반도체 기반 인프라 구축으로 고성능 AI 실현

AI인프라는 원활한 AI 서비스와 제품 구현을 위한 필수 조건으로, 최첨단 AI모델을 구동하거나 자체 AI모델을 구축하려는 기업에게 안정적인 서비스를 제공하려면 강력한 컴퓨팅 성능이 필수적으로 뒷받침돼야 한다. AI의 성능을 극대화하기 위해 하이퍼스케일러를 위한 서버용 GPU와 데이터센터용 고대역폭메모리(HBM)의 성능 개선이 지속적으로 진행되고 있으며, 이를 통해 대규모 AI 워크로드를 더욱 효율적으로 처리할 수 있도록 지원하고 있다.

또한 온디바이스 AI인프라 성능 개선도 중요한 트렌드로 자리 잡고 있다. 스마트폰, PC 등 개인용 기기에서 AI 모델을 적극적으로 활용하려는 시도가 증가하면서, 기기 자체에서 AI 모델을 효율적으로 처리할 수 있는 기술 개발이 가속화되고 있다. 특히, 자율주행차와 로봇과 같은 고성능 AI 응용 분야에서는 더욱 강력한 성능이 요구되고 있어, 이러한 추세는 앞으로 더욱 강화될 것으로 예상된다.

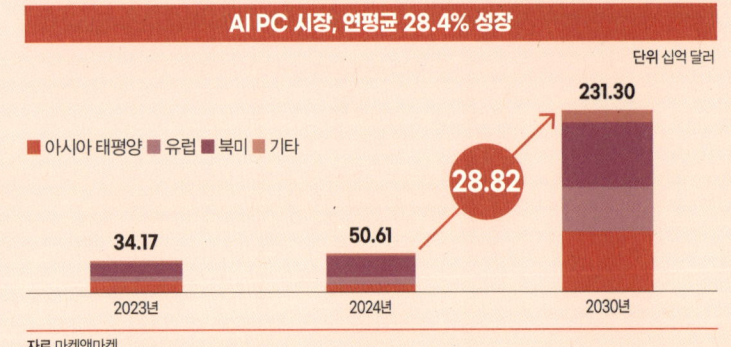

AI PC 시장, 연평균 28.4% 성장

단위 십억 달러

■ 아시아 태평양 ■ 유럽 ■ 북미 ■ 기타

- 2023년: 34.17
- 2024년: 50.61
- 2030년: 231.30

28.82

자료 마켓앤마켓

1. SK하이닉스의 5세대 고대역폭메모리(HBM) 'HBM3E 16단'.
2. 투야의 AI에이전트 반려로봇.

클라우드 AI 인프라와 온디바이스 AI의 발전은 기업의 업무 프로세스를 효율화하고, 개인의 일상생활을 보다 스마트하게 변화시키고 있다. 이러한 추세는 앞으로도 지속될 것이며, 기업들은 AI 기술을 활용한 혁신적인 솔루션을 도입함으로써 경쟁력을 강화할 수 있을 것이다. AI 시장은 산업 전반에서의 AI에이전트 도입 증가와 고성능 AI 인프라의 발전을 중심으로 빠르게 성장하고 있다. 기업들은 AI를 활용해 생산성을 극대화하고, 개인화된 서비스를 제공하며, 온디바이스 및 클라우드 인프라를 최적화하는 방향으로 나아가고 있다. 이러한 추세는 앞으로도 AI 기술의 보편화와 혁신을 주도할 것으로 예상된다.

## INSIGHT

### AI 2.0시대, 미래 전략

AI에이전트는 데이터 수집부터 이를 기반으로 적절한 의사결정을 내리고 실행할 수 있는 통합 시스템을 선택 및 구축하는 과정을 자율적으로 수행하는 데 중점을 둔다. 여러 개의 에이전트가 협력해 일상의 편의성을 최대한 보장하는 방향으로 발전하고 있다. 이를 통해 기업과 개인의 업무 효율성이 극대화될 뿐만 아니라 더욱 신속하고 정밀한 의사결정이 가능해지고 있다.

AI에이전트의 확산은 새로운 직업과 기술의 등장을 촉진하며 지식 노동자의 역할을 보다 전략적이고 창의적인 방향으로 변화시킬 것으로 예상된다. 단순 반복 업무는 AI가 처리하고, 인간은 더 복잡하고 창의적인 업무에 집중해 생산성과 혁신이 동시에 커질 수 있다.

AI에이전트 생태계가 발전함에 따라 에이전트 간 협업의 중요성도 커져 다양한 시스템 및 플랫폼 간의 상호 연계가 필수적인 요소로 떠오르고 있다. 그러나 이러한 발전과 함께 데이터 프라이버시 보호, 알고리즘 편향성, 노동 시장에 미치는 영향 등 윤리적·사회적 고려 사항도 중요한 과제로 대두되고 있다. AI에이전트가 업무의 효율성과 창의성을 극대화하는 동시에, 공정성과 투명성을 보장하는 방향으로 나아가야 한다.

SECTION 2  •  Tech View 2

## Mobility
# 모빌리티 혁명
# 자율주행·지속가능성, 미래 교통의 재구성

CES 2025에서는 자율주행 기술이 농업, 해양, 도심항공모빌리티(UAM) 등
다양한 영역으로 확장되고 있음이 드러났다.

**PART 01**

### 생태계 확장과 모빌리티 서비스 시장

탄소 중립에 기여하고 지속 가능한 교통수단으로
사용자 편의성을 증대하고 교통 혁신을 꿈꾼다.

존 디어(John Deere)는 GPS, 라이더(LiDAR), 카메라 시스템과 같은 최첨단 기술을 활용해 농기계가 스스로 최적의 경로를 계산하고 작업을 수행할 수 있도록 하는 기술을 개발하고 있다. 이는 단순히 농업 효율성을 높이는 것에 그치지 않고, 정밀 농업이라는 새로운 패러다임을 제시하며 식량 자원의 지속 가능성을 확보하는 데 기여한다. 또한 자율주행 기술은 해양 산업에도 활용되며 자율운항 보트를 통해 해양 물류와 안전을 동시에 개선하는 데 도움을 준다.

커넥티드 모빌리티 기술은 차량, 도로 인프라, 사용자 간의 실시간 데이터 교환을 통해 교통의 효율성과 안전성을 혁신적으로 높이고 있다. 소니 혼다 모빌리티가 CES 2025에서 선보인 차량 내 엔터테인먼트 시스템은 커넥티드 기술을 기반으로 사용자 맞춤형 미디어 경험을 제공한다. 게임과 스트리밍 콘텐츠를 차량 내부에서 즐길 수 있도록 설계된 이 기술은 이동 중의 경험을 단순한 교통수단에서 엔터테인먼트와 휴식의 공간으로 변화시키고 있다. 커넥티드 기술은 자동차 산업뿐만 아니라 사용자의 라이프스타일을 혁신적으로 바꾸는 데도 기여한다.

### 전동화의 가속화와 로보택시

지속가능한 미래를 위한 전기차와 로보택시의 혁신은 CES 2025에서 가장 중요한 주제 중 하나였다. 전기차와 전동화된 로보택시의 도입은 탄소 배출을 줄이고 에너지 효율성을 높이는 데 중요한 역할을 하고 있다. 특히 충전 인프라의 확장과 배터리 기술의 급속한 발전은 전기차 보급을 확산하고 사용자 편의성도 높여 놓았다.

배터리 기술의 진보는 차량의 주행 거리와 성능을 향상해 전기차와 로보택시가 대중적인 교통수단으로 자리 잡는 데 도움을 준다. 특히 전기차가 도심뿐만 아니라 장거리 운행에서도 경쟁력을 갖추면서 전동화된 교통수단의 보급은 더욱 빨라지고 있다. 이러한 변화는 교통 혼잡을 완화하고 이동성을 개선하며 지속가능한 도시 교통 시스템을 구축하는 데 핵심적인 역할을 할 것으로 보인다.

로보택시는 자율주행, 커넥티드, 전동화 기술이 결합한 차세대 이동 수단이다. 웨이모

**11.6%**
모빌리티 서비스 시장
예상 성장률
2024년부터 2032년까지
연평균 11.6%의 성장률이
예상된다.

라스베이거스에서 자율주행 차량 테스트 중인 죽스.

(Waymo)와 크루즈(Cruise)는 캘리포니아를 포함한 미국 주요 도시에서 로보택시 서비스를 운영 중이며, AI알고리즘과 지속적인 데이터 학습을 통해 기술 안정성을 크게 개선하고 있다. 웨이모는 샌프란시스코·로스앤젤레스·피닉스 등지에서 서비스를 확장해 차량 내 여러 센서와 카메라를 통해 실시간으로 주행 환경을 분석하고 있다.

아마존의 죽스(Zoox)는 자율주행에 최적화된 전용 전기차 플랫폼을 설계해 업계에서 주목받았다. 기존 자동차를 개조하는 방식이 아닌 처음부터 자율주행에 특화된 차량을 개발한 것이 특징이다. 죽스는 샌프란시스코와 라스베이거스를 포함한 복잡한 도심에서 자율주행 차량 테스트를 진행하고 있으며, 2025년부터 본격적인 대중 서비스를 시작할 계획이다. 승객 안전을 최우선으로 삼아 충돌 시 승객을 보호하는 안전 캡슐 구조와 비상 상황 대처 시스템을 차량에 통합했다. 동시에 전기차 플랫폼을 기반으로 탄소 배출을 줄이며 지속 가능한 교통 생태계를 구축하는 데 기여하고 있다. 또한 엔터테인먼트 시스템이 통합돼 있어 다양한 콘텐츠 경험도 가능한다. 죽스는 자율주행 기술, 전동화 솔루션, 사용자 경험 혁신을 결합해 도심 교통의 미래를 선도하며, 라이드헤일링 서비스와 도시 이동성을 새롭게 정의하는 데 기여하고 있다.

### MaaS와 스마트폰 연계

모빌리티 서비스(MaaS, Mobility as a Service) 시장은 빠르게 성장하고 있다. 2024년부터 2032년까지 연평균 11.6%의 성장이 예상된다. MaaS는 새로운 도시 교통 생태계를 형성하는데 기여한다. 스마트폰과의 연계는 MaaS의 핵심 요소로 자리 잡았다. 현재 안드로이드 플랫폼은 모빌리티 앱 시장의 70% 이상을 차지하며, 스마트폰과 모빌리티 서비스의 연계가 사용자 경험을 한층 더 개인화하고 있다.

Z세대를 중심으로 차량 소유에 대한 의지가 감소하고, 공유 모빌리티 서비스에 대한 관심이 증가하는 분위기도 주목해야 한다. 아시아 태평양 지역은 인구 증가와 도시화로 가장 빠르게 성장하는 MaaS 시장으로 점쳐진다. 유럽 지역에서도 MZ세대의 절반 이상이 공유 모빌리티 서비스를 긍정적으로 경험했다는 조사 결과가 발표됐다.

물론 자국 중심의 공급망 재편, 전기차 시장 내 경쟁 심화, 규제 강화 등 도전 과제도 존재한다. 기술 표준의 부재는 기업에 추가적인 부담이 되기도 한다. 그러나 혁신적 전략과 협력을 통해 이러한 도전을 극복할 수 있다. 특히 전기차와 자율주행 기술의 결합은 지속 가능한 교통 생태계를 구축하는 데 있어 중요한 열쇠로 평가된다.

## PART 02 스마트 모빌리티

교통 서비스의 디지털화와 다양화가 모빌리티 산업의 핵심 동력 역할을 하고, MZ세대의 라이프스타일 변화가 스마트 모빌리티 성장을 촉진한다.

2022년 약 611억9000달러 규모였던 모빌리티 서비스 시장은 2023년 678억1000달러로 성장, 2032년까지 11.6% 연평균 성장률을 기록하며 꾸준히 확대될 것으로 전망된다. 시장은 차량 호출(Ride Hailing), 차량 공유(Car Sharing), 소형 모빌리티(Micro Mobility), 버스 공유(Bus Sharing), 기차 서비스(Train Services)의 다섯 가지 주요 카테고리로 구성되며 특히 차량 호출과 차량 공유가 가장 큰 비중을 차지하고 있다.

모빌리티 서비스 시장의 성장은 기술 발전과 전동화, 자율주행 기술의 확대에 힘입어 빠르게 성장 중이다. 새로운 교통 서비스에 대한 수요 증가가 시장의 성장을 견인한다. 2032년까지 현재의 두 배 이상으로 규모가 확장될 것으로 예상되며 교통 서비스의 디지털화와 다각화가 모빌리티 산업의 핵심 동력으로 자리 잡을 전망이다. 이러한 변화는 효율적이고 지속 가능한 교통 생태계를 구축하는 데도 기여할 것으로 보인다.

### 스마트 모빌리티 시장의 핵심은 연결된 교통 시스템

스마트 모빌리티의 발전은 도시화, 환경 문제, 그리고 증가하는 세계 인구로 인해 보다 효율적인 교통 네트워크가 필요하다는 요구에 크게 영향을 받고 있다. 전 세계적으로 도시가 확장됨에 따라 첨단 교통 시스템에 대한 수요가 증가하고 있으며, 스마트 모빌리티 솔루션은 기존 교통 인프라의 문제를 해결하는 데 중요한 역할을 하고 있다.

스마트 모빌리티 시장을 이끄는 주요 요인으로는 지속가능성을 촉진하는 정부 이니셔티브, 전기 자동차의 채택 증가, 공유 및 연결된 운송 서비스로의 전환, 그리고 AI와 기계 학습(ML)의 발전이 포함된다. 이러한 요인들은 전 세계 운송 환경을 재편하며 혁신과 성장을 위한 새로운 기회를 창출하고 있다.

핵심 중 하나는 연결된 교통 시스템으로, 이는 스마트 모빌리티 생태계의 원활한 운영을 가능하게 한다. 이 시스템은 실시간 데이터, 통신 네트워크, IoT 지원 장치를 활용해 차량·인프라·사용자 간의 연결을 강화한다. 이를 통해 효율적인 경로 안내, 향상된 안전성, 개선된 사용자 경험을 제공할 수 있다. 연결된 교통 시스템은 스마트 센서와 통신 기술을 통합해 차량 흐름을 최적화하고 환경 영향을 줄이는 데 기여하며 자율주행차와 전기차의 발전에도 필수적인 역할을 한다.

스마트 모빌리티는 사용자 중심의 모빌리티 솔루션 수요가 증가함에 따라 더욱 주목받고 있다. 소비자

아시아 태평양 지역이 가장 빠른 성장 추세를 보이고 있다.

자료 모도인텔리전스

하이센스 'AI Your Car'에 비치된 콘셉트 차량. 이 차 안에는 천장에서 내려오는 롤러블 디스플레이가 적용됐다.

들이 더 개인화되고 유연한 주문형 서비스를 요구하면서 기업들은 유동적 가격 책정, 실시간 추적, 향상된 경로 최적화를 가능하게 하는 기술에 투자하고 있다. 스마트 모빌리티는 첨단 기술과 데이터 통합을 통해 도시화와 환경 문제를 해결하며 전 세계 운송 체계를 혁신하고 있다. 이는 개인화된 사용자 경험과 지속 가능한 교통 환경을 동시에 제공함으로 미래의 이동성을 재정의하고 있다.

## MZ세대 차량 소유 의지 감소 중

모빌리티 서비스 시장은 특히 아시아 태평양 지역에서 빠르게 성장하고 있다. 인구 증가와 도시화 계획의 추진이 이러한 성장을 가속하는 주요 요인으로 작용하는 것이다. 이 지역에서는 지속가능한 교통수단에 대한 수요가 증가하고 있으며 정부와 민간 기업이 협력해 인프라를 확충하고 스마트 모빌리티 솔루션을 도입하는 등 적극적인 움직임도 많이 포착된다.

도심 교통 체증 완화와 환경 문제 해결을 위한 친환경 모빌리티 옵션의 필요성이 대두됨에 따라 다양한 공유 모빌리티 서비스도 보편화되고 있다. 이에 따라 아시아 태평양 지역은 앞으로도 글로벌 모빌리티 시장에서 가장 빠르게 성장하는 지역으로 자리 잡을 전망이다.

MZ세대의 라이프스타일 변화는 모빌리티 서비스 시장의 성장을 더욱더 촉진하는 요인으로 작용하고 있다. MZ세대는 기성세대보다 차량 소유에 대한 관심이 현저히 낮다. 대신 차량 공유 및 MaaS 모델을 선호하는 경향이 두드러지는 특징이다.

이러한 경향은 경제적 부담을 줄이고 환경 보호에 대한 책임감을 반영하면서 필요할 때만 차량을 이용할 수 있는 유연성을 제공하기 때문이다. 특히 젊은 세대들은 차량 유지 비용, 보험료, 주차 문제 등을 고려할 때 소유보다는 공유가 더 합리적인 선택이라고 판단하고 있다. 유럽 지역에서도 공유 모빌리티 서비스에 대한 인식 변화가 두드러진다. 조사에 따르면 유럽의 18~34세 연령층의 거의 절반이 차량 공유 서비스를 긍정적으로 평가했으

# SECTION 2　　　　　　　　　　　　　　Tech View 2

며 향후 차량을 직접 소유해야 할 필요성에 대해 의문을 제기하는 응답이 증가하고 있다.

특히 대중교통이 발달한 유럽의 주요 도시에서는 차량을 소유하기보다는 다양한 공유 모빌리티 옵션을 활용하는 것이 더 효율적이고 경제적인 선택으로 여겨지고 있다. 이러한 변화는 환경 보호에 대한 인식 제고와도 맞물려 있으며, 자동차 소유로 인한 탄소 배출을 줄이고 지속 가능한 이동성을 확보하는 데 중요한 역할을 하고 있다.

결과적으로 모빌리티 공유 비즈니스 모델의 확산은 MZ세대를 중심으로 차량 소유 개념을 변화시키고 있으며, 이는 전통적인 자동차 산업에도 큰 영향을 미치고 있다. 카셰어링, 라이드헤일링(Ride Hailing), 마이크로 모빌리티(Micro Mobility) 등 다양한 옵션이 등장하면서, 개인의 이동 방식이 점점 더 유연하고 편리하게 변화하고 있다. 앞으로도 글로벌 모빌리티 시장은 이러한 변화에 대응하기 위해 더욱 발전할 것이며, 기술 혁신과 지속가능성을 중심으로 새로운 성장 기회를 모색할 것으로 보인다.

**1.** 스마트폰 애플리케이션 또는 온라인 플랫폼에 접속해 비대면으로 이용하는 카셰어링.

**2.** 국내 차량 공유 서비스 업체인 쏘카도 전기차를 늘려 탄소 감축에 앞장서고 있다.

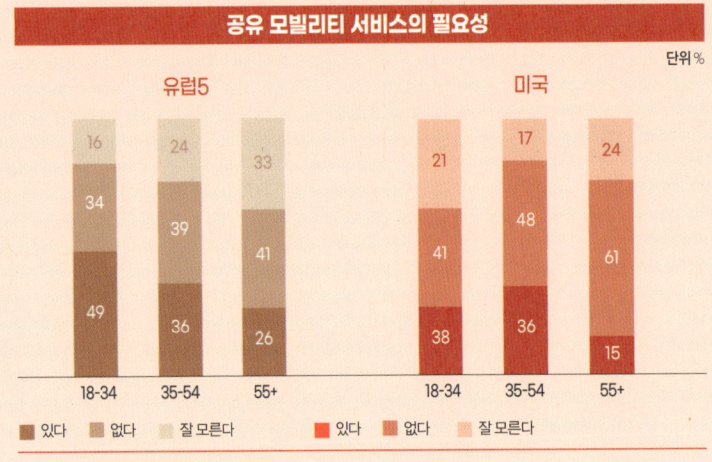

공유 모빌리티 서비스의 필요성 (단위 %)

| | 유럽5 | | | 미국 | | |
|---|---|---|---|---|---|---|
| | 18-34 | 35-54 | 55+ | 18-34 | 35-54 | 55+ |
| 있다 | 49 | 36 | 26 | 38 | 36 | 15 |
| 없다 | 34 | 39 | 41 | 41 | 48 | 61 |
| 잘 모른다 | 16 | 24 | 33 | 21 | 17 | 24 |

공유 모빌리티 확산으로 MZ세대 차량 소유 의지가 감소하고 있다.

자료 모도인텔리전스

## INSIGHT

## 스마트 모빌리티 시대에서 성공적인 미래를 위한 전략

스마트 모빌리티 시대의 성공적인 미래 전략을 위해서는 데이터와 AI를 기반으로 한 효율적인 교통 시스템 구축, 친환경 교통수단 확대를 통한 지속가능성 확보, 사용자 중심의 경험 혁신과 접근성 확대가 핵심이다. 기업과 정부는 협력해 디지털 전환을 가속화하고 새로운 모빌리티 패러다임을 통해 교통의 효율성과 지속가능성을 극대화해야 한다.

### 1 데이터 및 AI 기반 통합 모빌리티 솔루션 구축

스마트 모빌리티의 성공을 위해 가장 중요한 요소는 데이터와 AI를 활용한 통합 모빌리티 시스템의 구현이다. 스마트 모빌리티 환경에서는 차량, 교통 인프라, 사용자 행동 패턴 등 방대한 데이터를 실시간으로 수집하고 이를 분석해 보다 효율적인 이동성을 제공해야 한다. AI 기반의 알고리즘을 통해 실시간 교통 예측과 경로 최적화를 수행함으로써 승객의 이동 시간이 단축되고 연료 소비와 탄소 배출이 줄어들 수 있다.

또한 정부, 민간 기업, 교통 당국 간 협력을 통해 단일 모빌리티 데이터 플랫폼을 구축해 자율주행차, 대중교통, 공유 모빌리티 서비스의 연계가 가능하게 해야 한다. AI 기반 수요 반응형 교통 시스템(DRT)을 통해 승객의 이동 패턴을 분석하고, 필요한 시점에 최적화된 교통 서비스를 제공함으로써 공공 및 민간 교통수단의 운영 효율성을 높일 수 있다. 글로벌 모빌리티 기업인 우버(Uber)와 리프트(Lyft)는 실시간 AI알고리즘을 활용해 차량 배차를 최적화하고 있으며, 구글은 지도 서비스를 통해 교통 예측 분석을 더욱 정교하게 수행하고 있다.

### 2 지속 가능한 모빌리티 생태계 구축

지속가능성은 스마트 모빌리티 시대에서 반드시 해결해야 할 과제이며, 이를 위한 핵심 전략은 친환경 교통수단의 도입과 인프라 확충이다. 전기차(EV) 및 수소차의 채택을 증가시키기 위해 충전소 및 수소 충전소의 인프라 확대가 필수적이다. 정부는 친환경 교통수단 도입을 촉진하기 위해 세제 혜택, 보조금 제공, 충전소 확충을 통해 소비자의 접근성을 높이고 있다. 도심 내 단거리 이동을 위한 마이크로 모빌리티 서비스(전동 킥보드, 전기 자전거 등)는 탄소 배출을 줄이고, 대중교통과 연계해 최적의 이동 솔루션을 제공한다. 이는 공유 서비스가 활성화되면서 시민들의 교통비 절감과 도시의 혼잡 완화에 기여한다. 또한, MaaS 플랫폼을 활성화해 대중교통, 카셰어링, 라이드헤일링을 하나의 통합된 시스템으로 제공하고 개인 차량 소유를 줄이며 지속 가능한 교통수단 이용도 촉진해야 한다. 유럽에서는 도시의 탄소 중립 목표 달성을 위해 런던의 초 저 배출 구역(ULEZ, Ultra Low Emission Zone) 정책을 도입하고 있으며, 북미에서는 테슬라와 같은 기업들이 충전 인프라 확충과 전기차 보급 확대를 주도하고 있다.

### 3 사용자 중심의 모빌리티 경험 혁신 및 접근성 확대

스마트 모빌리티의 성공은 사용자 중심의 접근 방식에 달려 있다. 소비자들은 보다 직관적이고 개인화된 이동 경험을 기대하고 이를 충족하기 위해 맞춤형 이동 솔루션이 제공돼야 한다. 스마트폰 앱을 통해 통합 예약, 결제, 실시간 교통 정보를 제공함으로써 사용자 경험을 향상할 수 있으며 도심뿐만 아니라 교외 및 농촌 지역에서도 스마트 모빌리티 서비스의 접근성도 확대해야 한다. 이를 위해 자율주행 셔틀, 온디맨드 버스 서비스와 같은 새로운 모델을 도입해 교통 인프라가 부족한 지역에서도 이동 편의성을 제공할 필요가 있다. 사용자 경험을 더욱 간소화하기 위해 모바일 결제, 정기권 서비스, 실시간 트래킹 기능 등이 통합된 앱 서비스가 필요하며 사용자의 편의성을 극대화할 수 있는 시스템을 개발해야 한다.

스마트 모빌리티 서비스의 확산과 함께 사용자 데이터 보호 및 서비스의 안전성 확보도 중요하다. 자율주행 차량의 보안 시스템 강화, 데이터 암호화, 정교한 승객 안전 관리 시스템의 도입은 필수적이다.

핀란드 헬싱키의 웜(Whim) 앱은 모든 교통수단을 하나의 플랫폼에서 제공해 사용자들이 편리하게 이동 계획을 세우고 비용을 절약할 수 있도록 지원하고 있으며, 일본의 소프트뱅크는 MaaS 플랫폼을 통해 도시와 교외 지역을 연결하는 서비스를 확장하고 있다.

SECTION 2　　　　　　　　　　　　　　　Tech View 3

## Digital Healthcare
# AI 혁신의 최대 수혜자, 협력 모델로 진화 중

디지털 헬스케어는 기술과 인간의 삶을 연결하며 건강 관리 방식을 변화시키는 중심에 있다.
디지털 헬스케어 생태계는 이제 개별 기기의 성능을 넘어 기업의 기술과 데이터를 통합하는 '협력 모델'로 진화하는 중이다.

**PART 01**

### 디지털 헬스케어의 진화

AI 기반 헬스케어 리테일 기술이 속속 등장하며 슬립테크, 웨어러블 디바이스 등 미래 의료 분야에서 혁신이 이어질 전망이다.

올해 CES 2025에서 두드러지는 디지털 헬스케어 분야의 특징은 AI 기반 헬스케어 리테일 기술이 속속 등장한 것이다. 향후 모바일 기기와 연결된 AI 헬스케어 기기와 서비스 산업이 크게 성장할 것임을 시사한다. 그 중 '슬립테크(Sleep Tech)'는 디지털 헬스케어 기술 중 가장 빠르게 효과를 입증할 수 있는 분야로 크게 주목받았다.

### 슬립테크와 에이지테크의 융합

수면은 현대인의 웰빙과 생산성의 핵심 요소로 부상하며, 수면의 질을 개선하는 기술과 제품에 대한 관심이 급증하고 있다. 이러한 트렌드는 코로나19 이후 건강과 웰빙에 대한 인식 확산과 함께 수면과 경제학이 결합한 '슬리포노믹스(Sleeponomics)'라는 새로운 경제 기회를 창출했다. 이처럼 수면의 중요성이 부각되며 슬리포노믹스와 슬립테크가 결합한 제품과 서비스가 급성장 중이다.
슬립테크는 디지털 헬스케어 중에서도 가장

**30%↑**
슬립 투어리즘
연간 성장률

슬립 투어리즘은 우울증과 번아웃 같은 현대인의 스트레스 문제를 해결하며 코로나19 이후 연간 30% 이상의 성장세를 기록하고 있다.

빠르게 효과를 입증할 수 있는 분야다. 예를 들어, 수면 무호흡증을 감지하고 병원에 데이터를 전달하는 시스템 같은 기술은 단순히 데이터를 측정하는 데 그치지 않고 실제로 더 숙면할 수 있도록 초점을 맞췄다. 슬립테크는 단순히 수면 중에 데이터를 수집하는 기술이 아니라 사람들이 기술로 인해 실제로 건강이 개선된다는 것을 느낄 수 있는 분야라 많은 주목을 받고 있다.

인간 평균 수명이 늘면서 에이지테크(Age Tech)와 슬립테크의 융합이 건강한 노화를 지원하는 데 중요한 역할을 할 것으로 보인다. 에이지테크는 고령층의 삶의 질을 높이는 데 초점을 맞춘 기술이다. 근감소증 예방 기기, 보행 보조기, 치매 관리 솔루션 등이다.

두 기술이 상호보완해 노화로 인한 건강 문제를 예방하고 개선할 수 있다. 이러한 발전은 고령층의 삶을 개선하고, 디지털 헬스케어 생태계의 새로운 패러다임을 제시할 것이다.

### 웨어러블 디바이스,
### 디지털 헬스케어 산업의 중심 될 것

앞으로 웨어러블 링이나 워치(watch) 같은

디바이스가 디지털 헬스케어 산업의 중심이 될 전망이다. 주변 기기와 연결성을 강화해 헬스케어 생태계를 만들어가고 있기 때문이다. 웨어러블 디바이스는 단순히 데이터를 측정하는 기기가 아니라, 디지털 헬스케어 플랫폼의 확장을 가능하게 하는 중요한 연결 고리다. 특히 스마트워치와 웨어러블 링은 현재 가장 널리 사용되는 웨어러블 디바이스로 심박수, 산소포화도, 수면 패턴 등 생체 데이터를 실시간으로 수집하고 분석한다.

또 다른 장점은 다양한 헬스케어 솔루션과의 연결성이다. 웨어러블 디바이스가 헬스케어 플랫폼과 통합되면, 사용자 개인의 건강 데이터 기반으로 맞춤형 건강관리 서비스를 제공할 수 있다. 웨어러블 디바이스는 이처럼 고도화되고 있지만, 여전히 데이터의 정확도와 신뢰성을 높여야 하는 과제를 안고 있다. 데이터를 어떻게 활용해 실질적인 건강 개선으로 연결할 것인지도 중요한 문제다. 웨어러블 디바이스는 헬스케어 보조 장치를 넘어, 개인 건강 관리의 중심 플랫폼으로 발전할 것으로 보인다.

한편 글로벌 웰빙 트렌드가 확산하며 수면을 중심으로 한 '슬립 투어리즘'이 웰니스 관광의 핵심으로 부상하고 있다. 슬립 투어리즘은 우울증과 번아웃 같은 현대인의 스트레스 문제를 해결하며 코로나19 이후에도 연간 30% 이상의 성장세를 기록하고 있다. 웰니스 관광객은 일반 여행객보다 더 많은 지출을 하고 있으며 2027년까지 강력한 성장세를 이어갈 것으로 전망한다.

이처럼 수면 관련 기술과 관광 산업의 융합은 현대인의 웰빙 수요를 충족시키는 동시에 새로운 경제적 기회 창출할 것으로 기대된다. 따라서 기업들은 AI와 IoT를 활용한 맞춤형 솔루션 개발에 주력하고 웰니스 관광 시장에서 경쟁력을 확보하기 위한 혁신적 서비스 모델을 도입해야 할 것이다.

### 미래 의료의 혁신

리테일 헬스케어 모델 역시 환자 진료의 미래로 주목받고 있다. 디지털 앱 기반 진료와 처방을 선호하는 환자가 증가하고 있기 때문이다. 환자들의 사회 경제적 지위, 연령, 기타 특성을 고려한 맞춤형 접근이 중요해질 것으로 보인다.

마지막으로 의료데이터는 건강 결과에 영향을 미칠 수 있는 중요한 자산으로, 올바른 빅데이터 확보 및 활용에 초점을 맞추는 것이 중요하다.

1. 다이와의 마사지 의자.
2. 수면 패턴을 분석을 통해 에너지와 집중력을 강화해 하루를 시작할 수 있도록 하는 링콘의 'RingConn Gen2'.

## PART 02 헬스케어 트렌드

고령층의 삶을 개선하는 에이지테크 제품과 수면의 질을 높이는 슬립테크, 기업 간 협력으로 기술과 데이터를 통합한 웨어러블 디바이스가 디지털 헬스케어 생태계의 새로운 패러다임을 제시할 것이다.

인간의 평균 수명이 늘면서, 장수(longevity) 자체에 대한 관심뿐만 아니라, 어떻게 하면 더 건강한 생활을 오래 할 수 있는지에 대한 관심이 급속하게 높아지는 추세다. CTA는 "더 오래, 더 건강하고 더 나은 삶을 가능하게 하는 혁신은 바이오 기술, 디지털 헬스 및 웰니스 기술의 융합을 통해 성공할 수 있다"면서, 장수에 이르는 세 가지 주요 경로를 구체적으로 제시했다. 수백만 명의 건강 궤도를 바꾸고 있는 GLP-1(체중 감량 약물)과 식품 산업의 발전, 정밀 의학으로 개인 맞춤형 약물 개발, 원격 진료(데이터 교환, 비디오, 케어 스테이션·박스, 디지털 기기, 웨어러블을 통한 의료 전문가의 가정 내 진료) 등이다. CES 2025에서는 건강한 장수, 예방적 차원의 진단과 치료를 위한 다양한 디지털 헬스케어 기기, 플랫폼 등이 대량 선보이며 에이지테크 및 웰니스 관련 트렌드를 확인할 수 있었다.

### 디지털 헬스케어, AI 혁신의 최대 수혜자

디지털 헬스케어는 AI의 가장 큰 혜택을 받은 영역으로 빠르게 시장이 커지고 있다. 글로벌 디지털 헬스케어 시장은 2023년 2408억달러에서 2033년 1조6351억달러로 성장할 것으로 예측되며, 2024~2033년 동안 연평균 성장률 21.11%를 기록할 것으로 보인다. 서비스 부문이 44.5%로 가장 높은 매출 점유율을 차지하는데 이는 교육, 인력, 유지 관리에 대한 수요 증가와 소프트웨어 솔루션의 발전에 기인한다.

### 고령화 시대, 더 오래 더 건강하게 산다

CTA에 따르면 미국 소비자의 80%가 스마트홈 기술을 에이지테크로 인식하고 있다. 또 소비자의 52%는 이미 에이지테크 제품을 하나 이상 보유하고 있다. 에이지테크는 고령층의 삶의 질을 높이는 데 초점을 맞춘 기술이다. 이러한 기술은 '호기심'을 넘어 실용성과 체감할 수 있는 효과가 중요하다. 예를 들어 근감소증 예방 기기, 보행 보조기, 스마트 이어폰, 낙상 감지 기능이 있는 AI 지원 보청기, 스마트폰의 소리 증폭 기능, 치매 관리 솔루션 기술 등 고령층을 위한 새로운 기능이 추가된 스마트 웨어러블 기기가 계속 출시되는 추세다. 이러한 에이지테크 기술들은 노인의 독립성과 건강을 지원하는 데 중요한 기술로 주목받고 있다.

실제로 에이지테크 웨어러블 기기 시장은 계속 성장 중이다. 웨어러블 기기 기능도 다양하고 정교해지고

글로벌 디지털 헬스케어 시장 예상 성장률 (단위 달러)

| 연도 | 금액 |
|---|---|
| 2023년 | 2408억 |
| 2024년 | 2916억 |
| 2025년 | 3532억 |
| 2026년 | 4278억 |
| 2027년 | 5181억 |
| 2028년 | 6275억 |
| 2029년 | 7600억 |
| 2030년 | 9204억 |
| 2031년 | 1조1147억 |
| 2032년 | 1조3501억 |
| 2033년 | 1조6351억 |

21.11% 2024~2033년 연평균 예상 성장률

자료 노바원어드바이저

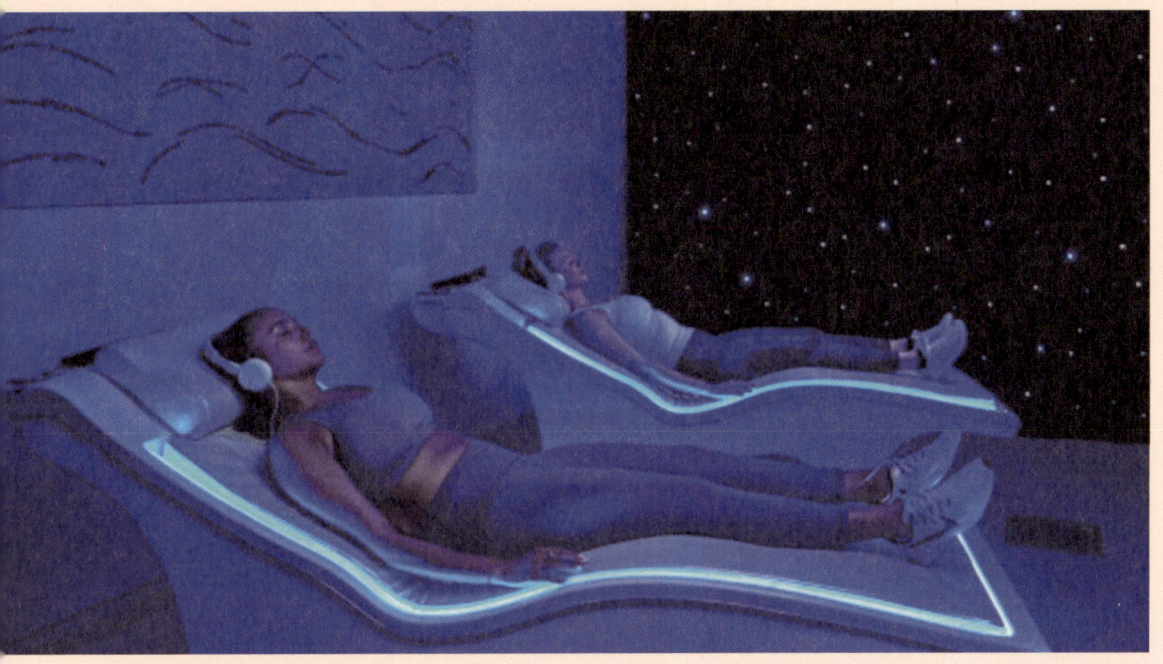

수면 재생 프로그램을 제공하는 휴양지가 증가하고 있다.

있다. 개인 비상 대응 시스템(PERS, Personal Emergency Response Systems) 30%가 모바일 기기 중 웨어러블 기기를 통해 사용할 수 있다. 벨팔(BellPal) 이나 프리덤 가디언 (Freedom Guardian) 같은 기업은 위기 대응 센터에 연결할 수 있는 스마트 워치를 출시 중이다. 글라이던스(Glidance)의 접근성 향상 기술은 시니어(시력 저하 계층 대상)의 독립적인 생활을 지원하며, 이는 기술이 세대 간 격차를 해소하는 데 기여할 수 있음을 보여준다. 애플 와치 (Apple Watch)의 낙상 감지 기능은 검증됐고, 최근에는 만성질환을 관리하는 의료 목적으로 기술 개발에 집중하고 있다.

또 돌봄 및 스마트홈 현장에서의 AI 활용도 확장되고 있다. 간단한 모니터링 및 경고 등을 지원하는데 행동 데이터가 많을수록 예측 정확도가 높아지고 유용한 정보 제공도 가능하다. 따라서 향후 몇 년 내에는 스마트홈 공간의 패턴 분석, 변화 감지, 가정 내 위험 예측할 수 있을 것으로 예상한다. 고령자를 위한 웨어러블 기기는 아직 초기 단계지만 이러한 에이지테크의 발전은 고령층의 삶을 개선하고, 디지털 헬스케어 생태계의 새로운 패러다임을 제시할 것으로 예측한다.

### 수면 경제의 부상

건강한 장수와 관련해 수면의 중요성이 부각되며 슬리포노믹스와 슬립테크가 결합한 제품과 서비스가 급성장 중이다. '잠'이 현대인의 웰빙과 생산성의 핵심 요소로 주목받으며 수면의 질을 개선하는 기술과 제품에 대한 관심이 급증하고 있기 때문이다. 이러한 트렌드는 코로나19 이후 건강과 웰빙에 대한 인식

**30%**
단기 불면증 증상을
겪고 있는
미국 성인 비율

자료 미국 국립보건원(NIH)

확산과 함께 이어져 '슬리포노믹스'라는 새로운 경제 기회 창출까지 이어지고 있다.

AI와 IoT 기술이 접목된 슬립테크는 숙면을 위한 매트리스, 베개, 스마트 디바이스, 웨어러블 기기 등 다양한 제품군을 제공하며 수면 모니터링 기술과 개인 맞춤형 코칭을 통해 최적의 수면 환경을 제공하고 있다. 슬립테크 장치 시장 규모는 2023년 225억3천만달러로 평가됐으며, 2024년 266억6천만달러에서 2032년 1024억달러로 성장해 예측 기간(2025~2032년) 동안 18.31%의 연평균 성장률을 기록할 것으로 예상한다.

전 세계 수면 기술 기기 시장은 불면증, 수면 무호흡증, 기면증, 과다 수면 장애와 같은 수면 질환의 급증과 기술 발전으로 인해 빠르게 성장하고 있다. 시장을 선도하는 기업들은 수면 장애에 대한 개별화된 진단 결과를 제공하는 데 효과적인 최신 제품을 제공하기 위해 AI, ML 및 IoT의 발전을 활용하고 있다.

수면 주기를 모니터링할 수 있는 스마트 워치, 피트니스 트래커, 스마트 의류, 스마트 선반, 스마트 매트리스, 침구 모니터에 대한 수요가 증가하면서 시장의 성장이 더욱 가속화되고 있다.

또한 스마트폰 및 기타 IoT 디바이스를 통한 슬립테크 기능은 소비자의 사용 편의성을 높여 시장 성장을 촉진하고 있다. 수면의 질을 추적하기 위해 센서가 장착된 침구와 웨어러블 기기들이 등장하고 있는데 이들은 개인 맞춤형 수면 관리 서비스까지 제공한다.

미국 국립보건원(NIH)은 미국 성인의 약 30%가 단기 불면증 증상을 겪고 있으며 10명 중 1명은 만성 불면증에 시달리고 있다고 보고했다. 이에 따라 많은 사람이 쉽게 접근하고 사용할 수 있는 슬립테크 기기에 대한 수요가 매우 증가하고 있다. 아시아 태평양 지역은 연평균 성장률이 19%로 가장 빠르게 성장하고 있다. 수면 기술은 중국과 인도와 같은 국가에서 수면 장애의 증가와 건강과 피트니스에 투자할 의사와 능력이 있는 중산층 인구의 증가로 인해 수요가 점차 증가할 것으로 전망하고 있다. 아시아 태평양 시장은 의료 시설을 개선하고 디지털 솔루션에 대한 인식을 높이기 위한 정부의 노력에 따라 발전하고 있는 영향도 크다.

빅테크 기업들은 이렇게 세계적으로 빠르게 확장되고 있는 슬립테크 시장 선점을 위해 적극적으로 뛰어들고 있다. 애플은 수면 무호흡증 감지와 AI 기반 코칭 서비스를, 삼성은 다양한 웨어러블 기기를 통해 수면 모니터링 기술을 강화하고 있다.

그뿐만 아니라 수면 관련 기술과 관광 산업의 융합도 주목할 만하다. 글로벌 웰빙 트렌드가 확산하면서 수면을 중심으로 한 '슬립 투어리즘'이 웰니스 관광의 핵심으로 부상하고 있기 때문이다. 수면 재생 프로그램을 제공하는 휴양지가 증가해 웰니스 관광은 2017년 6394억달러 규모로 성장, 여행 시장의 주요 동력으로 자리 잡았다. 특히 슬립 투어리즘은 우울증과 번아웃 같은 현대인의 스트레스 문제를 해결하며, 팬데믹 이후에도 연간 30% 이상의 성장세를 보여주고 있다. 웰니스 관광객은 일반 여행객보다 더 많은 지출을 하고 있으며 2027년까지 강력한 성장세를 이어갈 것으로 예상한다.

이러한 슬립테크 시장의 확장세에 따라 기업들은 AI와 IoT를 활용한 맞춤형 디지털 헬스 솔루션 개발에 주력해야 하며, 웰니스 관광 시장

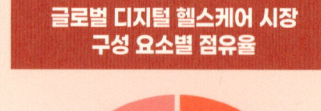

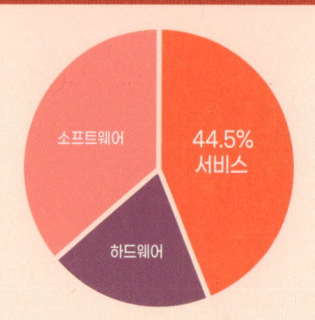

자료 마켓어스

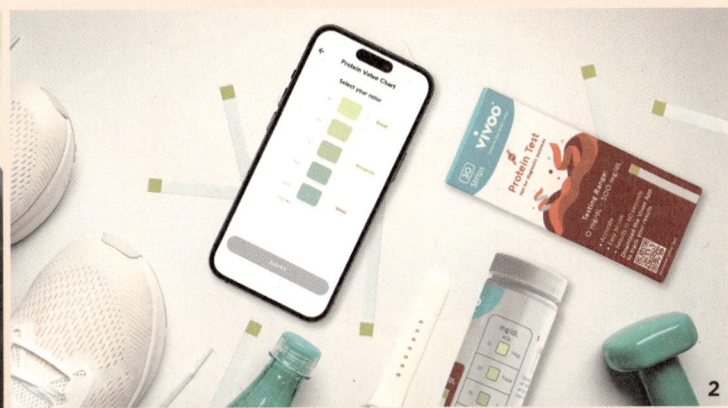
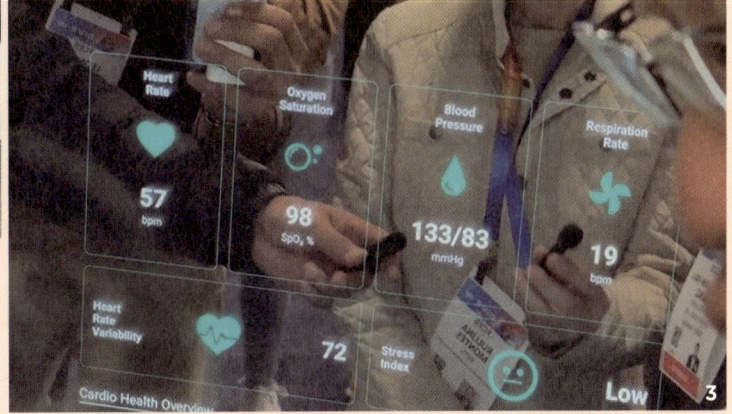

1. CES 2025에서 Glidance 제품을 시연하고 있다.
2. 비부의 단백질 검사 키트와 앱.
3. 디지털 헬스케어 분야에 출품된 옴니 스마트 미러.

에서 경쟁력을 확보하기 위한 혁신적 서비스 모델을 도입해야 한다.

### '협력과 플랫폼'이 핵심

디지털 헬스케어 산업의 발전에서 협력과 플랫폼은 핵심적인 역할을 한다. 디지털 헬스케어 생태계에서 기술과 데이터의 통합이 중요하다. 이제는 기업 간 협력이 중심이 되는 시대다. 과거에는 각 기업이 독립적으로 기기를 개발하고 이를 강조했다면, 오늘날에는 다양한 디바이

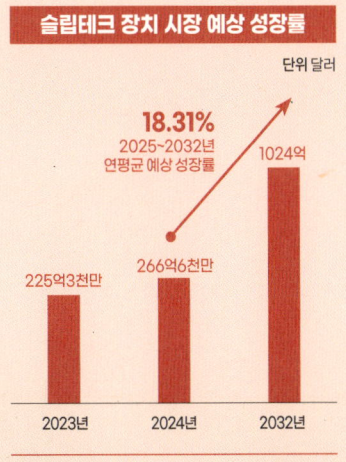

**슬립테크 장치 시장 예상 성장률**
단위 달러
18.31%
2025~2032년
연평균 예상 성장률
225억 3천만 (2023년)
266억 6천만 (2024년)
1024억 (2032년)

자료 Skyquest Report

스와 기술이 하나의 생태계로 연결되는 '협력 모델'이 주목받고 있다. 웨어러블 링이나 워치 같은 디바이스가 독립적인 기능만 강조하기보다 주변 기기와 연결성을 강화해 헬스케어 생태계를 만들어가고 있기 때문이다. 웨어러블 디바이스는 단순히 데이터를 측정하는 기기가 아니라, 디지털 헬스케어 플랫폼의 확장을 가능하게 하는 중요한 연결고리 역할을 한다.

웨어러블 디바이스는 헬스케어 플

## SECTION 2  Tech View 3

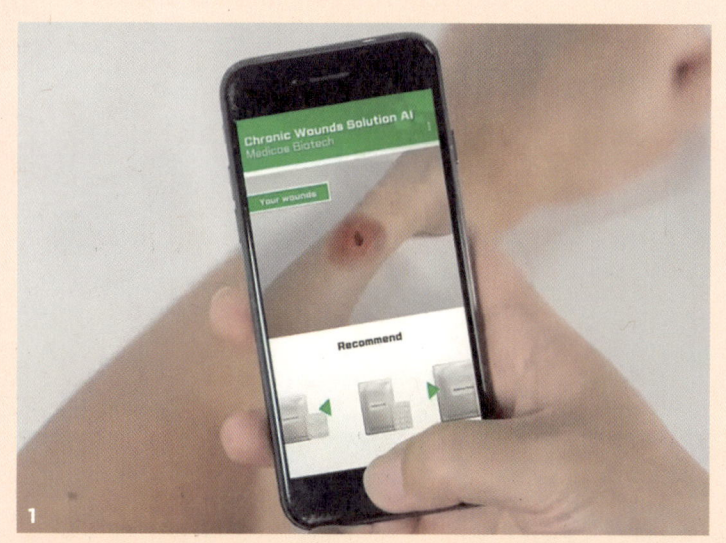

뉴트릭스(Nutrix)의 정신건강 관리 플랫폼은 디지털 기술이 신체 건강을 넘어 정신건강 영역까지 확장되고 있음을 보여준다.

이처럼 슬립테크, 에이지테크, 웨어러블 디바이스 등 다양한 기술들이 플랫폼을 통해 통합적으로 운영되며, 사용자 데이터를 공유하고 종합적으로 활용한다. 이러한 협력은 디바이스의 한계를 넘어 사용자의 건강과 삶의 질을 향상하는 데 기여할 것이다.

랫폼과 통합하면서 사용자 개인의 건강 데이터 기반으로 맞춤형 건강 관리 서비스를 제공할 수 있다. 플랫폼은 이러한 협력의 중심에 있다. 디바이스와 통합된 플랫폼은 위험 신호를 조기에 감지하고 예방적 관리를 가능케 하며 사용자 맞춤형 솔루션을 제공할 수 있도록 돕는다.

CES 2025에서 발표된 협력 사례들은 이러한 트렌드의 대표적인 예다. CES 2025에서 선보인 온메드(onMed)의 케어스테이션(Care Stations)은 원격 의료 서비스를 제공하고, 위딩스(Withings)의 BPM Pro 2는 일상적 건강 모니터링을 제공한다. 후프(Whoop)의 웨어러블 디바이스는 운동과 휴식의 최적 밸런스를 찾아주는 솔루션을 제공하고 있다.

**1.**
다친 곳의 정보를 확인하는 큐어실크 와운드 케어 앱 The Cure Silk wound care app.
**2.**
레이저를 사용해 백신, 인슐린, 보톡스와 같은 미용 시술을 통증 없이 투여하는 바늘 없는 주사 시스템인 볼드젯.
**3.**
삼성전자의 E2E 통합 수면 솔루션.

**INSIGHT**

## 에이지테크, 고령화 사회의 핵심 솔루션

2030년이 되면 미국 인구의 21%가 65세 이상이 되며 밀레니얼들이 처음으로 50대에 진입하게 된다. 이와 같은 고령 인구 증가에 따라 2030년까지 50세 이상 성인들의 기술 관련 지출이 1200억달러 이상에 이를 것으로 전망된다.

미국 은퇴자 협회(AARP)에 따르면, 고령자들 4명 중 3명은 현재 거주지에서 계속 살기를 원하지만, 동시에 집에서 노화와 관련한 여러 가지 건강상의 이슈와 생활 변화에 대처하기 위해 최소한 한 가지 이상의 우려 사항을 가지고 있다고 응답했다. 고령자들이 인식하는 주요 에이지테크 분야는 의료 경보 장치, 디지털 혈압 모니터, 전동 휠체어·스쿠터, 실내 보안 카메라, 전자 약물 디스펜서·알림기 등이다. 이 중 상위 기술들은 대부분 건강 관련 기술이라는 점이 주목할 만하다. 고령자들은 건강 관리와 안전에 가장 큰 관심을 보인다.

하지만 에이지테크의 잠재력에도 불구하고 현재 소유율은 낮은 편이다. 연결된 의료 경보 장치의 경우 50세 이상 성인 중 단 3%만이 소유하고 있으며, 18%만이 향후 구매 계획이 있다고 응답했다.

에이지테크의 발전 트렌드로는 맞춤형 솔루션, 집에서의 노화 지원, 사회적 연결성 강화, 웨어러블 디바이스, 인공지능과 로봇 기술, 가상·증강 현실 등이 있다. 향후 에이지테크의 발전을 위해서는 사용자 친화적 디자인, 비용 문제 해결, 프라이버시와 데이터 보안, 기술 교육, 인간 중심 접근 등의 과제들을 해결해 나가야 할 것이다.

### 1 다 같은 고령층이 아니다

고령층이라고 해도 단일한 속성을 가진 그룹으로 볼 수 없다. 50대와 60대·70대·80대 등 연령이 올라갈수록 필요한 에이지테크도 상이하고 이에 따른 차별적 접근이 필요하다.

50대는 노화에 대한 인식이 시작되는 시기로, 예방적 조치와 웰니스에 초점을 맞춘다. 주요 니즈로는 조기 건강 신호 감지, 미래 계획 수립, 예방적 보호, 신뢰와 편의성 등이 있다.

60대는 생리적 변화를 인지하고 만성 질환 관리에 초점을 맞추는 연령대다. 주요 니즈로는 사회적 연결, 이동성 관리, 전반적인 지원, 웰니스 관리, 평생 학습 등이 있다. 이에 따른 에이지테크 솔루션으로는 화상 통화 앱, 스마트 보행 보조기, 원격 의료 서비스, 맞춤형 건강 관리 앱, 온라인 교육 플랫폼 등이 있다.

70대 이상은 개인적 책임이 줄어들고 편안함과 가족에게 부담을 주지 않는 것에 초점을 맞춘다. 이에 따른 에이지테크 솔루션으로는 스마트홈 자동화 시스템, 로봇 보조 기기, 원격 모니터링 시스템, 음성 인식 기기, 단순화된 인터페이스의 기기 등이 있다. 연령대가 높아질수록 기술 솔루션은 더욱더 직관적이고 지원하는 형태로 발전한다. 50대는 예방과 계획에 중점을 두지만, 60대는 건강 관리와 사회적 연결에 초점을 맞추고, 70대 이상은 안전과 편안함을 우선시한다.

### 2 사용 편의성과 가격이 핵심

AARP와 CTA가 실시한 연구에 따르면, 50세 이상의 성인들은 에이지테크를 통해 독립적으로 살아가는 것에 큰 관심을 보인다. 89%의 응답자가 현재 거주지에서 나이 들어가는 것(aging in place)을 중요하게 여기며, 70%는 이를 돕는 기술 사용에 편안함을 느낀다고 답했다. 그러나 에이지테크의 도입에는 몇 가지 장애물이 있다. 비용, 사용 편의성, 신뢰성, 개인정보 보호 등이 주요 우려 사항으로 꼽힌다. 많은 노인이 이러한 기술의 잠재적 이점을 인식하고 있지만, 실제 구매와 사용으로 이어지는 비율은 아직 낮은 편이다.

기술 기업들은 제품의 신뢰성, 사용 편의성, 정확성을 개선하고 비용을 낮추는 데 집중해야 할 것이다.

SECTION 2　　　　　　　　　　　Tech View 4

**Robotics**
# 피지컬AI와 일상생활 로봇

모니터 속에 갇혀 있던 AI가 이제 로봇이 되어 움직인다.
게다가 이 첨단 로봇은 일상 속으로 깊숙이 들어와 우리와 함께 생활할 예정이다.

## PART 01 로보틱스와 AI의 만남

로보틱스와 AI 기술이 만나 진화하면서 피지컬AI의 시대가 열렸다. 피지컬AI라는 첨단 기술은 산업현장뿐 아니라 일상생활에 긴요히 활용될 전망이다.

"AI는 놀라운 진보를 이루고 있습니다. 이제 처리와 추론은 물론 계획과 행동이 가능한 피지컬AI(Physical AI)의 시대로 들어서고 있습니다."

CES 2025에서 기조연설을 한 젠슨 황 엔비디아 CEO의 말이다. CES 2025는 로보틱스와 AI 분야의 놀라운 진화를 선보이며, 기술이 우리 일상과 산업에 어떻게 스며들고 있는지를 보여 주는 중요한 무대가 됐다. 특히 젠슨 황 엔비디아 CEO의 기조연설과 혁신상을 받은 제품들은 앞으로 로봇과 AI가 우리의 삶에 미칠 영향을 명확히 보여 준다.

### 피지컬AI 시대의 개막, 그 중심은 로봇

CES 2025 기조연설에서 젠슨 황 엔비디아 CEO는 AI 발전 단계에 대해 네 가지로 설명했다. 인식AI, 생성형 AI, 에이전트AI, 피지컬AI. 여기서 우리는 피지컬AI에 대해 더욱 알아볼 필요가 있다.

피지컬AI는 물리적(physical) AI라는 의미

**$1,243억**
2034년 AI로봇
시장 규모 전망치

2024년 AI로봇 시장 규모는 약 171억 달러로 연평균 성장률은 21.9%에 달한다.

자료 프레서텔스드 리서치

로, 우리에게 친숙한 소프트웨어 AI를 넘어서 물리적으로 움직임을 수행하는 AI를 말한다. 기존에 우리가 AI를 챗봇, 음성 대화와 같은 방식을 통해 접하면서 AI의 지능을 체험하고 교류할 수 있었다면 피지컬AI는 로봇, 가전제품 등을 통해 직접 로봇의 생각과 그에 투영되는 움직임, 표현 등을 경험하게 한다는 것이다.

이러한 피지컬AI는 현실에서 AI 기술의 잠재력을 실현할 핵심 기술로 평가되고 있으며 제조, 물류, 의료 등에서 AI 로봇을 활용해 작업 효율성을 극대화할 수 있을 것으로 전문가들은 예측하고 있다. 이외에도 수술 로봇의 지능화 및 개인화된 치료로 헬스케어의 혁신을 만들어 낼 것으로 보인다.

### 일상생활에 초점을 둔 로보틱스

CES 2025 혁신상 중 로보틱스 부문에서 주목할 점은 여러 회사 제품들이 우리의 일상생활의 웰니스 개선을 위한 제품이라는 점이다.

우선 로보틱스 부문 제품 중 유일하게 최고 혁신상을 받은 제품은 아웃도어 활동가들을 위한 착용형 로봇이었다. 장애를 지닌 사람이나 특정 환자만을 위한 로봇이 아니다. 일

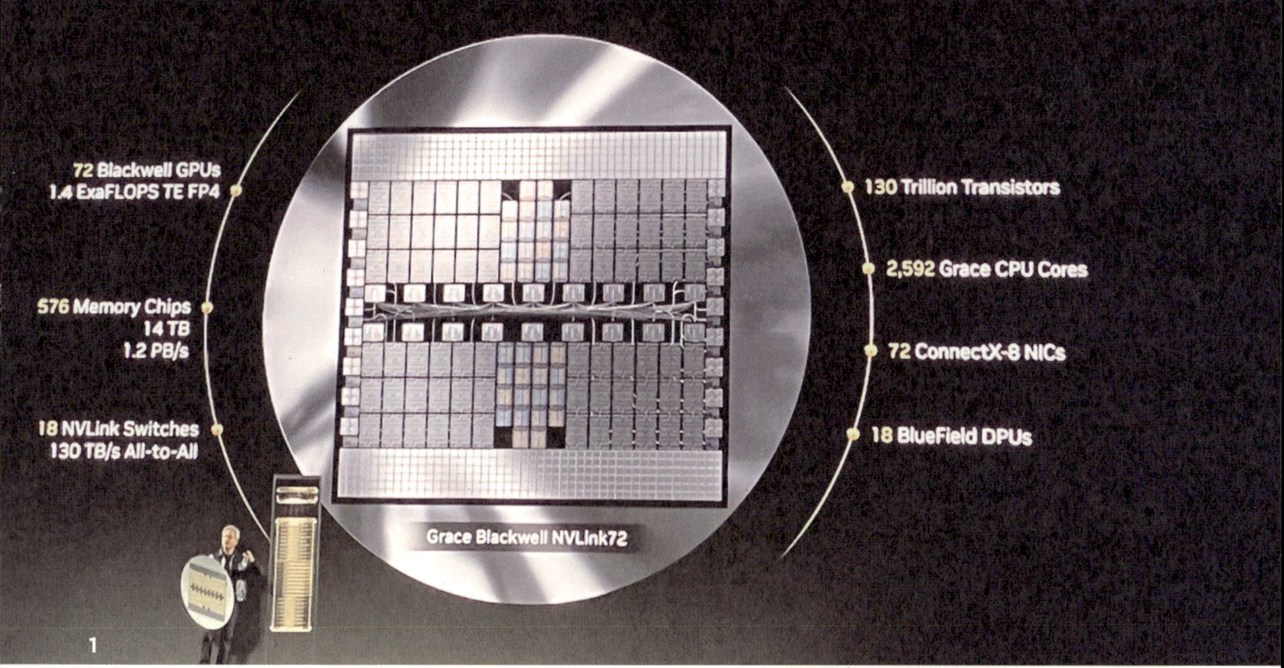

반 등산객들이 무거운 짐을 지고도 더 먼 거리를 하이킹할 수 있도록 힘과 지구력을 증강하는 아웃도어 로봇이다. 이 로보틱스 부문 제품이 최고혁신상으로 유일하게 채택됐다는 사실은 앞으로 로봇이 펼치게 될 세상에 관한 중요한 메시지를 담고 있다.

이외에도 혁신상을 받은 로보틱스 부문 회사 제품들 다수가 우리의 일상생활에 침투하는 제품이라는 것을 알 수 있다. 대화형 AI 로봇 '로미'부터, 수영장 청소 로봇, 보행 웨어러블 로봇, 보행 재활 로봇, 그리고 잔디깎기 로봇에 이르기까지 우리의 삶에 깊숙이 스며드는 제품들을 선보인 것이 특징이다. 대화형 AI 반려로봇과 보행 웨어러블 로봇은 고령층을 타깃으로 한 제품으로 볼 수 있다. 북미 지역은 개인 주택에서 잔디와 개인 야외 수영장 관리를 위해 많은 돈을 지불한다. 이러한 니즈를 겨냥해 자동화된 로봇을 출시한 것도 주목할 만하다.

기존의 로봇 시장이 B2B(기업 대 기업)가 주를 이루었다면 앞으로의 로봇

1. 젠슨 황 CEO가 CES 2025에서 기조연설을 하고 있다.
2. 세계 최초의 야외활동용 엑소스켈레톤 'Hypershell Carbon X'.
3. 와이보틱스가 선보인 세계 최초의 무선 수영장 청소 로봇인 'WYBOT S2 Solar Vision'.

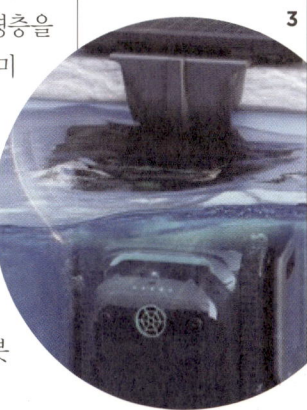

시장은 B2C(기업 대 일반 소비자)가 더욱 큰 상승세를 보일 것으로 예측된다.

이번 CES 2025는 단순한 기술 전시회를 넘어 로봇과 AI가 어떻게 우리의 삶과 산업을 변화시킬 수 있는지를 제시한 중요한 자리였다. 피지컬AI와 일상생활 침투 로봇은 앞으로의 로봇 시장의 두 가지 주요 축으로 자리잡을 것이며, 특히 소비자 중심의 기술 발전은 시장의 판도를 크게 바꿀 것으로 예상된다. 혁신적인 로봇 기술이 인간의 삶의 질을 얼마나 향상시킬 수 있는지에 대한 가능성을 확인한 CES 2025는 앞으로 기술이 나아갈 방향에 대한 청사진을 제시했다.

## SECTION 2　　Tech View 4

**PART 02**

### 엔비디아 효과와 Industry 4.0 전환

젠슨 황 엔비디아 CEO의 피지컬 AI 선언과 함께 Industry 4.0으로의 전환이 가속화되면서, 미국 산업용 로봇 시장의 성장이 다시 한번 주목받고 있다.

로봇 기술의 시대에서는 산업과 일상의 경계가 허물어진다. 로봇은 제조업, 물류, 헬스케어와 같은 전통적인 산업은 물론, 가정 반려로봇부터 수영장 청소 로봇에 이르기까지 전 분야에서 혁신적인 변화를 주도하고 있다.

특히, AI와의 융합 '피지컬AI'라는 새로운 용어를 탄생시켰으며 이에 따라 더욱 정교하고 지능화된 로봇이 등장하면서 인간과 기술의 관계는 새로운 국면을 맞이하고 있다. 이는 단순한 생산성과 효율성 향상을 넘어, 우리가 살아가고 일하는 방식을 재정의하며 새로운 가치를 창출하는 계기가 되고 있다. 이제 로봇 기술은 기술적 혁신을 넘어 경제적, 사회적, 윤리적 논의를 포괄하는 중요한 주제로 부상하고 있다.

### 미국 산업용 로봇 시장의 성장

피지컬AI는 기존의 소프트웨어 중심 AI 기술을 넘어 실제 물리적 행동과 움직임을 가능하게 하는 차세대 기술로, 이를 기반으로 한 로봇은 제조, 물류, 헬스케어 등 다양한 산업에서 혁신적인 변화를 가져올 것으로 기대된다.

산업 분야에서 로봇 기술은 생산성과 비용 효율성의 극대화를 목표로 점점 더 중요해지고 있다. 특히 전자제품 조립과 같은 세밀한 공정에서 인간을 지원하거나 대체할 수 있는 로봇의 등장은 제조업체들에 크게 어필한다. 이러한 로봇들은 반복적인 작업에서 발생하는 오류를 최소화하고, 생산 속도를 높이며, 전반적인 비용을 절감하는 잠재력을 지닌다. 이는 단순히 기업의 수익성을 높이는 것뿐만 아니라, 고도의 기술을 요구하는 작업 환경에서 안전성을 강화하는 효과도 가져온다.

특히 엔비디아의 피지컬AI 선언은 산업용 로봇 시장에 AI와 머신러닝(ML)을 통합하는 데 중대한 영향을 미치고 있다. 전통적인 산업용 로봇이 정해진 프로세스에 따라 동작하는 것과 달리, AI와 ML을 탑재한 로봇은 데이터를 분석하고 학습하며, 변화하는 작업 환경에 적응할 수 있는 능력을 갖추게 된다. 예를 들어, AI 로봇은 생산 라인의 데이터를 실시간으로 모니터링하고 문제를 사전에 감지하거나, 최적의 작업 경로를 스스로 계산해 생산성을 높이는 데 기여할 수 있다. 이로써 기존의 고정적인 제조 공정을 유연하고 지능적인 시스템으로 탈바꿈시키는 기반을 제공한다.

또한 5G 기술의 도입은 제조 부문에서 로봇 사용을 더욱 촉진할 것으로 예상된다. 5G는 초고속, 저지

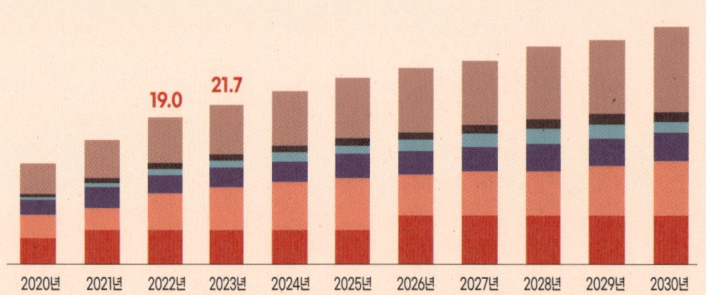

**미국 산업용 로봇 시장 산업별 규모**

■ 전기·전자 제품　■ 자동차　■ 금속·중공업
■ 화학, 고무 및 플라스틱　■ 식품　■ 기타

단위 억달러

19.0　21.7

2020년　2021년　2022년　2023년　2024년　2025년　2026년　2027년　2028년　2029년　2030년

미국의 산업용 로봇 시장 규모는 2023년에 21억7000만달러로 평가되었으며, 2024년부터 2030년까지 연평균 성장률(CAGR) 5.4%로 확대될 것으로 예상된다.

자료 그랜드뷰리서치

엔비디아 효과를 입증하듯 많은 인파가 몰린 젠슨 황 기조연설 현장.

연 통신을 가능하게 하며, 이를 통해 제조 현장에서 로봇과 사물인터넷(IoT) 장치 간의 실시간 데이터 교환이 원활해진다. 이러한 기술적 혁신은 다수의 로봇이 동시 작업을 수행하거나, 원격지에서도 정밀하게 제어할 수 있는 환경을 조성한다. 결과적으로 5G와 AI, 로봇 기술의 결합은 스마트 제조를 구현하는 핵심 요소로 자리 잡고 있다.

이러한 변화들은 단순히 제조업체에 국한되지 않는다. 물류, 농업, 의료 등 다양한 산업에서도 로봇 기술의 활용이 확산하고 있으며, 이

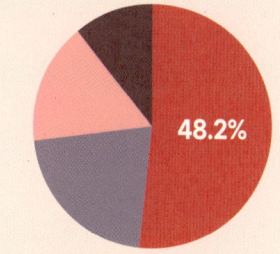

소비자 로봇 종류별 시장 점유율
- 가정용 로봇
- 엔터테인먼트 로봇
- 개인용 로봇
- 기타

48.2%

소비자 로봇 시장은 응용 분야에 따라 가정용 로봇, 엔터테인먼트 로봇, 개인용 로봇 등으로 구분한다. 가정용 로봇이 48% 점유로 강세를 보인다.

자료 그랜드뷰리서치

는 전 세계적으로 로봇 시장의 성장에 기여하고 있다. 특히 미국은 이러한 산업용 로봇 기술의 중심지로 자리매김하며, AI와 로봇 기술을 융합하여 글로벌 경쟁력을 확보하려는 기업들의 노력도 지속되고 있다.

엔비디아의 피지컬AI 선언과 Industry 4.0으로의 전환은 미국 산업용 로봇 시장의 급성장을 이끄는 두 축이라고 할 수 있다. AI와 ML을 탑재한 로봇의 등장, 5G 기술 도입의 확산, 그리고 스마트 제조로의 전환은 산업 구조를 재편하

고, 미래의 생산성을 크게 변화시킬 것으로 기대된다. 이러한 기술적 발전은 단순히 효율성을 넘어, 인간과 기술이 공존하며 창출할 수 있는 새로운 가치를 제시하고 있다.

### 중국의 로봇 굴기

산업용 및 소비자 로봇 시장은 최근 몇 년 동안 급격히 성장하며, 특히 아시아 태평양 지역이 주도적인 역할을 하고 있다. 이러한 성장은 중국을 비롯한 주요 국가들의 산업용 로봇 투자 확대와 소비자용 로봇의 일상생활 침투가 결합하며 더욱 가속화되고 있다.

중국은 산업용 로봇 분야에서 막대한 투자를 통해 글로벌 시장에서 두각을 나타내고 있다. 중국은 단순한 생산 효율화에 그치지 않고, 첨단 제조 기술의 발전을 결합하여 로봇 밀도 면에서 미국을 제치고 세계 1위 자리를 차지했다. 이러한 성공은 중국의 스마트 제조 전략과 Industry 4.0 기술 채택이 결합한 결과로 평가되며, 앞으로도 글로벌 산업용 로봇 시장의 핵심 축으로 자리 잡을 가능성이 높다.

한편, 세계적으로 IoT 기기와 커넥티드 기술이 빠르게 적용되면서 홈 오토메이션 및 스마트 생활 기술의 확대를 견인하고 있다. 이와 같은 기술 발전은 가정용 로봇 시장의 성장을 촉진하며, 청소 로봇, 진공청소기, 잔디깎기 로봇과 같은 일상적인 집안일 자동화 솔루션의 수요를 급증시키고 있다. 이러한 로봇은 소비자에게 편의성, 효율성 그리고 향상된 삶의 질을 제공하며, 바쁜 현대인의 라이프스타일을 단순화하는 데 중요한 역할을 하고 있다.

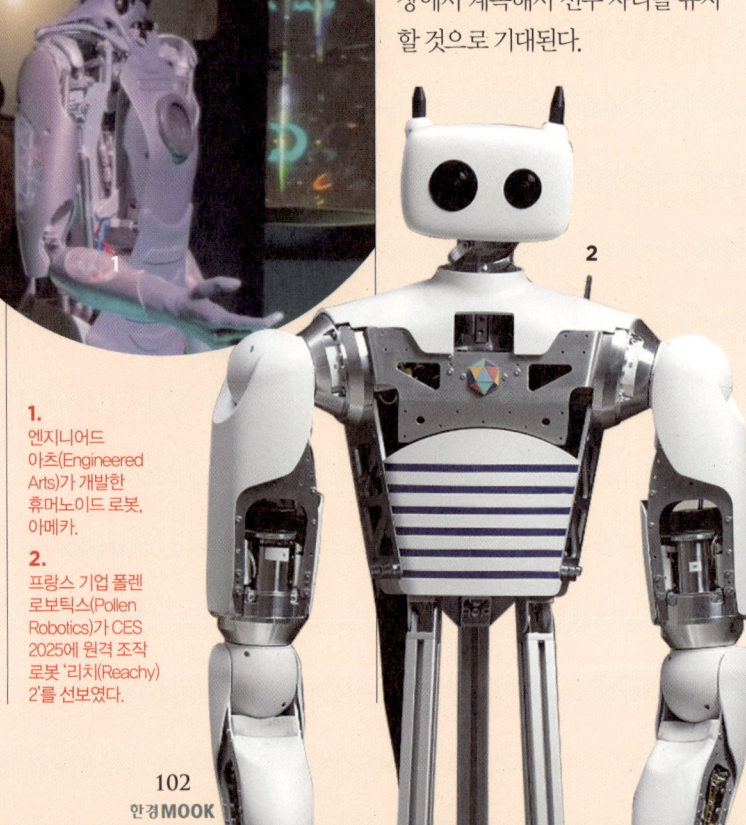

특히 가정용 로봇은 일상적인 가사 노동에서 소비자를 해방시키며, 더 나은 여가 활용과 개인 생활의 질 향상을 가능케 한다. 이러한 기술적 진보는 자동화 솔루션에 대한 소비자의 지속적인 요구를 반영하며, 앞으로도 로봇 기술의 일상화에 기여할 것으로 보인다.

산업용 로봇의 혁신적인 발전과 소비자 로봇의 빠른 보급은 전 세계적으로 로봇 시장의 성장을 이끄는 주요 동력으로 작용하고 있다. 특히 아시아 태평양 지역은 이러한 기술 변화의 중심에 서 있으며, 스마트 제조와 생활 편의성을 결합한 혁신적인 솔루션을 통해 글로벌 시장에서 계속해서 선두 자리를 유지할 것으로 기대된다.

**1.**
엔지니어드 아츠(Engineered Arts)가 개발한 휴머노이드 로봇, 아메카.

**2.**
프랑스 기업 폴렌 로보틱스(Pollen Robotics)가 CES 2025에 원격 조작 로봇 '리치(Reachy) 2'를 선보였다.

## 로봇 혁명의 미래: 산업, 제조 그리고 가정에서의 변혁

젠슨 황 엔비디아 CEO는 "앞으로 움직이는 모든 것이 로봇이 될 것"이라는 비전을 제시하며, 제조 공장과 농장을 포함한 다양한 산업현장에서 로봇의 활용 가능성을 강조했다. 특히 그는 디지털 트윈 플랫폼의 중요성을 언급하며, 이 기술이 로봇 혁명을 가속하는 핵심 도구가 될 것임을 시사했다.

디지털 트윈 기술은 실제 환경과 작업 과정을 가상으로 재현하는 기술로, 로봇의 운영 및 관리 효율성을 극대화하는 데 기여한다. 이를 통해 제조 공정의 오류를 사전에 감지하거나, 로봇의 동작을 최적화하여 생산성을 크게 향상하게 시킬 수 있다. 예를 들어, 제조업에서 디지털트윈은 제품 설계 단계부터 생산 및 유지보수 과정까지 모든 단계를 모니터링하고 시뮬레이션함으로써, 비용 절감과 품질 향상을 동시에 달성할 수 있다.

그뿐만 아니라, 농업 분야에서도 로봇 활용의 필수 요소로 부상하고 있다. 농업 로봇이 작물의 생장 상태를 실시간으로 분석하거나, 수확 시기를 정확히 예측하는 데 디지털트윈 기술이 중요한 역할을 한다. 이러한 기술적 진보는 생산성 향상뿐 아니라, 지속 가능한 농업을 구현하는 데도 기여하고 있다.

이와 더불어, 로봇 기술은 가정에서도 변혁적인 역할을 수행하고 있다. 예를 들어 스마트홈 환경에서 로봇은 청소, 요리, 보안 관리 등 다양한 작업을 자동화하며 사용자에게 편리함과 시간적 여유를 제공한다. 디지털트윈 기술이 이러한 가정용 로봇의 동작과 학습을 지원함으로써 점점 더 지능적이고 사용자 친화적인 시스템을 구현하고 있다.

로봇 혁명의 미래는 산업, 제조 그리고 가정의 모든 영역에서 혁신적인 변화를 예고하고 있다. 특히 디지털트윈 플랫폼은 로봇 기술의 핵심 촉진제로 자리 잡으며, 효율성과 정밀성을 극대화하는 동시에 다양한 응용 분야에서 지속 가능한 솔루션을 제공할 것으로 기대된다. 이러한 변화는 단순히 기술적 발전을 넘어, 인간과 로봇이 협력하여 새로운 가치를 창출하는 미래를 제시하고 있다.

### 산업별 로봇 기술의 활용

**물류 분야**
창고 관리와 배송 작업에서의 효율성을 크게 개선하며, 공급망 전반에서의 운영 최적화를 가능하게 한다.

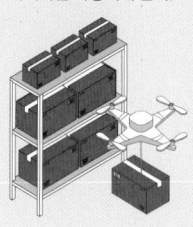

**제조업**
조립 및 품질 관리와 같은 정밀 작업을 지원하며, 생산 공정의 자동화를 가속한다.

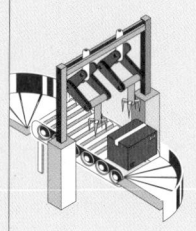

**농업 분야**
농작물 수확과 관리와 같은 반복적 작업을 대체해 생산성과 품질을 동시에 향상시킨다.

## 스마트 로봇이 구독 경제를 만났다

2025년 이후 로봇 산업은 단순히 하드웨어를 구매하는 형태에서 벗어나, 소프트웨어와 서비스를 구독하는 비즈니스 모델이 더욱 보편화될 것으로 예상된다. 이 새로운 모델은 사용자에게 지속적인 기능 업데이트와 맞춤형 서비스를 제공하며 로봇 제조업체에는 안정적이고 지속 가능한 수익 창출 방안을 마련해 준다.

특히 클라우드와 AI 기술의 발전은 로봇 소프트웨어의 기능을 한층 강화하고 있다. 데이터 분석과 사용자 행동 학습을 통해 더욱 스마트한 서비스를 제공하며, 사용자는 자신의 필요에 따라 로봇의 기능을 유연하게 조정할 수 있다. 그러나 이러한 발전과 함께 데이터 보안 및 개인정보 보호 문제는 중요한 과제로 부상하고 있다.

로봇 기술의 발전은 인간과의 협력을 통해 더 복잡하고 정교한 작업을 수행할 수 있는 능력을 로봇에게 부여하고 있다. 물류, 제조, 농업 등 다양한 산업 분야에서 로봇의 활용이 확대될 것으로 기대되며, 이러한 발전은 특히 반복적이고 노동 집약적인 작업을 대체하고 작업의 효율성을 극대화하는 데 기여할 것이다.

특히 생성형 AI와 로봇 기술의 융합은 로봇의 자율성과 지능을 획기적으로 향상하게 시키고 있다. 생성형 AI는 로봇이 단순히 프로그래밍된 작업을 수행하는 수준을 넘어, 실시간으로 환경을 분석하고 데이터를 학습하며 상황에 맞는 의사 결정을 내릴 수 있는 새로운 차원의 기능을 가능하게 한다. 이러한 융합은 물리적 세상에서 복잡한 작업을 자율적으로 수행할 수 있는 로봇의 등장으로 이어질 전망이다.

구독 경제와 AI의 결합은 로봇 산업의 새로운 패러다임을 제시하며, 인간과 로봇이 협력하여 다양한 산업에서 효율성과 생산성을 혁신적으로 개선하는 미래를 열어가고 있다. 이와 동시에 개인화된 스마트 서비스와 데이터 보안 문제를 균형 있게 해결하는 것이 앞으로의 과제가 될 것이다.

## 산업용 로봇의 두 얼굴

산업용 로봇은 전자상거래 시장의 폭발적인 성장과 함께 물류 및 창고

> 디지털트윈 기술은 로봇 혁명을 가속하는 핵심 도구가 될 것이다. 이를 통해 운영 및 효율성을 극대화하고 생산성을 크게 향상시킬 수 있다.

자동화에 대한 수요를 급격히 증가시키며 물자 작업 애플리케이션 시장에서 높은 성장을 기대하고 있다. 특히 대량의 물류를 신속하고 정확하게 처리해야 하는 필요성이 이러한 변화의 주요 요인으로 작용하고 있다. 자동화된 자재 취급 시스템은 물류와 창고 운영의 혁신적인 변화를 가져오며, 온라인 쇼핑이 기하급수적으로 증가함에 따라 고속 처리와 정확성을 동시에 달성하는 것이 필수 과제가 되고 있다.

전자상거래의 성장과 함께, 물류 애플리케이션을 위한 로봇의 활용은 물자 작업 부문에서 가장 높은 점유율을 차지할 것으로 보인다. 이러한 자동화 솔루션은 노동력 부족 문제를 해결하고, 운영 비용을 절감하며, 주문 처리 시간을 단축하는 데 중추적인 역할을 한다. 특히 로봇 기반의 창고 관리 시스템은 물류 산업 전반에 걸쳐 효율성을 극대화하며, 기업들이 증가하는 소비자 요구를 보다 효과적으로 충족할 수 있도록 돕고 있다.

그러나 이러한 성장의 이면에는 사이버 공격 리스크라는 새로운 위협이 존재한다. 많은 산업용 로봇이 IoT 기능을 통합함에 따라 해커들이 로봇 하드웨어를 악용해 제조업 공장 및 관리 현장에 원격으로 접근할 가능성이 증가하고 있다. 이러한 사이버 공격은 IT 시스템중단, 데이터 손실, 물리적 피해, 그리고 공급망 혼란 등 심각한 결과를 초래할 수 있다. 예를 들어 로봇 품질 관리 시스템의 오작동은 제품 결함으로 이어질 수 있으며 이는 기업의 명성과 운영에 치명적인 영향을 미칠 수 있다.

특히 해커들은 로봇 네트워크를 목표로 공급망 전반에 걸쳐 광범위한 혼란을 야기할 수 있는 방법을 모색하고 있다. 이러한 공격은 단순한 시스템 장애를 넘어 산업 전반에 걸친 경제적 손실로 이어질 수 있으며, 물리적 작업의 정지 또는 오류를 발생시켜 공정과 운영에 심각한 영향을 미친다. 따라서 로봇 산업의 지속 가능한 발전을 위해서는 데이터 보안과 사이버 방어 시스템의 강화가 필수적이다.

산업용 로봇은 물류 효율화를 통해 물자 작업의 혁신을 이끄는 동시에 사이버 보안 문제를 해결해야 하는 과제를 안고 있다. 이러한 양면성은 로봇 기술이 제공하는 혜택과 동시에 이를 안전하게 운영하기 위한 책임감을 강조하며, 미래의 로봇 기술 발전에 중요한 시사점을 제공한다.

## INSIGHT

## 로보틱스 시대에서의 미래 전략 세 가지

### 1 휴머노이드 로봇의 소프트웨어 생태계를 선점하라

스마트폰 시장이 형성되면서 앱 시장이 활발히 성장했던 것처럼, 휴머노이드 로봇과 같은 첨단 로봇 기술이 발전함에 따라 관련 소프트웨어 생태계 또한 유사한 양상으로 확장될 것으로 예상된다. 이미 많은 사람이 로봇청소기와 같은 일상용 로봇을 스마트폰 앱을 통해 제어하고 있으며, 이러한 경험은 하드웨어와 소프트웨어의 결합을 통해 점차 지능화되고 있다. 대표적인 사례로, Roborock은 지속적인 앱 업데이트를 통해 로봇청소기 사용자의 편의성과 성능을 향상하게 시키고 있다. 이러한 앱 업데이트는 단순히 기능 추가에 그치지 않고, 기존에 구입한 하드웨어의 지능을 계속해서 발전시키는 새로운 사용자 경험을 제공한다. 앞으로 로봇 소프트웨어와 관련된 앱 시장은 급격히 성장할 것으로 보이며, 구독 모델 기반의 비즈니스가 시장 확장의 중심이 될 것으로 기대된다. 특히 애플(Apple)과 같은 글로벌 기업들은 단순히 인간의 형상을 본뜬 로봇을 넘어서, 기존의 AI 제품군 및 Siri와 같은 AI 서비스와 긴밀히 연계된 로봇 제품 개발을 모색하고 있다. 이는 소비자들이 집에서 편리하게 사용할 수 있는 지능형 로봇의 등장을 예고하며, 애플이 구축해 온 생태계를 한층 더 확장하려는 전략으로 해석할 수 있다.

휴머노이드 로봇의 소프트웨어 생태계는 단순히 개별적인 하드웨어와 소프트웨어의 결합을 넘어, 사용자의 삶을 변화시키는 통합적인 플랫폼으로 자리 잡을 가능성이 크다. 이 과정에서 지속적인 소프트웨어 업데이트와 구독 모델 기반 비즈니스는 중요한 역할을 하며, 로봇 산업의 새로운 패러다임을 형성할 것이다.

### 2 로봇 사이버 보안의 신흥 강자

로봇의 하드웨어뿐만 아니라 소프트웨어와 AI에 대한 의존도가 점점 더 높아지고 있다. 이는 기술적으로 발전하는 로봇이 동시에 사이버 해킹의 주요 표적이 될 가능성을 증가시키며, 이에 따른 윤리적 논의와 책임의 주체 설정이 더욱 중요해지고 있다. 특히 해커가 로봇을 제어할 경우, 단순히 데이터 탈취를 넘어서 로봇의 물리적 움직임까지 조작할 수 있어 심각한 피해를 초래할 가능성이 크다. 최근 미국 여러 도시에서 발생한 사례는 이를 여실히 보여준다. 중국산 로봇 청소기 Ecovacs Deebot X2 모델이 해커에게 노출되어, 온보드 스피커를 통해 로봇 청소기가 인종 차별적인 욕설을 한 사건이 있었다. 이 사건은 로봇 소프트웨어의 보안 취약성이 얼마나 큰 위험 요소인지 경고하며, 앞으로 로봇 사이버 보안에 대한 강력한 노력이 요구됨을 시사한다.

더불어 로봇과 인간의 협업이 증가하면서, 예기치 못한 사고가 발생할 가능성도 커지고 있다. 예를 들어, 로봇의 오작동으로 인해 인간이 물리적 상해를 입거나, 생산성이 심각히 저하될 수 있다. 이러한 사고를 예방하기 위해서는 명확한 안전 절차와 규제 마련이 필수적이며, 로봇 사고와 관련된 보험 처리와 같은 새로운 기준 또한 수립되어야 한다.

### 3 로봇 자동화로 인한 일자리 상실? No! 일자리 전환!

로봇 자동화는 단순 반복적이고 위험한 작업을 로봇이 대체하면서 업무 환경에 큰 변화를 가져오고 있다. 이는 인간 작업자가 더 이상 지루하거나 위험한 작업에 종사할 필요가 없어지는 긍정적인 변화를 의미한다. 동시에 인간과 로봇 간 협업이 새로운 화두로 떠오르고 있으며, 머지않아 인간 작업자들이 로봇을 직장 동료로 여기며 함께 작업하는 환경이 일반화될 것으로 예상된다.

그러나 로봇이 단순히 인간의 일자리를 빼앗아 가는 것으로 보아서는 안 된다. 오히려 로봇 자동화는 기존 일자리의 전환과 더불어 새로운 일자리의 탄생을 유도할 가능성이 크다. 예를 들어 물류 산업에서 로봇 도입이 가장 활발한 기업 중 하나인 아마존은 자동화 시스템이 증가함에 따라 로봇을 관리하고 운영할 수 있는 엔지니어링 인력을 30% 이상 확대할 것으로 전망하고 있다.

메카트로닉스, 로봇 공학 그리고 AI 개발과 같은 분야의 전문 지식과 기술을 갖춘 사람들은 로봇 시대의 핵심 인재로 자리 잡을 것이다.

SECTION 2 　　　　　Tech View 5

## Smart City
# 모든 것이 연결된 세상에 불거질 이슈들

스마트시티와 스마트홈은 CES 2025의 주요 테마로 부상했다. 사물인터넷, 인공지능, 클라우드 컴퓨팅, 빅데이터 등의 기술이 결합하면서 삶의 변화를 이끌고 있다.

**PART 01**

### 스마트 모빌리티와 공공 안전 시스템

스마트 모빌리티가 급부상하면서 도시 안전망에 대한 관심도 커지고 있다. 공공 안전 시스템과 서로 연결된 인프라 위에서 작동하기 때문이다.

기술의 결합이 교통 혼잡을 완화하고 에너지 소비 최적화, 공공 안전 개선, 도시 서비스 효율화 등 다양한 영역에서 긍정적인 역할을 한다. 스마트 모빌리티는 단순히 교통의 효율성을 넘어 공공 안전과 보안 강화 영역도 함께 고려돼야 한다.

인공지능(AI), 빅데이터, 자율주행, 드론 등 다양한 혁신 기술이 스마트시티의 효율적인 교통 관리와 범죄 대응, 비상사태 처리를 가능하게 만든다. 일상과 교통수단이 디지털화된 세상에서 더 효율적이고 회복력 있는 방식으로 작동하도록 돕는 것과 동시에 이를 통해 공공 안전과 보안을 강화하는 영역도 관심의 대상으로 떠올랐다. 상호 연결성 증가로 사이버 보안과 디지털 윤리에 대한 중요성도 높아지며 스마트 모빌리티와 공공 안전 기술의 결합은 미래 사회의 필수적인 요소로 자리 잡을 것이다.

### 미래 교통수단을 대표하는 기술

스마트 모빌리티 기술은 교통과 관련된 문제를 해결하고, 효율적인 범죄 대응 및 비상사태 처리를 가능하게 하는 중요한 기술적 혁신을 끌어내고 있다. 특히 서비스형 모빌리티(MaaS)나 마이크로 모빌리티, 물류 솔루션 등은 도시 모빌리티의 발전을 가속화하고 있으며 이에 따라 도시 내 교통망은 효율적이고 지속가능한 방식으로 운영된다. MaaS는 다양한 교통수단을 통합해 하나의 플랫폼에서 이용할 수 있도록 만든 서비스 모델이다. 도시 내 교통수단의 효율성을 높이고 여러 교통 옵션을 이용자에게 맞춤형으로 제공하기도 한다. 마이크로 모빌리티는 전동 킥보드나 전기 자전거와 같은 소형 교통수단으로 도시 내 짧은 거리 이동을 빠르고 효율적으로 할 수 있도록 돕는다.

자율주행차, 하이퍼루프, 로보택시, 수상택시 등은 스마트시티의 미래

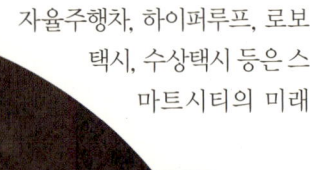

미래형 터널 교통 시스템인 '베가스 루프'.

교통수단을 대표하는 기술들이다. 자율주행차는 운전자의 개입 없이도 스스로 이동할 수 있는 기능을 제공하며 교통사고를 줄이고 흐름을 최적화하는 데 크게 기여할 것이다. 하이퍼루프는 초고속으로 도시 간 이동을 가능하게 하며 로보택시는 더욱 스마트한 교통 서비스를 제공한다.

## 스마트시티의 안전을 책임지는 스마트 모빌리티

스마트 모빌리티가 공공 안전과 보안을 강화하는 데 기여하는 주요 기술로는 빅데이터, AI, 스마트 감시 시스템 등이 있다. 특히 스마트 가로등과 실시간 범죄 지도화, 예측 치안 솔루션은 도시의 안전망을 강화하는 핵심 기술로 떠올랐다.

AI와 빅데이터를 활용한 감시 시스템은 범죄를 예측하고 대응할 수 있는 중요한 도구다. 스마트 가로등은 상황에 따라 자동으로 밝기를 조절하거나 감지 시스템을 통해 주변 상황을 모니터링하는 기능을 제공한다. 또한 실시간 범죄 지도화와 예측 치안 솔루션은 경찰과 보안 기관들이 범죄가 발생할 가능성이 높은 지역을 사전에 예측하고, 효율적인 범죄 대응을 가능하게 한다.

AI와 빅데이터는 스마트 교통 관리 시스템에도 활용되는 기술이다. 도로 상황을 실시간으로 분석해 사고를 예방하며 교통 혼잡을 막기도 한다. 자연히 교통사고 발생률을 크게 줄일 수 있다.

드론 기술은 공중 모니터링에 효과적이다. 특히 비상 상황 시 지상 작업을 보완하는 데 크게 기여한다. 드론은 넓은 지역을 신속하게 감시할 수 있으며 사고나 화재 발생 시 실시간으로 현장을 파악해 즉각적인 대응을 가능하게 한다. 대규모 재난 상황에서 인력의 수색 활동을 지원하거나 지상 작업에 대한 시각적 지원 제공으로 위험은 줄이고 대응 속도는 높이는 쪽으로도 기대하는 바가 크다.

이렇게 모든 것이 연결되는 스마트시티에 사이버 보안과 디지털 윤리는 중요한 이슈로 떠오르고 있다.

사이버 공격이나 데이터 유출 등이 발생하지 않도록 스마트시티를 위한 보안 시스템은 반드시 강화되어야 한다.

모든 데이터가 안전하게 보호되며 프라이버시가 존중받는 환경을 만드는 기술과 연구에 대한 논의는 지금보다 더 중요한 사회 이슈로 부각될 전망이다.

---

### 스마트 혁신 지도에 따른 2025년 주요 트렌드

**녹색 도시 계획(Green Urban Planning)**
기후 변화로 도시 계획은 스마트하고 지속가능하며 회복력 있는 도시를 만드는 과제에 직면
예) 녹지, 공원, 커뮤니티 정원 개선

**스마트 빌딩(Smart Building)**
기후 변화와 코로나19를 배경으로 건설업계는 유연한 작업 공간을 창출하고, 원격 관리 기술과 자동화된 건물 제어 시스템 도입
예) 디지털 트윈, 스마트 센서, 클라우드 컴퓨팅

**기후 변화와 전자 정부(E-governance)**
전자 정부는 개방적이고, 지속가능하며 협력적인 공공 서비스와 결정을 이끎
예) 블록체인 및 IoT 기반 솔루션, 전자 민주주의 확장

**첨단 폐기물 관리(Advanced Waste Mangement)**
AI 기술과 IoT 센서로 인간의 개입을 줄이고 생산성을 높임
예) AI 기반 재활용 로봇, 전자 폐기물 재활용 키오스크, 퇴비화 기술

## PART 02

### 스마트홈·스마트시티 시대 도래

시장의 급성장은 단순한 기술적 진보를 넘어 생활 방식의 변화를 이끌고 새로운 가치를 창출한다.

CES 2025에서 도요타가 1단계 건설 완료를 선언한 우븐시티(Woven City)는 스마트시티의 미래를 보여주는 혁신적인 사례였다. 우븐 시티는 단순한 도시 개발 프로젝트를 넘어 · 사람 · 유통 · 정보 · 에너지 등 다양한 영역에서 혁신을 실험하고, 모빌리티 기술을 실증하는 장소로 활용될 예정이다.

아키오 도요타 회장은 CES 2025 무대에서 "우븐시티에서는 탄소중립을 실현하는 교통수단만 운행될 것"이라고 강조했다. 이는 지속가능한 도시 설계와 교통 시스템을 구현하려는 우븐시티의 목표를 명확히 보여주는 발언이었다. 우븐시티는 탄소 배출이 없는 교통 시스템을 통해 환경 보호를 실현하고, 자율주행차, 전기차, 수소차 등 첨단 기술이 실제 도시에 적용되는 모습을 선보일 계획이다. 모빌리티 기술의 상용화 가능성을 테스트하고 미래 도시의 혁신 방향을 제시하는 데 우븐시티는 크게 기여하게 될 것이다.

도요타 회장의 선언은 스마트시티 및 스마트홈 시장이 폭발적으로 성장하리란 예상도 가능하게 한다. 실제 2023년 기준 전 세계 스마트시티 시장 규모는 약 7487억달러로 관련 스마트시티 기술과 솔루션이 빠르게 확산하고 있음을 보여준다.

스마트시티의 핵심 구성 요소는 사물인터넷(IoT), 인공지능(AI), 클라우드 컴퓨팅, 빅데이터 등이다. 이러한 기술들은 도시의 운영 방식을 혁신적으로 변화시키며, 교통 혼잡 완화, 에너지 소비 최적화, 공공 안전 개선, 도시 서비스 효율화 등 다양한 영역에서 긍정적인 영향을 미치고 있다.

스마트시티는 단순히 기술의 적용

CES 2025에서 만난 스마트홈·스마트시티 관련 부스들.

을 넘어 지속가능한 도시 생태계를 구축하는 데 중점을 둔다. 이를 위해 IoT와 AI는 데이터 수집 및 분석을 통해 실시간으로 교통과 에너지 흐름을 조정하며 클라우드 컴퓨팅과 빅데이터는 도시 전반의 효율성을 높이는 데 기여한다. 이러한 기술의 통합은 우븐시티가 단순한 도시 개발 프로젝트를 넘어, 새로운 산업 생태계와 비즈니스 모델을 창출하는 기회가 될 것임을 시사한다. 우븐시티는 미래 도시의 새로운 기준을 제시할 수 있는 중요한 프로젝트다. 지속가능한 발전을 목표로 하는 글로벌 도시 계획의 방향성을 제시하며 탄소중립 실현, 에너지 절약, 교통 혁신 등 다양한 측면에서 도시가 직면한 문제를 해결할 것이다. 우븐 시티가 글로벌 기업과 협력해 기술 개발과 실증을 거듭해 나가면 우븐시티 자체가 스마트시티의 표준을 설정할 가능성도 크다.

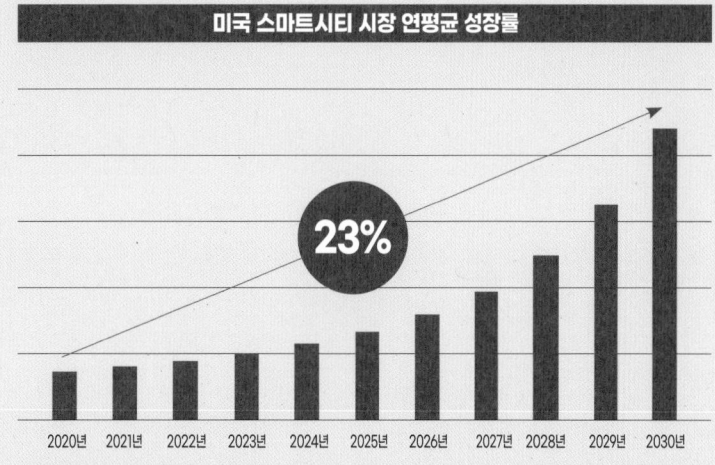

## 스마트시티의 성장

스마트시티는 도시화의 가속화, 공공 안전과 에너지 효율성 강화, 정부와 지역 이니셔티브, 첨단 기술의 도입 등 여러 요인에 의해 빠르게 성장하고 있다. 이러한 요인들은 스마트시티가 단순한 기술 도입을 넘어 지속가능한 도시 생태계를 구축하고 도시 문제를 해결하며 미래 도시 모델을 제시하는 데 중요한 역할을 하고 있음을 보여준다.

세계은행에 따르면 2050년까지 전 세계 인구의 68%가 도시에 거주할 전망이다. 도시화의 가속은 교통 혼잡, 자원 낭비, 환경 오염 등 다양한 문제를 야기하고 있다. 매년 도시화로 인해 발생하는 교통 혼잡과 자원 낭비로 약 8700억달러의 경제적 손실이 보고된다. 이는 스마트시티 기술이 해결해야 할 주요 과제다.

스마트시티 기술은 도시 자원의 효율적인 관리와 문제 해결을 위한 핵심 솔루션으로 주목받는다. 예를 들어 스마트 교통 시스템은 실시간 교통 데이터와 AI 기반 예측 알고리즘을 활용해 차량 흐름을 최적화하고, 차량 정체를 줄이며 이동 시간을 단축한다. 또한 자원 관리 기술은 물과 전력과 같은 중요한 도시 자원의 낭비를 줄이고 지속가능한 도시 운영을 지원한다.

스마트시티 기술은 공공 안전 문제 해결과 에너지 관리 효율성을 높이는데도 효과를 발휘한다. AI 기반의 공공 안전 시스템은 범죄 예방과 재난 관리에서 혁신적인 성과를 보여준다. 예를 들어 AI 기술은 데이터 분석을 통해 범죄 발생 가능성을 예측하고, 감시 카메라와 센서를 활용해 실시간으로 위협을 감지한다. 이러한 기술은 범죄율을 20~30% 감소시키는 데 기여하며 도시 내 안전을 강화하고 있다.

에너지 관리 분야에서도 스마트시티 효과가 두드러진다. 스마트그리드시스템은 에너지 사용 데이터를 실시간으로 분석하고 에너지 소비를 최적화해 최대 20%의 에너지 절약 효과를 제공한다. 이외에도 IoT 기반 스마트 가로등은 에너지 소비를 최대 50% 절감하며 도시 내 에너지 효율성이 크게 향상한다. 이러한 기술들은 지속 가능성을 목표로 하는 스마트시티의 중요한 구성 요소로 자리 잡고 있다.

### 정부와 지역 지원받는 스마트시티

스마트시티 프로젝트는 정부와 지역 차원에서 강력한 지원을 받고 있다. 2023년 기준, 미국 정부는 약 1600억달러를 투자해 교통·에너지·주거 등의 핵심 부문에서 지속 가능한 솔루션 도입을 가속화하고 있다. 이와 더불어 유럽연합(EU)은 2030년까지 300개 이상의 스마트시티를 구축하는 것을 목표로 약 2500억 유로를 투자할 계획이다.

공공·민간 파트너십(PPP)은 스마트시티 성장의 중요한 동력으로 부상하고 있다. 민간 기업과 정부 간 협력은 투자 위험을 분산시키고 기술 도입 속도를 높이며 혁신적인 솔루션을 끌어낸다. 이러한 협력 모델은 스마트시티 프로젝트의 성공 가능성을 높이는 동시에 민간 기술과 공공 자원의 조화를 통해 경제적·사회적 가치를 극대화한다.

스마트시티 시장의 성장은 AI, 기계학습(ML), IoT, 클라우드 컴퓨팅, 나노기술 등 첨단 기술 도입의 증가에 힘입고 있다. 이러한 기술들은 도시 문제를 해결하고, 도시 운영의 효율성을 크게 향상하는 데 핵심적인 역할을 한다. 스마트시티는 도시화 증가와 자원 관리, 공공 안전, 에너지 효율성, 그리고 첨단 기술 도입이 결합해 발전하고 있다. 이러한 기술들은 도시 문제를 해결하고 지속 가능한 도시 생태계를 구축하며 미래 도시의 비전을 제시하고 있다. 특히 공공·민간 파트너십과 정부의 강력한 이니셔티브는 스마트시티 기술의 도입과 확산을 가속하며, 도시와 사회에 새로운 가치를 창출하고 있다.

앞으로 스마트시티는 첨단 기술과 지속 가능한 솔루션을 기반으로 도시화의 도전 과제를 해결하고, 시민들에게 더 나은 삶의 질을 제공하는 데 중요한 역할을 할 것이다. 이러한 변화는 단순한 기술적 진보를 넘어, 도시와 사회의 근본적인 변화를 이끌며 미래를 선도할 것이다.

### 스마트홈 시장의 급성장

스마트시티와 스마트홈은 연결돼 있다. 스마트 기술의 발전은 현대 사

1.2.
CES 2025에서 만난 스마트홈·스마트시티 관련 부스들.

### 스마트홈 분야별 미국 시장 규모

| 순위 | 시장 규모(2023년 기준) | 비중 | 연평균 성장률(2023~2028년) |
|---|---|---|---|
| 스마트 가전 | 525억6000만달러 | 39% | 11.9% |
| 제어 및 연결 | 277억4000만달러 | 20.6% | 12% |
| 안전 및 보안 | 206억만달러 | 15.3% | 11.8% |
| 홈 엔터테인먼트 | 135억3000만달러 | 10% | 7.3% |
| 조명 | 115억9000만달러 | 8.6% | 11.7% |
| 에너지 관리 | 88억1000만달러 | 6.5% | 11.3% |

자료: grandview research

회의 핵심 과제인 보안과 에너지 효율 문제를 해결하는 데 중요한 역할을 하고 있기 때문이다.

스마트 보안 시스템은 침입과 도난에 대한 두려움을 줄이는 데 기여하며 스마트 에너지 솔루션은 탄소 배출을 줄이고 지속가능한 생활을 가능하게 한다. 이러한 기술은 가정과 사무실, 공공장소를 포함한 다양한 환경에서 필수적인 요소로 자리 잡고 있다. 스마트홈 시장은 전 세계적으로 급격한 성장을 이어가고 있으며 향후 글로벌 기술 산업의 중심축으로 자리 잡을 전망이다. 스마트홈 시장 규모는 2022년 약 791억 6000만달러였으며 2023년부터 2030년까지 연평균 성장률은 27.07%에 달할 것으로 예측된

다. 스마트홈 기술이 단순한 편리함을 넘어 현대인의 생활과 업무처리 방식을 근본적으로 변화시키는 핵심 동력으로 부상하고 있음을 시사한다.

시장 성장을 견인하는 데는 AI 기술과의 통합이 주요한 촉진 요인으로 작용하고 있다. AI는 단순히 디지털 연결성 제공에 그치지 않고, 조명, 온도 조절, 보안 시스템과 같은 전통적인 스마트홈 기능을 더욱더 지능적이고 개인화된 서비스로 발전시키고 있다.

### 스마트 보안 시스템 수요 증가

특히 전 세계적으로 도난과 침입은 가정과 사무실에서 가장 중요한 우려 사항 중 하나로 꼽히며 스마트

보안 시스템에 대한 수요 증가로 이어지고 있다. 미국 연방수사국(FBI) 통계에 따르면, 미국에서는 30초마다 한 건의 주거 침입이 발생하며 하루 평균 3000건 이상의 침입 사고가 보고되고 있다. 이러한 위협에 대응하기 위해 CCTV 설치가 늘어나지만, CCTV는 침입을 사전에 방지하지 못하고 단순히 사건 영상을 기록할 뿐이고 원격 모니터링을 위한 고속 대역폭과 안정적인 연결이 필요하다는 제약도 따른다. 이러한 한계를 극복하기 위해 주시하는 분야가 바로 스마트 감시 시스템이다. 스마트 감시 시스템은 센서와 컴퓨터 비전을 활용해 실시간으로 행동을 감지하고 보고하는 기능을 제공한다. 사용자는 스마트폰을

## SECTION 2　　　Tech View 5

통해 집이나 사무실의 상황을 바로 모니터링하고 클라우드에 영상을 안전하게 백업한다. 스마트 감시 시스템은 전체 위치를 원격으로 연결하고 제어할 수 있어 사용자 경험은 한층 강화되는 추세다.

**스마트 기술 활용한 에너지 효율 솔루션**

AI 기반 디지털어시스턴스는 사용자들에게 핸즈프리(hands-free) 방식의 편리함과 더 직관적인 사용 경험을 제공해 스마트홈 제품의 필수 요소로 자리 잡고 있다. 예를 들어 음성인식 기술을 통해 사용자는 간단한 명령으로 기기를 제어하거

스마트홈 기술은 향후 글로벌 기술 산업의 중심 축으로 자리잡을 전망이다.

1.2.
삼성이 선보인 스마트홈 관련 기기들.

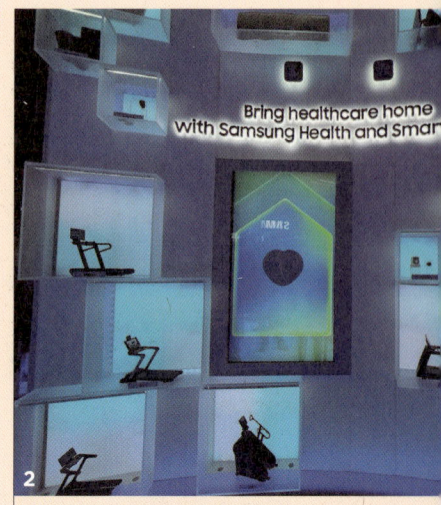

나 필요한 정보를 얻을 수 있다. AI는 사용자의 패턴과 선호도를 학습해 개인화된 솔루션을 제공하며 이를 통해 삶의 질과 편의성을 함께 높여준다.

지구온난화와 환경 파괴는 전 세계적으로 중요한 문제로 대두되고 있다. 전기의 과도한 사용과 탄소 배출이 주요 원인으로 인간의 일상적인 활동에 따른 에너지 소비가 늘어나면서 이를 줄이고 지속가능한 방식을 도입하는 것은 선택 사항이 아니다. 스마트 기술을 활용한 에너지 효율 솔루션이 빠르게 확산하는 분위기는 거스를 수 없다.

스마트 기술은 가정 내 에너지 사용을 줄이고 환경에 미치는 영향을 최소화하는 다양한 장치를 개발하는 데 기여한다. 스마트 온도 조절기는 실내 온도를 자동으로 조정해 에너지를 절약하고 스마트 스프링클러

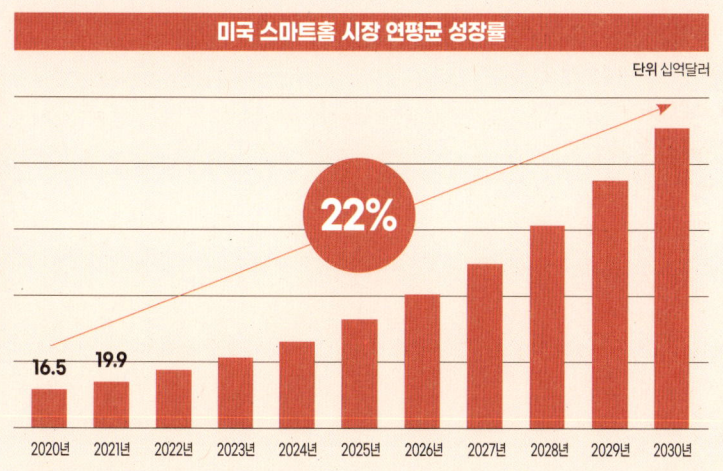

미국 스마트홈 시장 연평균 성장률
단위 십억달러
22%
자료 grandview research

시스템은 필요에 따라 물을 효율적으로 공급해준다. 스마트 전구는 에너지 소비를 최소화하는 동시에 사용 수명을 연장하고 스마트 미터는 에너지 사용 데이터를 실시간으로 제공해 사용자의 에너지 소비를 효과적으로 관리하도록 돕는다.

### 스마트폰과 인터넷은 스마트홈 성장 동력

스마트홈 시장의 또 다른 성장 동력은 스마트폰과 인터넷의 높은 보급률이다. 스마트폰은 스마트홈 기기를 원활하게 제어할 수 있는 연결된 생태계를 제공하며 사용자는 스마트폰을 통해 실시간으로 데이터를 확인하고 맞춤형 기능을 설정할 수 있다. 이런 기술적 기반은 스마트홈 제품의 접근성을 크게 높여 글로벌 시장에서 제품 수요를 촉진한다. 스마트폰과 스마트홈 기술 간의 상호작용은 사용자 경험을 혁신적으로 변화시켜 이는 소비자들에게 더 직관적이고 편리한 생활 환경을 제공하는 핵심 역할을 하고 있다.

스마트홈은 단순히 가전기기의 디지털화에서 벗어나 생활 전반을 지능적으로 관리하고 최적화하는 방향으로 발전하는 중이다. 예를 들어 AI가 에너지 소비 데이터를 분석해 최적화된 에너지 사용 패턴을 제안하거나 스마트 조명이 주변 환경에 맞춰 자동으로 조도를 조절하는 등 다양한 방식으로 실질적인 효용을 제공한다.

스마트 보안 시스템과 에너지 효율 솔루션은 각각의 영역에서 혁신적인 변화를 일으켜 지속가능한 사회로 나아가는 데 중요한 역할을 하고 있다. 스마트 보안과 에너지 솔루션이 결합한 스마트홈 기술은 단순히 편리함을 넘어, 안전하고 지속 가능한 미래를 설계하는 데 필수적인 도구로 자리 잡을 것이다.

### 스마트홈 시장의 과제와 잠재력

그러나 이러한 폭발적인 성장에도 스마트홈 시장이 극복해야 할 과제도 존재한다.

첫째, 보안 문제가 주요 이슈로 대두되고 있다. 스마트홈 기기가 인터넷에 연결됨에 따라 사이버 보안 위협과 개인 정보 보호 문제는 더욱 중요해지고 있다. 사용자의 민감한 데이터가 외부로 유출될 위험을 줄이기 위해 강력한 보안 체계가 필수적이다.

둘째, 다양한 브랜드와 플랫폼 간의 호환성 부족은 사용자 경험을 저해하는 주요 요인 중 하나이다. 스마트홈 생태계의 성장을 위해서는 기기 간 상호 운용성을 확보하고 표준화된 기술 기반을 구축하는 것이 필요하다. 그런데도 스마트홈 시장의 잠재력은 여전히 매우 크다. 그랜드뷰 리서치에 따르면, 스마트홈 시장은 2028년까지 연평균 23%의 성장률을 기록하며 지속해서 확대될 것으로 보인다. 특히 AI 기술의 발전과 함께 스마트홈 제품은 더 지능적이고 효율적인 방식으로 진화할 것으로 전망된다. AI가 제공하는 개인화된 경험과 연결성은 스마트홈 기술이 단순한 트렌드를 넘어 현대 생활의 필수적인 인프라로 자리 잡게 할 것이다.

SECTION 2                    Tech View 6

XR
# 현실만큼 중요한 가상 세계를 만든다

정교하고 효율적으로 구현한 확장현실(XR)은 제조업 현장에서는 비용과 오류를 줄이고,
엔터테인먼트 산업에서는 새로운 오락거리를 창출한다. 그리고 이 기술은 사람을 구하기도 한다.

## PART 01 AI 기술을 만난 XR

XR 기술이 AI 기술로 한층 진화하면서 산업·엔터테인먼트 업계에서 활용도를 인정받았다. 잠시 침체했던 시장이 다시금 활기를 띠고 있다.

AI 기술이 공간 컴퓨팅 기술인 가상현실(VR), 증강현실(AR), 혼합현실(MR)을 보다 정교하고 비용 효율적으로 구현할 수 있도록 도와주고 있다. AI는 확장현실(XR) 경험을 개인화하고 콘텐츠 생성을 자동화하는 데 활용되는 등 XR 기기에 통합되고 있다(XR은 VR, AR, MR을 모두 포괄하는 개념이다). XR 기기가 산업 현장에서 활용도가 높아지고 일상생활 적용 범위가 확대됨에 따라 AI와 XR의 시너지는 더욱 몰입감 있고 상호작용이 풍부한 경험을 제공할 것으로 예상한다.

### 자동차 및 항공우주 설계 분야에도 XR 기술 필수

XR 헤드업 디스플레이와 인간-기계 인터페이스가 확산하고 있다. 차량 내부에서의 몰입형 XR 경험이 증가하고 특히 자동차 센서와 XR 기술의 시너지 효과도 두드러진다. XR 기술은 차량 설계 및 프로토타이핑 과정을 크게 개선했다. 엔지니어와 디자이너들은 가상 환경에서 새로운 차량 콘셉트를 시각화하고 테스트하고 있다. 이는 물리적 프로토타입 제작 비용을 줄이고 개발 시간은 단축하는 효과를 낳는다. 예를 들어 리비안(Rivian)은 XR 기술을 활용해 차량 프로그램당 최대 100만달러의 비용을 절감했다고 보고했다.

이뿐만 아니라 XR은 자동차 제조 공정을 최적화하는 데도 큰 역할을 한다. 작업자들은 AR 글래스를 통해 실시간 작업 지침을 받아 조립 정확도를 높이고 오류를 줄인다. 또한 AI 기반 AR 기술은 품질 검사 과정을 간소화하여 인적 오류를 줄이고 문서화 및 보고를 효율화한다.

자동차 산업의 교육 및 유지보수 분야에도 이런 기술 적용이 유용하다. VR을 통해 기술자들은 안전한 가상 환경에서 복잡한 차량 시스템을 실습해 볼 수 있다. AR 기술은 실시간 정비 지침을 제공해 수리 시간을 단축하고 정확성을 높인다. 포르쉐의 경우 AR 글래스를 활용해 서비스 해결 시간을 40% 단축했다.

### 힘든 만큼 유망한 의료용 XR 개발

세상에서 인체만큼 복잡한 것도 없다. 의료

**40%**
포르쉐가 AR 글래스를 활용해 단축한 서비스 해결 시간. AR 기술은 실시간 정비 지침을 제공하여 수리 시간을 단축하고 정확성을 높인다.

진 훈련용 수술 시뮬레이터를 제작하는 것도 마찬가지다. 하지만 의료 분야에서 3D 시뮬레이션은 외과의가 놀라울 정도로 정밀하게 수술을 계획하고 연습하는 데 도움을 주는 단계에 이르렀다.

환자 맞춤형 의료 시각화를 통해 수술 계획과 협업이 개선되고 로봇 호환 수술 시뮬레이션으로 훈련 정밀도가 향상됐다. 또 VR을 활용한 의료진 및 가족 교육도 이루어지고 있다.

앞으로 사용 사례가 검증되고 더 많은 의료 기기가 인증받으면서 의료 시스템에서 몰입형 기술은 더욱 늘어날 전망이다. 의료 시스템이 체내로 들어가는 침습적 치료 행위가 줄어드는 것과 함께 의료 영상에 대한 필요도 높아지고 있다. 이와 관련해 최근 몇 년 동안 여러 의료용 XR 저널과 학회가 만들어졌다. 관련 기술과 응용 분야의 명확한 출현이 예견되는 증거다.

1. 소니가 선보인 XYN의 헤드셋. 지멘스의 산업용 소프트웨어 '지멘스 액셀러레이터'를 활용했다.
2. 소니와 지멘스가 개발한 전문가용 HMD 'SRH-S1'와 컨트롤러.

## 제조업부터 엔터테인먼트까지, XR 기술의 활용

CES 2025에서 산업용 특화 XR 디바이스와 촉각 피드백을 받을 수 있는 3D 터치 마우스는 큰 인기를 끌었다. 소니는 소프트웨어 및 하드웨어 솔루션의 XYN 브랜드를 발표하며 헤드셋을 핵심 제품으로 내세웠다. 특히 지멘스와 협력해 헤드셋 관련 소프트웨어가 실제로 작동하는 모습도 선보였다. 지멘스의 산업용 소프트웨어 '지멘스 액셀러레이터'를 활용하고, 퀄컴의 '스냅드래곤 XR2+Gen2 플랫폼' 등을 탑재한 전문가용 XR HMD 및 컨트롤러인 'SRH-S1'은 XR기술 및 액세서리 부문 최고혁신상을 받았다.

게임과 엔터테인먼트를 넘어 교육·쇼핑·소셜미디어 등으로도 XR 콘텐츠는 확장되고 있다. 실시간 협업, 가상 회의, 원격 지원 등 비즈니스 애플리케이션이 증가하고 AR 내비게이션, 실시간 정보 오버레이 등 일상생활 지원 앱 개발도 속도도 빨라졌다. 현실 및 가상 세계의 융합이 가속화되면서 영화·애니메이션·게임·산업 디자인 분야도 3D 콘텐츠 제작 수요가 빠르게 증가하자 이를 지원하는 솔루션들도 속속 등장 중이다. 소니는 미국프로풋볼리그(NFL)와 협력을 맺어 스포츠 분야에서 가상현실 사업을 기획하고 자사가 강점을 지닌 게임, 엔터테인먼트 분야에서의 XR 콘텐츠를 발전시키는 등 지식재산(IP) 사업 내실화를 중장기 비전으로 제시했다.

이처럼 XR 기술이 '공간 컴퓨팅'이라는 새로운 패러다임을 주도하고 있다. 가트너는 2025년 주목해야 할 10대 전략기술 중 하나로 '공간 컴퓨팅 기술을 통한 디지털 개선'을 꼽은 바 있다.

## SECTION 2 — Tech View 6

### PART 02
### XR 기술 시장 분석과 제품들

XR 기술이 의료, 제조, 자동차, 소매업 등의 산업에서 변화를 이끄는 혁신적인 도구로 자리잡으면서 가파른 성장이 예상된다.

VR, AR, MR과 같은 몰입형 기술은 이제 유행을 넘어 의료·제조·자동차·소매업 등의 산업에서 변화를 이끄는 혁신적인 도구로 자리 잡았다. 더 이상 실험적인 도구가 아니라 워크플로를 간소화하고 성과를 개선하며 직원과 고객 모두의 경험을 혁신하는 중이다. 수치가 이를 증명한다. 최근 데이터에 따르면 몰입형 기술 시장은 2024년 1839억6000만달러에서 2032년 1조7000억달러로 성장해 연간 32.1%의 놀라운 성장률을 기록할 것으로 예측된다. 몰입형 기술이 비즈니스 운영과 성장의 핵심 요소로 자리 잡고 있다는 증거로 해석할 수 있다.

KPMG는 2028년까지 높은 성장이 예상되는 분야로 차량용 XR(28.9%), 상업용(28.1%), 기업용(27.4%), 헬스케어(27.3%) 등이 될 것이라 전망했다. CES 2025에서도 예년보다 활발한 관련 콘퍼런스가 열렸고 소니, 지멘스 등 많은 대기업이 상품을 내놓으며 주목받았다.

### XR 시장은 가파른 성장세

XR은 VR, AR, MR 및 이 기술들이 가져올 미래의 현실을 포함하는 몰입형 기술의 총칭이다. 현실 세계 경험을 가상으로 시뮬레이션하는 XR 애플리케이션은 사용자 경험의 상호작용을 높이고 매력적이며 흥미로운 방식을 제시한다. 이는 기업이 제품이나 서비스를 고객에게 제공할 때 정서적 연결이 가능하도록 도움을 주고 결과적으로 목표 고객에게 더 효과적으로 접근하는 방법을 제시한다. 이에 따라 최근 몇 년 동안 미디어 기업들은 XR 기술을 스토리텔링의 새로운 영역이자 효과적인 광고 매체로 활용할 가능성을 탐색해 왔다. XR 기술의 가장 큰 마케팅 잠재력은 높은 참여도에 있기 때문이다. 특히, VR 헤드셋 개발사와 VR 이벤트 방송 소프트웨어 개발사의 파트너십을 통해 최적의 VR 콘텐츠를 제작하는 방법 모색도 활발히 이루어지는 중이다.

하지만 아직 XR 기술은 대규모 사용자 교육이라는 주요 과제에 직면해 있다. 현재 개발 중인 XR 애플리케이션은 대부분 단일 사용자 환경에 집중한다. 따라서 다중 사용자 환경을 지원하고 경험을 간소화 및 일관되게 만드는 솔루션이 필요하다. 현재 시장에서 솔루션의 가용성은 제한적이며 이는 XR 기술의 대중화와 산업 성장의 장애물이다. 그럼에도 XR 시장 규모는 2024년 약 1119억7000만달러에서 2029년에는 6154억9000만달러로 성장해 예측 기간(2024~2029년) 동안 연평균 성장률이 40.61%에 달할 것이란 전망이다.

### 디바이스 시장, 고성능 VR/AR 헤드셋 개발에 집중

공간 컴퓨팅은 5G의 확산과 함께 AR 및 MR, AI 기술의 발전으로 산

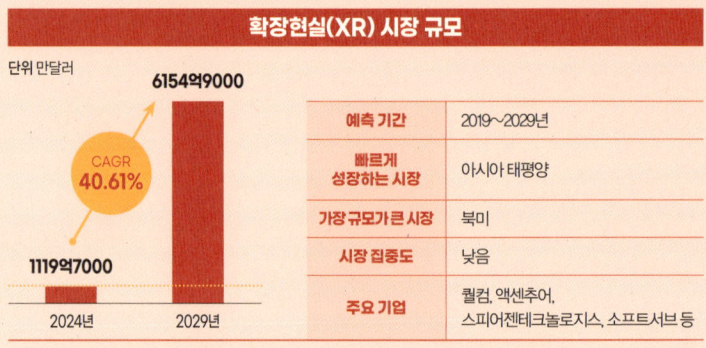

**확장현실(XR) 시장 규모**
단위 만달러

- 2024년: 1119억7000
- 2029년: 6154억9000
- CAGR 40.61%

| | |
|---|---|
| 예측 기간 | 2019~2029년 |
| 빠르게 성장하는 시장 | 아시아 태평양 |
| 가장 규모가 큰 시장 | 북미 |
| 시장 집중도 | 낮음 |
| 주요 기업 | 퀄컴, 액센추어, 스피어젠테크놀로지스, 소프트서브 등 |

관련 시장 성장률은 2033년까지 연평균 성장률(CAGR) 20%가 될 것으로 예상된다.
자료 모도르인텔리전스

업 전반에 걸쳐 몰입형 디지털 환경을 구현하는 추세다. XR 기술은 게임 개발 플랫폼과 장비에서 몰입감 있는 경험을 제공하기 위해 고성능 VR/AR 헤드셋, 트래킹 기술, 그리고 실시간 상호작용을 지원하는 소프트웨어 개발에 집중하고 있다. 게임개발자컨퍼런스(Game Developers Conference)에 따르면 전 세계 게임 개발자의 36%가 메타퀘스트VR(Meta Quest VR) 헤드셋용 게임을 적극적으로 개발 중인 것으로 나타났다. 애플 역시 야심차다. WWDC에서 AR 헤드셋 비전 프로(Vision Pro)를 발표했는데 공간 컴퓨팅을 제공하는 새로운 형태의 컴퓨터로 가격은 3499달러부터 시작한다.

지난 2024년 12월 VR 및 MR 기기 공급업체인 고어텍(Goertek)은 핸드 트래킹 기술 제공업체 울트라리프(Ultraleap)와 협력하여 VR/MR 헤드셋 참조 디자인을 발표했

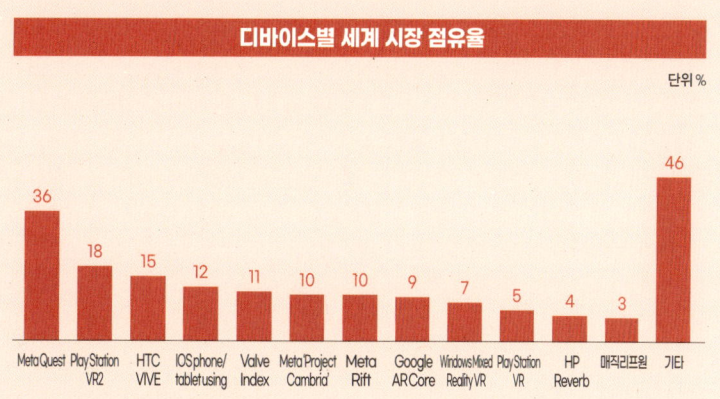

**디바이스별 세계 시장 점유율**
단위 %

| Meta Quest | PlayStation VR2 | HTC VIVE | IOS phone/tablet using | Valve Index | Meta Project Cambria' | Meta Rift | Google ARCore | Windows Mixed Reality VR | PlayStation VR | HP Reverb | 매직리프원 | 기타 |
|---|---|---|---|---|---|---|---|---|---|---|---|---|
| 36 | 18 | 15 | 12 | 11 | 10 | 10 | 9 | 7 | 5 | 4 | 3 | 46 |

자료 게임개발자컨퍼런스(GDC) ※2023년 기준

다. 이 디자인은 퀄컴(Qualcomm)의 XR2+ Gen 2 칩셋을 기반으로 하여, OEM 업체가 울트라리프의 제미니(Gemini) 프레임워크를 활용한 고품질 핸드 트래킹 기능을 갖춘 MR/VR 기기를 제작하도록 지원하는 것이 목적이다.

퀄컴은 'Snapdragon XR2+ Gen 2' 플랫폼을 출시했다. 이 플랫폼은 90fps에서 4.3K 공간 컴퓨팅을 제공하며, 단일 칩 아키텍처로 12개 이상의 동시 카메라와 강력한 온디바이스 AI를 통해 사용자의 움직임과 주변환경을 쉽게 추적할 수 있도록 지원한다. 이 플랫폼은 룸스케일 화면, 실물 크기 오버레이, 가상 데스크톱 등 다양한 사용 사례에 선명한 4.3K 해상도를 제공하며 생산성과 엔터테인먼트를 새로운 차원으로 끌어올리고 있다. 이러한 기술 발전과 제품 출시 증가로 XR 디바이스 부문은 예측 기간 지속적인 성장을 경험할 것으로 예상된다.

## 아시아·북미·유럽지역, XR 시장 성장 이끈다

미국은 전 세계에서 AR, VR, MR 기술 혁신의 중심지 중 하나로 평가받고 있다. 실제 대부분의 관련 기술 선도 기업이 미국에 기반을 두고 있다. 높은 기술 노출도와 스마트 기기의 사용 편리성 덕분에 강력한 수요가 형성되는 것도 관련 기술 발전을 이끄는 동인이다. 마이크로소프트의 AR 제품 홀로렌즈

소니 관계자가 CES 2025에서 프레스 콘퍼런스를 열어 XR 및 콘텐츠 사업 전략을 발표하고 있다.

## SECTION 2　　　　　　　　　　Tech View 6

(HoloLens)는 처음 미국과 캐나다에서 출시돼 사용자로부터 긍정적인 반응을 얻었다.

이처럼 북미 지역은 XR 시장에서 중요한 시장 점유율을 차지하고 있으며, 특히 미국은 XR 기술 혁신을 촉진하고 이를 통해 경제 성장을 도모하는 주요 국가로 부각되고 있다. 2024년 북미는 XR시장의 약 40%를 차지하며, 미국은 AR/VR 기술을 다양한 분야에서 적극적으로 채택하고 있는 것으로 나타났다. 특히 미국 정부는 직간접적 방법을 통해 혁신을 촉진하고 있으며 이를 통해 XR 기술의 상용화가 가속화되는 실정이다. 예를 들어 미국 국무부 산하 외교관 교육 기관(Foreign Service Institute)은 특정 교육 과정에서 VR을 체험 학습 도구로 도입해 외교관 교육의 혁신을 시도하고 있다. 또 AR과 VR 기술을 활용한 교육 프로그램은 지역 인재 개발 및 폐수 관리 분야에서도 쓰이고 이는 지역 기술 발전을 촉진하는 선순환 구조로 이어진다. 2024년까지 북미 지역의 XR 시장 규모는 1500억달러를 초과했다. 5G 네트워크의 확장과 함께 AR/VR애플리케이션의 성장은 더욱 가속화될 것으로 보인다. 기술 발전과 적극적인 정책 지원은 XR 기술의 상용화를 더욱 촉진하는 상황이다.

**몰입형 콘텐츠 및 애플리케이션 확장**

영화, 음악, 스포츠 등 전통적 엔터테인먼트 형식에 AR/VR/XR 기술을 결합해 앞다퉈 몰입형 경험을 제공하고 있다. 글로벌 XR 엔터테인먼트 시장은 2025년까지 연평균 30% 성장해 규모는 약 800억달러에 이를 것이란 전망한다. 주요 영화 스튜디오의 70% 이상이 VR기

### XR 시장 성장 이끄는 아시아·북미·유럽 지역

높음 / 중간 / 낮음

자료 모도인텔리전스

**1.** 스타트업 버시스가 SM 엔터테인먼트 걸그룹 에스파의 음악과 세계관을 메타버스에 옮긴 에스파 월드(aespa world). 에스파 월드에서는 팬들이 아이돌 음악을 시각적으로 경험하고 상호작용할 수 있다.

**2.3.** 애플이 야심차게 선보인 혁신적인 공간 컴퓨팅 AR 헤드셋 비전 프로(Vision Pro).

반 콘텐츠 제작을 시도 중이다. 이 같은 움직임은 CES 2025에서도 확인할 수 있었다. 라스베이거스 아리아 리조트에서는 '할리우드 궤적: 2025~2030년 생성형 AI 타임라인'을 주제로 세션이 열려 할리우드 엔터테인먼트 업계가 AI와 XR 기술을 향후 콘텐츠 제작, 사업화에 어떻게 활용할지 논의했다. 국내 뮤직테크 스타트업 버시스는 SM 엔터테인먼트와 걸그룹 에스파의 음악과 세계관을 메타버스에 옮긴 에스파 월드(Aespa world)로 CES 2025 혁신상을 받았다. 게임 분야의 발전도 눈부시다. 글로벌 AR/VR 게임 시장은 2025년까지 125억달러에 이를 전망이다. 주요 게임사들의 XR게임 투자 비율이 2020년 대비 50%이상 증가한 것으로 나타났다. 또 교육은 몰입형 기술이 즉각적이고 측정 가능한 영향을 미치고 있는 분야 중 하나다.

## INSIGHT

## 하드웨어와 콘텐츠 모두 잡은 소니의 부활 전략 3

CES 2025에서 XR 분야는 더 이상 가상 세계에 머무르지 않고 현실 세계에서 활용될 방안이 구체화되면서 가상과 현실을 보다 실감나게 이어줄 도구들이 봇물 터지듯 쏟아져 나왔다. 특히 소니와 지멘스는 콘텐츠 창작자 및 제품 디자이너 등 전문가용 XR 디스플레이 기기(HMD) 'SRH-S1'의 첫선을 보였으며, 공간 콘텐츠 제작을 지원하기 위한 'XYN' 통합 소프트웨어 및 하드웨어 솔루션을 발표했다.

### 1 XYN 통합 솔루션 출시

소니는 공간 콘텐츠 제작을 지원하기 위한 'XYN' 통합 소프트웨어 및 하드웨어 솔루션을 발표했다. 이 통합 솔루션은 이미징, 센싱, 디스플레이 기술을 활용해 실제 공간의 객체, 인간의 동작, 배경을 정확하게 캡처하고 재현할 수 있다.

- **XYN 헤드셋** 4K OLED 마이크로 디스플레이를 탑재한 고성능 XR 헤드마운트 디스플레이로, 3D 모델링을 위한 뛰어난 경험 제공
- **공간 캡처 솔루션** 미러리스 카메라로 촬영한 이미지를 사용해 실제 객체와 공간을 고품질 3D CG 자산으로 변환
- **XYN 모션 스튜디오** 12개의 mocopi 센서 데이터를 통합해 포괄적인 모션 캡처 및 편집 기능 제공

### 2 창작자 중심의 XR 전략

소니는 XYN 라인을 통해 3D 콘텐츠 개발자와 창작자들에게 초점을 맞추고 있다.

- **전문가용 설계** XYN 헤드셋은 일반 소비자가 아닌 3D 개발 분야의 전문가를 위해 특별히 설계
- **편안한 사용성** 장시간 사용을 위해 최적화된 무게 분포와 소재를 적용하여 편안함과 안정성 제공
- **유연한 워크플로우** 플립업 메커니즘을 통해 물리적 공간과 가상 공간 사이를 쉽게 전환할 수 있음

### 3 다양한 산업 분야로의 확장

소니는 XYN 기술을 다양한 산업 분야에 적용하려는 전략을 보여주고 있다.

- **엔터테인먼트 산업** CG 제작, 영화, 게임 등 다양한 창작 분야에서 활용 가능
- **산업용 메타버스** 지멘스와 협력해 산업용 메타버스 분야에 XR 기술을 적용
- **스포츠 엔터테인먼트** NFL과 협력해 2025년에 데뷔할 예정인 코치 헤드셋을 개발하는 등 스포츠 분야에서의 혁신 추구

SECTION 3
Company

## 참가 기업 수는 무엇을 의미하는가?

참여 기업 수에서 한국은 미국, 중국에 이어 3위를 차지했지만, 혁신상 수상 기업 수는 한국이 1위다. CES 2025 혁신상을 받은 전체 292개 기업 중 가장 많은 129개 기업을 배출한 한국은 미국(2위, 60개 사), 중국(3위, 16개 사), 일본(4위, 15개 사) 등을 크게 앞질렀다.

기타
559

대만
173

**CES 2025 국가별 참여 기업 수**

자료 CES 홈페이지(2024년 12월 31일 기준)

# DISCOVER

미래를 발견한 기업들.

SECTION 3　　　　　　　　　　　　　　　　2025 Story

# CES 2025의 세 가지 관전 포인트

지금 인류 기술의 최전선이 모인 CES 2025. 싸움은 더 치열해지고, 정교해지고 더 스마트해졌다.
그 열띤 현장에서 포착한 주목할 이슈들.

CES 2025가 개막한 미국 라스베이거스는 그 어느 때보다 뜨거운 열기로 가득 찼다. 먼저 'AI 시대의 슈퍼스타'라고 불러도 과언이 아닌 젠슨 황 엔비디아 최고경영자(CEO)의 기조연설로 막을 올렸다. 그의 무대를 직접 보기 위해 시작 3시간 전부터 만달레이베이 호텔의 '울트라 아레나'는 입장하려는 사람들로 긴 줄이 형성됐다. 약 2만명이 모여든 행사장은 콘서트장을 방불케 했다.

CES 2025 전시장은 21세기 산업혁명인 'AI 혁명'의 결과물로 가득했다. 기업들은 다양한 산업 영역에서 AI 기술을 접목한 서비스와 제품들을 대거 쏟아냈다. 특히 가전제품 분야에서 'AI홈' 시스템 구축을 완성하고, 올해부터 본격적으로 AI 컴패니언 로봇이 출시 예정 소식을 알리는 등 일상생활 속에서 AI를 직접 느낄 수 있는 엣지 디바이스 시대를 본격화했다.

산업군별로 기업 간의 '영역 싸움'도 한층 치열해졌다. 가장 치열한 경쟁이 벌어진 곳은 가전제품 영역이었다. CES 2025는 단순한 신기술 발표의 장을 넘어 한국과 중국의 가전 대기업들이 첨단 기술력과 글로벌 시장 지배력을 놓고 치열하게 맞붙는 무대로 변했다. 더 이상 '추격자'와

1.
완전한 디지털라이프
세상으로 가는 길을 보여준
CES 2025 현장.

2.3.
LG전자의 인캐빈 센싱 시스템.

4.
현장에서 인기가 많았던
TCL의 반려로봇 Ai Me
이미지가 있는 대형 스크린.

'도망자' 구도가 아니었다. 삼성전자와 LG전자가 이끄는 한국 진영과 하이센스, TCL이 주축인 중국 진영은 각각의 기술과 제품을 앞세워 관람객들의 시선을 사로잡으며 불꽃 튀는 경쟁 구도를 형성했다. CES 2025의 현장을 세 가지 관전포인트로 정리해봤다.

### 관전 포인트 01

## 피부에 와닿은 AI
## AI홈, 미래 생활의 중심으로

삼성전자와 LG전자가 CES 2025에서 선보인 AI홈 기술은 단순히 편리함을 제공하는 것을 넘어, 개인화된 경험과 연결성을 통해 삶의 질을 향상하는데 초점을 맞췄다. 관람객들은 두 기업의 AI 기술이 단순한 제품 수준을 넘어 주거·사무·모빌리티 등 일상 전반에 걸쳐 새로운 가치를 창출하는 모습을 생생히 체험할 수 있었다.

삼성전자는 초개인화와 에너지 효율을, LG전자는 공감지능과 모빌리티 연계를 강조하며 AI홈의 비전을 제시했다. 삼성전자 전시관은 초개인화를 구현하는 다섯 가지 유형의 집을 중심으로 구성되어 AI 기술이 주는 새로운 일상을 선보였다. 집안 곳곳에 설치된 AI센서가 가족의 낙상 여부를 감지하고, 위험 상황이 발생하면 스마트폰으로 알림을 전송하는 기술을 구현했다. 관람객들은 실제로 이러한 AI 기능이 작동하는 모습을 체험했다. 또한 비스포크 AI 콤보 세탁건조기는 옷감의 종류와 세탁량을 스스로 분석해 최적의 운전 모드를 설정한다.

LG전자도 AI홈 시스템을 구축해 가족 구성원 개개인별로 맞춤형 케어를 받을 수 있도록 했다. 집안에 설치된 센서가 가족의 행동과 환경을 실시간으로 감지해 맞춤형 환경을 제공하는 방식이다. 예를 들어, 잠자는 사람의 심박수와 호흡, 기침 등을 분석해 온도와 습도를 자동 조절할 수 있다.

AI홈 기술은 가정이 아닌 차량과 사무실에서도 구현될 수 있도록 했다. 관람객들은 인캐빈 센싱(In-Cabin Sensing) 기술이 탑재된 LG의 콘셉트 차량에 직접 탑승할 수 있었다. 이 기술은 운전자의 시선·표정·심박수를 실시간으로 모니터링해 졸음이나 안전벨트 착용 여부를 감지해 알림을 제공한다. 또한 외국어 표지판을 실시간 번역하는 기능도 공개돼 큰 주목을 받았다.

번뜩이는 아이디어를 갖춘 제품도 눈에 띄었다. 프랑스 기업 위딩스가 선보인 '유 스캔 뉴트리오'는 AI 기반

소변 성분 측정기다. 성인 남성 손 크기의 기기를 변기 안에 설치하면 체내 케톤, 비타민, 수분량 등을 측정해준다. 중국의 전동 칫솔 개발 업체 라이펜은 사용자의 구강 구조 맞춤형 칫솔 '웨이브'를 공개했다. 연동된 앱을 통해 1000가지 이상 맞춤형 칫솔질을 제공한다. 칫솔질과 시간을 잇몸 구조와 치열에 최적화할 수 있는 것이다.

### 관전 포인트 02
### 막 오른 로봇 시대

젠슨 황 CEO는 기조연설에서 "로봇은 차세대 물결"이라고 말했다. 챗GPT로 대변되는 생성형 AI가 빠르게 성능을 높인 만큼, 로봇의 등장 시기도 앞당겨졌다. 인간을 음성으로만 지원하는 AI비서를 넘어 물리적으로도 도와주는 휴머노이드 로봇 등장이 카운트다운을 시작한 것이다. 이번 CES에는 참가하지 않았지만 일론 머스크는 테슬라의 휴머노이드 로봇 '옵티머스' 1000대를 올해 공장 생산라인에 배치하는 등 상용화 원년으로 삼겠다고 밝히기도 했다.

CES 행사장 곳곳에서도 상용화를 앞둔 로봇을 어렵지 않게 찾아볼 수 있었다. 미국 로봇 스타트업 오픈드로이드는 AI 기반 가정용 로봇 'R2D3'를 내놨다. 양팔이 달린 로봇은 물건을 집어 드는 것은 물론 설거지를 하

**다양한 산업 영역에서 AI 기술을 접목한 서비스와 제품이 대거 쏟아졌다.**

**1.** 전시장을 돌아다니며 관람객과 악수를 하던 유니트리의 휴머노이드 로봇 'G1'.
**2.** 참석자가 실제 인간형 듀얼 휴머노이드 로봇팔을 시연하고 있다.

고 빨래도 갠다.

인간과 닮은 휴머노이드 로봇 중에서도 일반 판매를 시작한 제품도 있다. 미국의 로봇 기업 리얼보틱스의 '아리아(Aria)'가 그것이다. 사람과 비슷한 외모는 물론 피부까지도 비슷하게 표현했다. 걷지는 못한다. 아리아는 판매도 한다. 가격은 두상 부분만은 5만달러(7300만원)이고, 전신은 15만달러(2억2000만원)에 달했다.

로봇 부분에서도 중국의 약진이 두드러진다. 젠슨 황 CEO의 기조연설에 등장한 협력 업체의 휴머노이드 로봇 14개 중 6개가 중국 제품이었다. 중국은 성능은 물론 가격 측면에서도 경쟁력을 높이고 있다. 중국 기업 유니트리가 출시한 휴머노이드 G1의 가격은 2000만원대다.

국내 기업들도 휴머노이드 로봇 개발에 속도를 내고 있다. 삼성전자와 LG전자는 이번 CES에서 휴머노이드가 미래 사업 방향이라고 밝혔다. 이를 위해 삼성전자는 최근 로봇 스타트업 레인보우로보틱스의 최대 주주 지위를 확보한 데 이어 한 부회장 직속으로 미래로봇추진단을 신설했다. 현대차는 자회사인 보스턴 다이내믹스의 휴머노이드 로봇 아틀라스를 제조 현장에 투입할 예정이다.

### 관전 포인트 03
### 불꽃 튀는 한·중 가전 전쟁
### 라스베이거스 중심부를 차지한 중국

이번 CES에는 총 1339개의 중국 기

업이 참가하며 미국(1509개)에 이어 두 번째로 큰 참가 규모를 기록했다. 특히 하이센스와 TCL은 삼성전자와 LG전자가 위치한 전시장 인근에 대규모 부스를 설치하며 직접적인 경쟁 구도를 조성했다.

CES 2025의 심장부에 해당하는 미국 라스베이거스컨벤션센터(LVCC) 센트럴의 정중앙 자리를 차지한 기업은 TCL이었다.

삼성전자와 비슷한 규모로 나란히 들어선 TCL 부스 입구인 로봇 모양의 초대형 115인치 퀀텀닷(QD) 미니 LED TV가 버티고 서 있었다. 이 TV엔 프리미엄 AI 프로세서인 AiPQ 프로세서가 들어가 있다. 스포츠, 드라마, 영화 등 장르별로 가장 이상적인 화질을 구현한다.

하이센스와 TCL은 CES 개막 하루 전 프레스 콘퍼런스를 열고 AI 기반의 미니 LED TV와 스마트홈 기술을 전면에 내세웠다. 하이센스는 116형 트라이크로마(Trichroma) LED TV를 통해 밝기와 에너지 효율성을 강조하며, RGB 로컬 디밍 기술로 화질을 혁신했다고 주장했다.

TCL은 QM6K 시리즈를 공개하며 독자적인 QD-미니 LED 기술과 144Hz 주사율, 구글 TV를 결합한 새로운 TV 라인업을 선보였다. 또한, 종이 질감의 디스플레이 패널 NXT 페이퍼 4.0과 이를 적용한 태블릿 및 스마트폰을 공개하며 제품군의 다양성을 과시했다.

## INSIGHT

## 한판 승부, 한국 VS 중국

### 한국과 중국의 기술 대결: AI홈에서 로봇까지

한국의 삼성전자와 LG전자는 AI 홈 생태계 구축과 초개인화된 경험을 강조하며 관람객들의 눈길을 끌었다. AI 기반 스마트홈 기술과 초연결 디바이스를 활용한 솔루션은 관람객들로부터 큰 호응을 얻었다.

반면, 중국 진영은 AI 기술을 강조하기보다는 개별 제품의 기술력을 내세우는 데 집중했다. 하이센스와 TCL은 각각 AI 챗봇 '제미나이'를 탑재한 구글 TV를 발표하며 디지털 동반자 역할을 강조했지만, AI 생태계 자체에 대한 비전은 상대적으로 제한적으로 다뤘다.

눈에 띄는 점은 로봇 기술 경쟁이다. 삼성전자와 LG전자가 지난해 CES에서 선보인 AI 반려로봇의 콘셉트를 중국 기업이 빠르게 따라잡은 모습이 포착됐다. TCL은 AI 로봇 '에이미(AiMe)'를 공개하며, 반려동물처럼 가족과 상호작용하며 집안을 순찰하는 기능을 강조했다.

### 중국의 '자신감'과 한국의 '경계심'

CES 2025에서 하이센스와 TCL은 글로벌 시장에서의 입지를 적극적으로 부각했다. 하이센스는 북미 프리미엄 TV 시장에서 점유율 24%를 기록하며 글로벌 2위에 올랐다는 점을 강조했고, TCL은 98인치 이상의 대형 TV 출하량에서 1위를 차지했다고 밝혔다. 이에 대해 조주완 LG전자 최고경영자(CEO)는 "중국 업체는 폄하할 대상이 아니라 경계해야 할 대상"이라고 말했다.

### AI 가전 전쟁의 승자는

CES 2025는 한국과 중국의 가전 기술력이 정면으로 충돌하는 무대로, 관람객에게는 신기술을 체험하는 기회를, 업계에는 치열한 경쟁 구도를 보여줬다. 중국 기업은 막대한 투자와 빠른 기술 발전으로 글로벌 시장 점유율을 확대하고 있으며, 한국 기업은 AI와 초개인화, 스마트홈 기술로 미래 비전을 제시하며 맞섰다. 전문가들은 "이번 CES는 한국과 중국이 글로벌 가전 시장을 놓고 벌이는 경쟁의 서막에 불과하다"며 "양측 모두 지속적인 기술 혁신과 시장 전략을 통해 새로운 승부를 준비해야 할 것"이라고 전망했다.

SECTION 3  Company 삼성전자

삼성전자 한종희 부회장이 CES 2025 삼성 프레스 콘퍼런스에서 AI에 대해 설명하고 있다.

# Home AI,
# 가정을 넘어 산업으로

01 | 나와 내 가족, 반려동물까지 보살피는 AI
02 | 연결, AI로 진화
03 | 집을 넘어 자동차와 선박, 산업 전반까지

**SAMSUNG**

삼성전자가 CES 2025에서 발표한 AI 기술을 요약하자면 '모두를 위한 AI : 경험과 혁신의 확장'이다. CES에 참가한 삼성전자는 사용자에게 초개인화된 맞춤형 솔루션을 제공하는 '홈AI(Home AI)' 비전을 공개했다. 삼성전자의 홈AI가 가진 특징은 새로운 기술을 집을 넘어 산업과 사회로 확장해 나가겠다는 것이다. 삼성전자만의 차별화된 AI 기술과 스마트싱스를 통한 강화된 연결성을 무기로 빌딩과 차량, 선박 등 B2C는 물론 B2B 시장까지 진출 영역을 확대하겠다는 뜻이다.

### 스마트싱스 연결, AI로 진화

홈AI는 가족 구성원의 일상생활은 물론 업무와 여가 등 다양한 상황과 패턴을 구분하고 이해하는 역할을 한다. 그뿐만 아니라 공간 AI를 통해 집안 사물과 공간까지 분석해 사용자에게 만족도 높은 솔루션을 제안한다. 삼성전자의 '스마트싱스(SmartThings)'를 통한 기기 연결 경험 전반에 AI 기술을 통합해 만든 기능적 진화다.

이를 위해 삼성전자는 공간 AI 기반 '스마트싱스 앰비언트 센싱' 기술을 소개했다. 이 기술을 적용하면 연결된 기기들을 통해 사용자의 기기 사용 패턴뿐 아니라 움직임과 주변 소리까지 감지·분석해 상황에 맞춰 집안 정보 요약, 조치가 필요한 상황 알림, 기기 제어 제안 등을 할 수 있다. 또한 삼성전자는 홈 AI 전반에 AI 음성 비서 '빅스비'를 적용해 사용성을 크게 높일 예정이다. 한층 업그레이드된 AI 음성 비서 빅스비는 가족 구성원의 목소리를 구별할 수 있으며 이를 통해 가족 개개인에게 맞춤형 서비스를 제공한다.

홈 AI를 구현하는 핵심 플랫폼인 스마트싱스는 △구매한 제품을 스마트싱스

### 삼성전자의 스마트싱스 (SmartThings)

스마트 홈을 만들기 위한 사물인터넷 플랫폼. 2014년 IoT 플랫폼 업체 스마트싱스를 인수한 것이 이 서비스의 시초이다. 사물 인터넷 기기를 다양한 종류의 통신 프로토콜을 써서 네트워크를 만들어 내고 클라우드 및 로컬 서버에서 중계하거나 컨트롤하는 방식이다. 사물과 사물, 사물과 사람 사이의 유기적인 명령을 수행하도록 만들어졌다.

에 자동으로 연결해 주는 '캄 온보딩' △스마트싱스에 연동된 삼성 제품이 주변에 있으면 삼성 스마트폰으로 손쉽게 제어할 수 있는 '퀵 리모트' △집안 기기들을 한눈에 모니터링하고 관리할 수 있는 '맵 뷰' 등을 새로 갖췄다. 특히 맵 뷰는 새로운 AI 기술로 한층 개인화된 경험을 제공한다고 회사 측은 설명했다. 예를 들어 집에서 사용하는 가구와 가전제품의 사진을 찍으면 생성형 AI가 3D 모델링을 통해 맵 뷰에 배치해준다. 또 사용자 취향에 맞춘 인테리어 이미지로 스킨을 생성하는 등 맵 뷰를 나만의 맞춤형 공간으로 만들 수 있다.

삼성전자는 홈AI가 적용된 신제품도 대거 내놨다. 우선 TV 전반에 AI 기능을 적용해 사용자의 니즈와 취향, 의도까지 미리 파악해 개인화된 경험을 제공하는 '삼성 비전 AI'를 2025년도 출시하는 TV 신제품부터 처음

1

으로 적용한다.

사용자들은 △시청 중인 콘텐츠에서 한 번의 클릭으로 원하는 정보와 콘텐츠를 찾아 알려주는 '클릭 투 서치' △외국어 콘텐츠의 자막을 실시간으로 한국어로 바꿔 제공하는 '실시간 번역' △사용자의 취향과 선호도를 반영해 이미지를 만들어주는 '생성형 배경 화면' 등 '삼성 비전 AI'가 제공하는 다양한 맞춤형 기능을 활용할 수 있다. 또한 삼성전자는 라이프스타일 TV '더프레임'에서 시작된 예술 작품 구독 서비스인 '삼성 아트 스토어' 기능을 올해 네오 QLED와 QLED 모델로 확대 적용한다. 이를 통해 더 많은 사용자가 스크린을 통해 집안에서 '오르세 미술관', '뉴욕현대미술관', '아트 바젤' 등과 같은 권위 있는 기관들의 3000여개 이상의 예술 작품을 감상할 수 있다.

삼성전자는 터치형 스크린을 탑재해 연결성과 편의성을 높인 다양한 스크린 가전 신제품도 내놨다. 사용자는 스크린 가전을 통해 집안에 연결된 기기들을 한눈에 보며 제어할 수 있을 뿐 아니라, 영상·음악을 감상하고 전화를 받는 등 다양한 일상 속편의 기능을 즐길 수 있다.

특히 9형 터치스크린을 탑재한 비스포크 냉장고 신제품 '비스포크 AI 하이브리드'는 냉장고 속 식자재를 자동 인식해 푸드 리스트를 만들어주는 'AI 비전 인사이드' 기능을 탑재했다. 또한 미국 온라인 식료품 배송업체 '인스타카트(Instacart)'와 협업해 냉장고에 탑재된 스크린을 통해 부족한 식자재를 즉시 구매할 수 있는 서비스를 2025년 내 미국 시장에 도입한다.

더불어 옷감에 맞춰 세탁·건조 사이클을 알아서 설정해주고 세탁물 이동 없이 세탁부터 건조까지 한 번에 끝낼 수 있는 일체형 세탁건조기 '비스포크 AI 콤보', 퇴근 전 알아서 바닥 청소와 물걸레 청소까지 대신해주는 '비스포크 AI 스팀' 등도 소개했다.

삼성전자는 '갤럭시 AI'와 마이크로소프트의 '코파일럿+ PC' 기능을 모두 탑재한 '갤럭시 북5 프로·북360'도 소개했다. '갤럭시 북 5 Pro·북360'은 화면 속 이미지나 텍스트를 쉽고 빠르게 검색할 수 있는 'AI 셀렉트' 기능과 오래되거나 화질이 낮은 사진을 선명하게 보정하는 '사진 리마스터' 등 기능을 갖췄다. 가족의 건강 관리를 돕는 '삼성 헬스'도 소개했다. 한층 진화된 '삼성 헬스'는 갤럭시 링·워치 등 개인 웨어러블 기기를 통해 수집된 건강 지표를 AI 기술로 분석하고 수면과 식

**1.**
관람객들이 '새로운 경험을 보여주는 집'의 아트 TV 리더십을 체험하고 있다.

**2.**
AI 기술로 반려동물 케어는 물론, '3D 펫'을 생성해 프로필로 설정할 수도 있다.

**3.**
삼성전자 전시관.

이 조절 등 맞춤형 관리할 수 있도록 돕는다. 부모님, 어린 자녀, 반려동물 등을 대상으로 고도화된 케어 서비스도 구현할 수 있다. 스마트싱스와 연동된 재실 센서를 통해 부모님의 낙상 여부를 감지할 수 있다. 가족의 스마트폰·TV 또는 패밀리허브 냉장고로 알림을 보내 위험 상황에 신속하게 대처할 수 있도록 하는 것도 가능해진다. 스마트싱스 기반 펫 케어 서비스는 AI 기술로 반려동물의 품종을 자동으로 인식하고 '3D 펫'을 생성해 프로필로 설정할 수도 있다.

초연결·초개인화된 홈 AI에 필수요건 중 하나는 보안이다. 이에 삼성전자는 보안 솔루션 '삼성 녹스'를 기반으로 한 보안 기술을 소개했다. 삼성전자는 블록체인 기술을 통해 서로 연결된 기기들이 보안 위협으로부터 집과 개인 데이터는 물론 서로를 보호하도록 하는 '삼성 녹스 매트릭스'를 모바일과 TV는 물론 와이파이가 탑재된 가전 전제품으로 확대했다.

또 녹스 매트릭스에 연결된 기기들을 한눈에 보여주는 '녹스 매트릭스 대시보드'와 PIN·비밀번호·생체정보 등 사용자의 민감정보를 별도 보안 칩에 저장해 더욱 강력하게 보호하는 '삼성 녹스 볼트'도 모바일과 TV는 물론 패밀리허브 신제품 등 일부 가전으로까지 늘렸다.

## 집을 넘어 자동차와 선박, 산업 전반까지

삼성전자의 홈 AI 전략은 집에서 그치지 않고 자동차, 선박까지 산업 전반으로 확장한

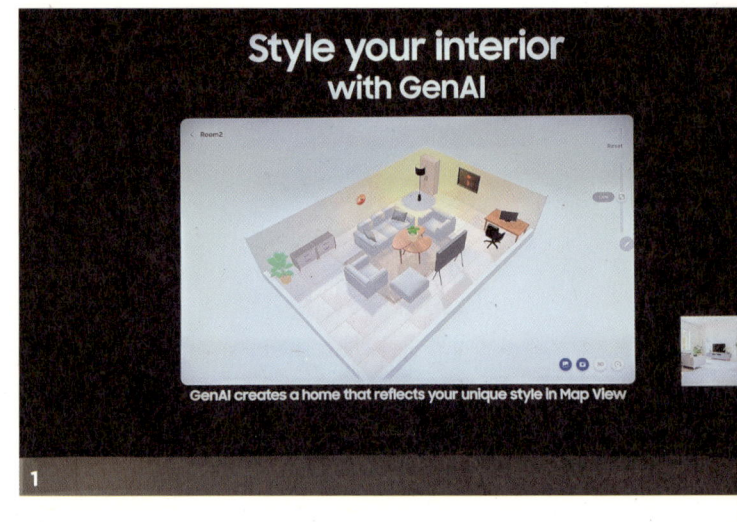

1. 사진을 찍으며 사용자의 공간을 맞춤형으로 만들 수 있는 생성형 AI.
2. 삼성중공업과 협업한 스마트싱스 선박.
3. '차량용 스마트싱스'는 차량 인포테인먼트 시스템으로 집안의 가전기기를 원격으로 컨트롤할 수 있다.

다. 스마트싱스 프로는 집을 벗어난 공간인 아파트·매장·오피스·호텔 등에 적용할 수 있는 기업형 비즈니스 솔루션을 제공한다. 매장의 경우 점주가 미리 설정한 자율 운영 로직에 따라 자동으로 영업 준비를 할 수 있다. 영업 중에는 최적화된 온도와 조도도 AI가 자동으로 맞춰준다. 전기에너지 소비 패턴을 분석해 전기 요금 절감도 가능하다. 오피스의 경우 안면인식 출입 인증 및 예약·초대 등 디지털 작업도 할 수 있다. 호텔에 적용할 때 투숙객들은 객실에 머무르는 동안 목적에 따라 호텔 방의 조명·난방 등이 세팅할 수도 있다.

삼성전자는 스마트싱스의 높은 잠재력을 강조하며, 삼성중공업과 현대차그룹 등 다양한 파트너들과의 협업 사례도 소개했다. 특히 이번 CES에선 삼성중공업과 협업해 '선박용 스마트싱스'를 적용한 선박 솔루션을 최초 공개했다. '선박용 스마트싱스'에서는 선원들이 선박 운영 시스템을 한눈에 확인하고 관리할 수 있으며 효율적인 에너지 사용을 위

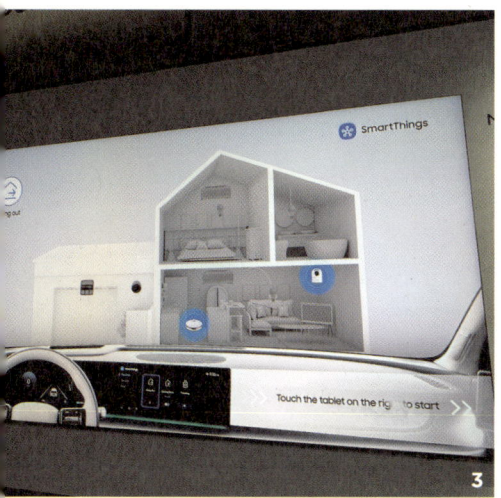

한 에너지 통합 관리를 수월하게 할 수 있다. 비정상 활동 지속 모니터링 등 선박 내 환경도 안전하고 효율적으로 관리할 수 있다.

또 현대차그룹과 협력한 '차량용 스마트싱스'도 공개했다. '차량용 스마트싱스'는 차량의 위치를 찾는 '스마트싱스 파인드' 기능을 제공해 차량 탑승 전 차량 상태 확인 및 원격 제어할 수 있다.

더불어 차량 인포테인먼트 시스템으로 집안의 가전기기를 원격으로 컨트롤하고 가정용 카메라의 모션 감지 기능으로 실시간으로 영상을 확인할 수도 있다.

끝으로 삼성전자는 자회사 하만의 서비스도 언급했다. 이 서비스는 운전자에게 맞춤형 서비스와 안전한 차량 경험을 하는 데 중점을 둔다. 운전자가 도로에 집중할 수 있도록 돕는 '레디 케어' 솔루션과 '레디 비전' 그리고 운전자가 차량과 보다 친근하게 소통할 수 있도록 돕는 차량 내 아바타 '레디 인게이지'까지 이번 CES 2025에서 처음으로 공개했다.

## INSIGHT

### 삼성전자 한종희 부회장 기자간담회
### 로봇과 AI로 새로운 혁신, '세상에 없는' 제품 하반기 공개

삼성전자는 올해 초 국내 최초 2족 보행 로봇 '휴보'를 개발한 레인보우로보틱스의 지분을 35%로 확대해 최대 주주 지위를 확보했다. 또 미래로봇추진단을 신설해 휴머노이드와 차세대 로봇 기술 개발에 힘을 줬다. 한 부회장은 "삼성전자가 로봇 분야에 대해 빠르다고 볼 수는 없지만 투자해서 기술력을 확보하려고 노력하고 있다"고 말했다. 더불어 젠슨 황 엔비디아 최고경영자(CEO)가 '로봇의 챗GPT 모멘트(변곡점)'를 언급한 기조연설과 관련해. "휴머노이드 로봇 개발이 빨라질 것 같다"며 "삼성전자도 휴머노이드까지 같이 간다"고 덧붙였다.

이 자리에서 한 부회장은 AI컴패니언 로봇 '볼리'를 한국과 미국에서 5~6월 중에 출시할 예정이라고 밝혔다. 그러면서 중국 TCL 등이 볼리와 비슷한 AI 로봇을 내놓은 것에 대해서는 "우리가 가는 방향이 맞다는 것을 보여주는 사례"라며 "볼리 2, 3세대가 더 진화해 빠른 속도로 나아지는 모습을 보여주며 앞서가겠다"라고 말했다.

인수·합병(M&A)에 대해서는 "특히 AI와 로봇, 메디텍, 공조 쪽은 꾸준하게 M&A를 하려고 많은 부분을 검토하고 있다"며 "미래성장동력에 대해서는 지금도 계속 투자하고 있다"고 설명했다. 삼성전자는 지난해 '지식 그래프' 기술을 보유한 옥스퍼드 시멘틱 테크놀로지스와 초음파 AI 의료기기 스타트업 소니오를 인수했다. 미국의 DNA 분석 장비 기업 엘리먼트 바이오사이언스에 대한 지분 투자도 했다.

트럼프 2기에서 강화될 것으로 예상되는 관세 부담을 묻자 "공장을 꽤 많이 갖고 있어서 그쪽으로 대응하려고 한다"며 "글로벌 공급망이 잘 돼 있기 때문에 거기에 AI 기술을 접목하고 혁신시켜서 빠르게 하면 큰 무리가 없을 것으로 생각한다"고 답했다.

한 부회장은 홈AI의 궁극적인 방향에 대해 "일일이 설정하지 않아도 연결된 기기들이 상황에 맞는 기능을 수행해 시간과 에너지를 아껴주고, 나와 내 가족, 반려동물까지 세심히 케어해 주는 것을 추구한다"고 설명했다. 이어 "홈 AI는 거주하는 집을 넘어 이동 수단, 사무공간, 상업시설 등 어디를 가더라도 내 집 같은 편안한 환경을 만들어 가고자 한다"고 언급했다.

스마트싱스로 연결된 제품은 업계 최고 수준의 다중 보안 시스템인 '녹스 매트릭스'와 '녹스 볼트'로 보호된다.

SECTION 3 — Company LG전자

# '공감 지능' AI, 개인의 삶에 파고들다

많은 관람객이 들어찬 CES 2025 LVCC 센트럴 내 LG전자 부스.

| 01 | AI, 사람과 더 가까이 |
| 02 | 홈 AI의 완성, 모빌리티로 확장 |
| 03 | MS와 함께 미래 만든다 |

AI홈 허브가 집안 곳곳에 설치된 센서로 잠자는 고객의 심박수와 호흡, 기침 등을 분석해 집 안 온도와 습도를 자동으로 조절한다. 거실에 있는 TV는 사용자의 목소리를 식별해 해당 고객에게 맞춘 콘텐츠를 제공한다. 이는 LG전자가 그린 AI가 일상화된 모습이다. 영화에서 본 듯한 이 장면은 이제 현실 속에서 가능하게 됐다. AI를 중심으로 가정·차량·오피스까지 통합제어가 가능한 수준까지 기술력이 발전한 것이다. LG전자는 CES 2025에서 이런 역할을 담당할 새로운 AI 플랫폼 '퓨론(Furon)'을 공개했다. 이와 함께 초개인화 기술을 중심으로 한 AI 기반 라이프스타일 비전을 제시했다.

### 사람과 더 가까워지는 AI

퓨론은 스마트홈 플랫폼 'LG 씽큐(ThinQ)'에 대규모언어모델(LLM)을 결합해 AI홈의 두뇌 역할을 하는 소프트웨어다. 사용자의 일상 패턴과 선호도를 학습해 총체적인 경험을 제공한다. 초개인화 AI기술이 다양한 기기와 결합해 보다 효율적이고 편리한 일상을 즐길 수 있다.

LG전자는 지난해 CES에서 '인공지능(Artificial Intelligence)'을 '공감 지능(Affectionate Intelligence)'으로 재정의해 제시했다. 여기에는 AI가 고객을 더 배려하고 살펴서 총체적인 경험을 제공한다는 의미를 담고 있다. 그리고 올해에는 고객의 다양한 공간과 경험을 연결 및 확장하며 일상을 변화시키는 구체적인 모습을 선보였다.

퓨론은 집뿐만 아니라 차량, 상업 공간 등 다양한 환경에서 활용할 수 있다. 사용자의 현재 상태와 필요를 실시간으로 분석해 맞춤형 서비스를 제공하는 것이 특징이다. 예를 들어 차량 내에서는 AI가 운전자와 대화하며 교통 상황을 분석하거나 커피와 음악을 추천하는 시나리오를 통해 공감 지능을 실현한다. 이러한 공감 지능을 바탕으로 사용자의

**퓨론 (Furon)**

AI를 중심으로 가정, 차량, 오피스까지 통합제어가 가능한 수준의 기술력을 가진 LG전자의 AI 플랫폼. LG 씽큐(ThinQ)에 대규모언어모델(LLM)을 결합해 AI 홈의 두뇌 역할을 하는 소프트웨어다.

요구를 선제적으로 파악하고 보다 인간적인 경험을 제공한다.

LG전자는 이런 유연한 기술을 통해 AI 기술이 단순히 도구를 넘어 사용자의 삶에 더 큰 가치를 제공하도록 설계했다. 예를 들어 상업용 공간에서 AI가 방문객의 동선을 분석하고 맞춤형 환경을 제공하고, 의료기관에서는 환자의 상태를 지속해서 모니터링해 최적의 치료환경을 제안할 수 있다. 이런 기술은 다양한 산업 분야로 확장되어 LG전자의 AI 기술력이 사회적 가치로 연결될 수 있음을 보여준다.

AI가 초개인화할수록 개개인의 프라이버시 침해 논란이 나타날 수 있기 때문에 퓨론의 데이터 보안에도 힘을 줬다. LG전자는 퓨론에서 수집된 데이터를 독자적인 보안 시스템인 'LG 쉴드'로 안전하게 보호한다고 강조했다. 특히 퓨론은 각 기기와 사용자 간의 데이

터를 분리 관리한다. 이는 사용자의 프라이버시를 최우선으로 고려한 설계다.

## 홈 AI의 완성, 모빌리티로 확장

AI홈의 핵심인 '씽큐 온(ThinQ ON)'은 LG전자의 스마트홈 솔루션이다. 온디바이스 AI를 활용해 사용자와의 상호작용을 강화한 것이 특징이다. 이 기술은 IoT 기기, 가전제품, 에너지 관리 시스템 등을 통합해 집 안의 모든 기기를 자동화하고 사용자의 생활패턴에 따른 맞춤형 제어를 제공한다.

특히 이번 전시에 소개된 투명 올레드 디스플레이를 적용한 스마트 인스타뷰 냉장고의 경우 씽큐 온과 연동돼 사용자가 문을 열지 않고도 냉장고 내부를 확인하거나 AI를 통해 보관 중인 식재료로 추천 요리를 제안받을 수 있다. 냉장고 외에도 에어컨·세탁기·공기청정기 등 다양한 가전제품이 씽큐 온과 연결돼 집안 전체를 통합 관리할 수 있다. 씽큐 온은 단순한 제어를 넘어 사용자의 건강 상태, 환경 조건 등을 분석해 선제적인 서비스를 제공한다. 예를 들어 사용자가 잠이 부족하다고 판단되면 집안의 조명을 조정하거나 차분한 음악을 재생해 숙면을 돕는 방식이다. 또 AI가 사용자의 심박수와 스트레스 상태를 분석해 개인 맞춤형 휴식 프로그램을 추천하기도 한다.

씽큐 온은 단순한 스마트홈 솔루션을 넘어 개인화된 헬스케어와 가정의 안전성을 강화하는 방향으로 그 역할이 커지고 있다. 화재나 가스 누출 같은 위험 상황을 실시간으로 감지하고, 사용자에게 즉각적인 알림을 보내는 안전 관리 시스템도 포함된다. AI가 단순히 편리함을 제공하는 것을 넘어 사용자의 생명을 보호하고 일상의 안정을 지킬 수 있는 역할도 한다는 것이다. 더불어 에너지 관리에도 중요한 역할을 한다. 집안의 에너지 소비를 실시간으로 모니터링하며, 불필요한 에너지 낭비를 줄이고 효율적인 전력 사용을 가능하게 한다.

LG전자는 모빌리티를 이동 수단이 아닌 일종의 생활공간으로 보고, 관련 기술을 개발해 공개했다. LG전자의 가전과 AI 홈 허브인 LG 씽큐 온을 활용해 조성한 콘셉트 차량에서 집처럼 편안하면서도 쾌적한 공간을 경험할 수 있게 한다. 차량 내에서도 거실, 드레스룸, 침실, 주방 등에 있는 가전들을 하나하나 모듈처럼 고객의 취향에 맞춰 조합하면 집처럼 편안하게 휴식을 취하거나 업무 공간으로 활용할 수 있다. 씽큐 온은 차내 환경을 실시간으로 모니터링하고 탑승객과 대화하며 일정 관리, 날씨·교통 정보를 제공한다. 또한 △음식 주문 △세탁 △레스토랑 예약 등도 도와준다.

1. AI 기능이 연결된 LG AI 홈 가상 모습.
2. 투명 올레드 디스플레이를 적용한 스마트 인스타뷰 냉장고.
3. LG전자의 가전과 AI홈 허브인 LG 씽큐 온을 활용해 조성한 콘셉트 차량.

**LG전자 전체 매출에서 B2B가 차지하는 비중**
단위 %

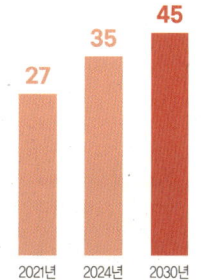

| 2021년 | 2024년 | 2030년 |
|---|---|---|
| 27 | 35 | 45 |

## LG전자가 AI로 그리는 미래

LG전자는 이번 CES 2025에서 마이크로소프트(MS)와의 전략적 파트너십도 발표했다. LG전자가 집, 차량, 상업용 공간 등 다양한 공간에서 보유한 제품과 얽게 되는 고객 인사이트에 MS의 AI 기술을 결합해 공감 지능 통합 서비스를 구현하며 혁신을 주도하겠다는 전략이다. 저드슨 알소프 마이크로소프트 수석 부사장 겸 최고상업책임자(CCO)는 "LG전자와 단순한 기술 협업을 넘어 더 나은 삶을 위한 혁신적인 경험을 만들 것"이라고 말했다.

두 회사는 집 안에서부터 차량, 호텔, 사무실 등에 이르는 다양한 공간에 활용되는 AI 에이전트 개발 및 고도화에 협력하기로 했다. LG전자는 이동형 AI 홈 허브가 사용자와 원활하게 소통할 수 있도록 MS의 음성 인식 및 음성합성 기술을 적용해왔다. 앞으로는 MS와 사용자의 필요와 선호도까지 예측하는 AI에이전트를 개발한다는 계획이다.

## LG전자의 '가전 구독' 서비스

LG전자의 가전 구독은 통상 3~6년 등 사용 기간을 선택할 수 있다. 고객의 상황에 맞게 기간을 선택하고 다달이 월 '구독료'를 지불하면 된다. 또한 사용기간에 따라 해당 가전을 소유할지, 반납 혹은 재구독할지 선택할 수 있다. 초기 비용이 적게 든다는 것이 일반 가전 구매와 다른 특징이다.

LG전자의 공감 지능에 대해 설명하는 조주완 CEO.

LG전자의 CES 2025 행사장에는 세계적인 힙합 그룹 블랙 아이드 피스 멤버인 윌아이엠이 깜짝 등장했다. 윌아이엠은 LG전자의 무선 오디오 브랜드 'LG 엑스붐(XBOOM)'과 협업한 AI 기반 음향 기술을 소개해 관람객의 큰 호응을 받았다.

LG전자는 이번 행사를 통해 B2C뿐 아니라 B2B 영역에서도 AI를 기반으로 변화를 주도하고 있다고 강조했다. AI 가전, 냉난방공조(HVAC) 등 기술이 집결된 소형 모듈러 주택 '스마트코티지'를 내놓고, 자동차를 소프트웨어 중심 차량(SDV) 솔루션 기반의 '바퀴 달린 생활공간'으로 정의하고 AI 기술을 적용해 운전자에게 새로운 모빌리티 경험을 제공하는 등이 이에 해당한다. 60년 이상 축적해 온 제조 역량을 기반으로 하는 스마트팩토리 사업에서 AI와 로봇 기술을 활용해 다양한 산업 분야에서 차세대 제조 솔루션을 제공하고 있다. AI 기반 열 관리 시스템 및 칠러 기술은 AI 데이터센터의 에너지 효율을 최적화하는 데 활용된다.

## INSIGHT

### LG전자 조주완 CEO 기자간담회
### "구독사업 3배, B2B 비중 45%까지 확대한다"

LG전자 조주완 최고경영자(CEO)는 미국 라스베이거스에서 열린 CES 행사장에서 "변화의 가운데서도 변하지 않을 차별적 고객가치를 중심에 두고 사업 전반에서 지속적인 성장의 기회를 만들어 갈 것"이라고 인사의 포문을 열었다.

조 CEO는 미국 트럼프 2기 출범, TCL·하이센스 등 중국 기업과의 점유율 경쟁 등 글로벌 시장과 경쟁환경을 경영활동의 상수로 두고 실행 전략을 정교화하는데 주력하고 있다. 사업의 구조적 경쟁력을 확보하고 질적 성장에 속도를 내겠다는 것이다. 그는 "가전 구독이나 웹 OS 광고·콘텐츠 사업과 같이 시장·고객 수요 변화에 대응하는 사업방식의 변화와 사업모델 혁신이 일정 부분 성과를 만들어 내는 점은 긍정적"이라면서도 "전에 없던 시장과 경쟁환경의 불확실성이 지속되는 점을 감안할 때 이제는 전과는 다른 차원의 고민과 치열하고 정교한 실행 전략이 필요한 상황"이라고 말했다.

**스마트라이프 솔루션 기업으로 진화**

LG전자가 추진 중인 2030 미래비전은 가전 중심으로 혁신을 이어온 기존 사업을 모빌리티, 상업용 공간 등으로 확대하겠다는 청사진을 담고 있다. 수십여 년간 쌓아온 고객에 대한 이해와 노하우, 기술 역량을 계승해 고객의 다양한 경험을 연결, 확장하는 스마트라이프 솔루션 기업으로 거듭나겠다는 것이 골자다. 이를 위해 LG전자는 사업 잠재력 극대화, 플랫폼 기반 서비스사업 확대, B2B 사업 가속화, 신성장동력 조기 전력화 등을 추진하고 있다.

이 과정에서 LG전자의 구독사업과 온라인브랜드숍 등은 주력사업의 한계 돌파 원동력으로 자리매김했다. 구독 사업은 제품과 서비스를 결합해 가격 위주이던 기존 경쟁 구도를 탈피해 사업의 패러다임 전환을 주도하고 있다. 고객은 초기 구매 부담을 낮추고, 생활 패턴에 맞춰 원하는 기간만큼 제품을 사용하고 사용 기간 제품에 최적화된 케어 서비스 등을 받아볼 수 있다. 구독 기간 유지되는 무상서비스도 장점이다. LG전자는 제품을 판매한 이후에도 고객과의 접점을 유지하며, 제품 매출 외에도 추가적인 서비스 수익을 지속해서 만들 수 있다.

LG전자는 구독 사업의 핵심인 방문 케어 서비스의 전문성을 높이고 판매 채널을 다변화하며 경쟁 우위를 공고히 한다. LG전자의 장점인 케어 매니저는 4000~5000명 규모다. 올해부터는 말레이시아, 태국, 대만에 이어 인도, 싱가포르, 홍콩 등 해외 시장 저변 또한 본격 확대한다.

구독 사업은 다변화되는 고객의 니즈를 충족시키며 고속 성장하고 있다. 지난해 구독 사업 매출액은 직전년도 대비 75% 이상 성장해 2조 원에 육박했다. 당초 계획했던 1조8000억 원을 훌쩍 넘겼다. LG전자는 2030년까지 구독 사업 매출을 지난해의 3배 이상 규모로 키우고, 조 단위 매출액 규모의 유니콘 사업 위상을 넘어 스타 사업으로 육성한다는 목표를 세웠다.

데이터 기반 맞춤형 마케팅을 기반으로 하는 온라인브랜드숍도 빠르게 성장 중이다. 블랙프라이데이 기간이 있던 지난해 11월 LG전자 온라인브랜드숍은 매출은 전년 동기 대비 80% 이상 늘어 역대 최대치를 경신하기도 했다.

고수익 사업으로의 체질 개선에 기여하고 있는 플랫폼 기반 서비스사업은 오는 2030년까지 매출액 규모를 현재의 5배 이상으로 늘리고, 전사 영업이익의 20%를 담당하는 핵심 사업모델로의 육성을 목표로 한다. 플랫폼 기반 서비스사업은 전 세계에 판매된 수억 원대 제품을 플랫폼으로 활용해 고객에게 콘텐츠, 광고, 서비스 등을 제공하며 수익을 창출하는 모델을 의미한다. 스마트 TV 운영체제 웹 OS를 기반으로 하는 광고·콘텐츠사업이 대표적이다.

B2B 사업 가속화 차원에서는 전장 사업에 이어 AI 시대 고속 성장이 전망되는 냉난방공조(HVAC) 사업에 본격 드라이브를 건다. HVAC 사업 가속화를 위해 전담 ES(에코 솔루션) 사업본부가 새롭게 출범했다. HVAC 사업은 전장, 스마트팩토리 등과 더불어 B2B 사업 가속화의 한 축을 맡게 된다. 오는 2030년 전체 매출에서 B2B가 차지하는 비중을 45% 수준까지 높일 계획이다.

SECTION 3  Company SK그룹

CES 2025에서 SKC가 선보인 반도체 유리기판 실물이 전시된 모습.

# SK의 청사진 'AX 시대의 주역'

01 | 엔비디아 핵심부품 HBM 공급
02 | 'AI칩 게임체인저' SKC의 유리기판 전시
03 | AI에이전트 '에스터(Aster)' 서비스 공개

SK하이닉스, SK텔레콤, SKC, SK엔무브 등 4개 관계사가 자리한 공동 전시관은 행사 기간 내내 글로벌 AI 업계의 시선을 끌었다. AI 산업 혁명의 최대 수혜주인 엔비디아에 핵심부품인 고대역폭메모리(HBM)를 공급하고 있는 SK하이닉스의 유명세가 한몫했다. 이와 함께 'AI칩의 게임체인저'로 주목받고 있는 유리기판을 내놓은 SKC까지 카메라 세례를 받았다. 5세대 HBM과 함께 'AI칩의 미래'인 유리기판까지 들고나온 SK그룹은 CES 2025에서 단연 돋보인 기업 중 하나였다.

### 'HBM No. 1' 굳히기 나선 SK하이닉스

SK하이닉스는 CES 2025에서 '풀 스택 AI 메모리 프로바이더'(전방위 AI 메모리 공급자)로서의 면모를 알리는 데 힘을 줬다. 전시장에 곽노정 대표이사 사장(CEO)과 함께 김주선 AI인프라 사장(CMO), 안현 개발총괄 사장(CDO) 등 주요 경영진이 모두 나섰다. 김주선 CMO는 "HBM, 기업용SSD(eSSD)

# SECTION 3                    Company  SK그룹

등 AI 메모리 대표 제품을 비롯해 온디바이스 AI에 최적화된 솔루션과 차세대 AI 메모리를 폭넓게 선보였다"며 "미래를 준비하는 기술 경쟁력을 알리겠다"고 밝혔다.

SK하이닉스는 지난해 11월 개발을 공식화한 5세대 HBM(HBM3E) 16단 제품 샘플을 전시했다. 어드밴스드 매스 리플로우 몰디드 언더필(MR-MUF) 공정을 적용해 업계 최고층인 16단을 구현하면서도 칩의 휨 현상을 제어하고 방열 성능을 극대화했다.

MR-MUF 공정은 반도체 칩을 쌓아 올린 뒤 칩과 칩 사이 회로를 보호하기 위해 액체 형태의 보호재를 공간 사이에 주입하고 굳힌 것을 말한다. SK하이닉스가 이번에 HBM3E 16단의 실물을 공개한 것을 두고 AI 메모리 1위 위상 굳히기에 나섰다는 해석이 나온다. 추

## HBM3E

SK하이닉스가 선보인 5세대 HBM. 업계 최고층인 16단을 구현하면서 칩의 휨 현상을 제어하고 방열 성능을 극대화했다. SK하이닉스는 HBM3E 실물 전시를 통해 AI 메모리 분야에서 경쟁사보다 기술적 우위에 있음을 강조했다.

론을 위한 AI 가속기 시장이 커질 것으로 예상되는 가운데, 경쟁사보다 기술적 우위에 있음을 재차 강조한 것이다. 곽노정 CEO는 "올해 하반기 6세대 HBM(HBM4)을 양산해 고객의 다양한 요구에 부합하는 맞춤형 HBM 시장을 선도하겠다"고 말했다.

AI 데이터센터 공급이 늘면서 수요가 급증하고 있는 고용량·고성능 기업용 SSD 제품도 전시했다. SK하이닉스의 자회사 솔리다임은 지난해 11월 개발한 'D5-P5336' 122TB(테라바이트) 제품을 내놨다. D5-P5336은 현존하는 최대 용량에 높은 전력, 공간 효율성까지 갖춘 제품이라고 회사 측은 설명했다. SK하이닉스가 같은 해 12월 개발한 QLC 기반 61TB 제품도 선보였다.

PC나 스마트폰 같은 제품에서 AI를 구현하

는 데 필요한 온디바이스 AI용 제품도 등장했다. LPDDR5X 기반의 모듈 솔루션 제품인 'LPCAMM2', 플래시 메모리 제품인 UFS의 데이터 관리 효율을 향상한 'ZUFS 4.0' 등을 전시했다. 또 차세대 데이터센터 핵심 인프라로 주목받고 있는 컴퓨터 익스프레스 링크(CXL), 지능형 반도체(PIM), 이를 각각 적용해 모듈화한 CMM(CXL Memory Module)-Ax와 AiMX를 함께 선보였다.

### '꿈의 기판'이 온다

SKC의 유리기판도 큰 관심을 모았다. 최태원 SK그룹 회장이 행사 기간 중 SK그룹 부스에서 유리기판 모형을 들어 올리며 "방금 팔고 왔다"고 밝히면서다. 유리기판은 기존 기판 대비 데이터 처리 속도가 40% 빨라지고, 전

**1.**
CES 2025 SK 전시관을 방문하여 둘러보는 최태원 SK그룹 회장.

**2.**
반도체 유리기판 실물이 전시된 SK하이닉스 전시관.

**3.4.**
SK하이닉스의 5세대 HBM(HBM3E) 16단 제품 샘플.

력 소비와 패키지 두께는 절반에 불과해 '꿈의 기판'으로도 불린다. 고성능 반도체 제조를 위한 차세대 핵심부품으로 꼽힌다.

SKC는 그룹 공동 전시관 내 AI DC(AI 데이터센터) 구역에서 유리기판을 실물 전시했다. 유리기판은 SKC의 유리기판 전문 계열사 앱솔릭스가 개발했다. 앱솔릭스는 2021년 유리기판 사업을 위해 SKC가 미국 장비업체 AMAT와 합작해 세운 회사다. 이 회사는 지난해 상반기 미국 조지아주에 세계 최초의 유리기판 양산 공장을 준공했다. 올해 본격적인 생산을 시작하기에 앞서 고객사 인증을 진행하고 있다. 다만 업계에선 유리기판의 상용화까진 아직 상당한 시간이 걸릴 것으로 보고 있다.

### AI에이전트로 일상 관리

SK그룹은 갈수록 초개인화하는 AI 흐름에 맞춰 개인 AI에이전트(PAA) '에스터(Aster)'

SECTION 3　　　　　　　　　　　　Company  SK그룹

의 구체적인 서비스를 공개했다. SK텔레콤이 북미 시장을 겨냥한 에스터를 미국 현지에서 소개한 건 처음이다. 이 회사는 지난해 11월 한국서 열린 'SK AI 서밋'에서 에스터 개발을 최초로 밝힌 바 있다.

에스터는 현대인의 바쁜 일상을 효율적으로 관리하는 AI에이전트다. 계획에서 실행까지 완결적으로 수행하며, 개인 맞춤 제안과 리마인드 기능을 통해 사용자가 더 가치 있는 일에 집중할 수 있게 돕는다.

에스터는 크게 계획·실행·상기·조언 등 네 가지 기능을 구현할 예정이다. 우선 이용자의 모호하거나 복잡한 요구에도 자연스러운 대화를 통해 정확한 의도를 파악하고 실행할 수 있는 계획을 단계적으로 세워준다. 예를 들어 라스베이거스에 출장을 온 사람이 '마지막 날 아무런 계획이 없는데 뭘 해야 할

### PAA
**Personal AI Agent**

이용자의 행동, 감성, 선호도를 분석하여 생활을 효율적이고 편리하게 관리하는 AI 개인 비서 서비스를 말한다. SK텔레콤이 북미 시장을 겨냥해 선보인 서비스 '에스터'가 바로 PAA다. 일정을 관리하는 것뿐만 아니라 능동적이고 적절한 제안으로 이용자의 삶을 풍요롭게 하는 것이 목표다.

까?'라고 물으면 에스터는 쇼핑과 맛집 방문, 공연 관람 등 제안을 통해 이용자 수요를 파악하고 그에 적절한 계획을 세워준다. 이용자가 공연 관람을 원할 경우 적합한 공연을 추천하고 공연 장소 주변의 식당과 교통편까지 상세히 소개한다.

에스터는 각 일정에 대한 리뷰 확인과 예약, 결제까지 한 번에 실행하도록 도와준다. 이

**1.** CES 2025에서 유영상 SK텔레콤 CEO가 에스터를 소개하고 있다.

**2.3.** SK텔레콤이 선보인 AI에이전트 에스터. 현대인의 바쁜 일상을 효율적으로 관리하는 에스터는 출장지에서 쇼핑과 맛집, 공연 관람 등에 관한 이용자의 수요를 파악하고 적절한 계획까지 세워 준다.

를 위해 다양한 서드파티(제3자) 에이전트와의 협력을 강화한다는 것이 SK텔레콤의 구상이다. 예정된 계획 상황을 다양한 형태로 알림으로써 이용자가 일정을 놓치지 않게 하며, 능동적이고 적절한 제안으로 이용자의 삶을 풍요롭게 하는 것도 에스터에 기대하는 역할이다.

SK텔레콤 측은 "이용자와 AI에이전트 간 소통을 통해 해답을 찾아가는 에스터의 서비스 형태가 다른 AI 서비스들과 가장 큰 차별점"이라고 설명했다.

SK텔레콤은 에스터를 통한 AI 생태계의 확장에도 주목하고 있다. 대규모 AI 서비스 수요가 필요한 빅테크, 합리적 가격의 AI 서비스 공급을 원하는 텔코(통신사), 새로운 비즈니스 기회를 만들려는 서드파티 개발사들이 에스터라는 'AI 허브'에서 공존을 모색할 수 있다는 것이다. 대표적으로 SK텔레콤은 생성형 AI 기반의 대화형 검색 서비스 '퍼플렉시티'를 에스터에 탑재하는 등의 파트너십을 추진 중이다.

SK텔레콤은 오는 3월 북미 사용자 대상으로 에스터 베타 서비스를 출시할 계획이다. 이후 올 하반기 미국 정식 출시를 거쳐 내년에는 다른 국가들로 서비스를 확대한다.

## INSIGHT

**최태원 SK그룹 회장**

## "AI 경쟁에서 뒤처지면 모든 산업의 경쟁력 위협받을 것"

최태원 SK그룹 회장은 올해로 3년 연속 CES 행사장을 찾았다. 단순히 전시관을 둘러보는 것을 넘어 적극적인 기술 협력과 제품 판매까지 담당하는 수완을 보였다. 특히 업계에서 최태원 회장이 젠슨 황 엔비디아 최고경영자(CEO)를 만나 사업 논의를 한 것에 초점을 맞췄다. 최태원 회장은 엔비디아의 요구보다 SK하이닉스의 고대역폭메모리(HBM) 개발 속도가 빨라지고 있다는 점을 내세우는 등 기술력에 대한 자신감을 내비쳤다.

최태원 회장은 CES 행사 기간 중 열린 기자간담회에서 젠슨 황 CEO와의 만남에 관한 질문에 "서로 만나 사업 관련한 여러 논의를 했다"고 언급하며 "(기존에는) 상대의 요구가 '더 빨리 개발해 달라'는 것이었는데 최근 SK하이닉스의 개발 속도를 선제적으로 높여 헤드투헤드(head-to-head)로 서로 빨리 만드는 것을 하고 있다"고 답했다. 최태원 회장은 이어 "(엔비디아가) 컴퓨팅을 잘 이해해 컴퓨팅 관련 솔루션을 가장 효율적으로 찾아서 만드는 회사라는 것이 젠슨 황 CEO의 생각이었고 실제로 그렇게 움직이고 있었다"라고도 설명했다. 이에 대해 최태원 회장이 SK하이닉스의 개발 경쟁력에 대한 자신감을 나타낸 것이라는 해석이 나왔다. 엔비디아에 HBM을 사실상 독점 공급해 온 SK하이닉스는 지난해 3월 HBM 5세대인 HBM3E 8단을 업계 최초로 납품하기 시작한 데 이어 같은 해 10월 HBM3E 12단 제품을 세계 최초로 양산했다.

최태원 회장은 HBM 공급 등과 관련해서는 "이미 다 실무진끼리 정해서 올해 공급량 등은 다 결정됐고 (이번 만남에서는) 그걸 확인하는 정도였다"고 말했다.

최태원 회장은 SK의 AI 사업과 관련, 데이터 센터 사업 추진의 비전을 소개하기도 했다. 최 회장은 "(지금은) AI 반도체를 하고 있지만 새롭게 하는 것은 AI 데이터 센터 솔루션이 될 수 있는 모델을 찾는 것"이라며 "AI 데이터 관련 비즈니스를 중점 추진 과제로 삼고 있다"고 밝혔다.

그는 또, "AI는 선택사항이 아니고 인터넷 환경이나 증기기관처럼 모든 분야에 걸쳐 전방위적 변화를 만들고 있는 산업"이라면서 "가능하면 최전선에 서서 이 변화를 이끌어갈 것이냐 따라갈 것이냐에 따라 경제적 부침이 달려 있을 수밖에 없다"고 말했다.

SECTION 3 — Company 롯데이노베이트

# 새로운 세계를 보여 줄게!
# 롯데의 메타버스 세상

| 01 | AI 기술 활용한 초실감형 메타버스 개발 가속화 |
| 02 | AI 기술과 엔터테인먼트의 결합 |
| 03 | 건전한 웹3.0 생태계 조성 |

롯데이노베이트가 자회사인 칼리버스와 함께 CES 2025에 참여했다. 칼리버스는 기존의 커뮤니티나 게임 콘텐츠 중심의 메타버스를 넘어 온·오프라인이 상호작용하는 독자적인 플랫폼을 구축했다. 실사 융합기술, 이용자가 직접 만드는 사용자 생성 콘텐츠(UGC) 등 여러 신기술을 적용해 현실과 가상세계가 상호작용하는 독자적인 플랫폼으로 몰입감을 높였다는 평가를 받는다.

롯데이노베이트는 칼리버스와 2022년부터 꾸준히 CES에 참여해 칼리버스의 전략·기술력·콘텐츠를 공개해 왔다. 이번 CES 2025에선 올해 글로벌 오픈한 칼리버스의 확장된 콘텐츠와 한층 업그레이드된 유저 친화 기술을 보여줬다.

특히 롯데이노베이트는 칼리버스에 적용된 AI 기술을 강조하며, AI로 가속화될 메타버스의 미래 비전을 소개했다. 칼리버스 플랫폼에는 현실과 다름없는 사실적인 그래픽으로 광활한 공간을 표현하기 위해 빌딩·나무·풀잎 하나하나까지 AI 기술이 활용됐다.

CES 2025에서 극찬 받은 롯데이노베이트의 칼리버스 부스.

이 같은 AI 기술의 활용은 개발에서 완성까지의 소요 시간을 획기적으로 단축해 새로운 콘텐츠와 수준 높은 그래픽을 원하는 유저들의 욕구를 충족시킬 것으로 롯데이노베이트는 기대하고 있다.

또한 유저가 콘텐츠를 쉽게 생성해 AI 논 플레이어 캐릭터(NPC) 등과 서로 소통 및 참여할 수 있도록 하는 다양한 UGC 요소들도 내놨다. 칼리버스가 추구하는 웹3.0에 대한 구체적인 방향도 제시했다. 이외에도 칼리버스의 세계관을 반영해 게임 요소가 가미된 새로운 행성, 빌딩 거래 시스템 등 향후 추가될 콘텐츠 계획도 함께 밝혔다.

### AI 기술과 엔터테인먼트의 총천연색 결합

롯데이노베이트는 CES 2025 부스를 총 6개 존으로 구성했다. 외부 벽면에는 롯데 그룹의 비즈니스 영역을 확인할 수 있는 '롯데그룹존'을 배치했다. 내부에는 칼리버스 내 공연장에서 여러 K팝, EDM 무대를 볼 수 있는 'VR존', 온·오프라인이 연계된 버츄얼 쇼핑 및 UGC 생성이 가능한 'PC존', 현실 같은 현장감을 느끼며 콘서트를 체험하는 '3D시어터존', 모바일 및 3D TV로 칼리버스를 체험하는 '3D디스플레이존', 간단한 모바일 스캔으로 실물 오브젝트를 생성하는 'AI스캔존', 그린스크린 앞에서 활동하는 실제 사람을 디지털 공간과 실시간으로 융합하는 '3D라이브존', 이브이시스(EVSIS)의 전기차 충전 플랫폼이 전시된 '모빌리티존'이 있다.

부스를 찾은 방문객들은 가수와 DJ의 공연을 마치 현장에 있는 것처럼 생생하게 볼 수 있었다. 또한 아바타 커스터마이징, AI NPC, 마이홈 등 UGC 기반의 콘텐츠도 인

### EVSIS

이브이시스(EVSIS)는 롯데이노베이트의 자회사로, 롯데그룹의 미래 신사업인 전기차 충전 인프라를 구축하고 있다. 롯데이노베이트는 지난해 미국 현지 법인 '이브이시스 아메리카'를 설립하고 북미 전기차 충전 시장에도 진출했다.

기가 높았다. AI 스캔 기능을 활용해 자기 모습이나 실제 상품을 모바일로 360도 스캐닝해 디지털 휴먼, 아이템을 만드는 전 과정과 리얼타임 렌더링 기반의 실시간 3D 합성 기술도 직접 체험할 수 있도록 했다. 또한 모바일이나 태블릿에 별도의 3D 보호필름을 부착하는 것만으로도 K팝과 EDM 공연을 입체감 있게 느낄 수 있는 시연존도 사람이 붐볐다. 김경엽 롯데이노베이트 대표이사는 "AI 기술의 고도화는 메타버스 세상을 앞당길 것"이라며 "혁신적인 기술을 지속 개발해 현실과 가상세계를 연결할 수 있는 메타버스 플랫폼 '칼리버스'의 가치를 높여 나갈 것"이라고 말했다.

### 칼리버스와 엔비디아가 만났다

CES 참여로 인한 성과도 이어졌다. 칼리버스

**1.** 면세점 쇼핑, K팝 공연을 가상세계에서 경험할 수 있는 칼리버스는 롯데이노베이트의 야심작이다.

**2.** 초실감 가상세계 칼리버스에서 여성 아바타가 횡단보도 신호를 기다리고 있다.

**3.** 롯데이노베이트 전시관에서 관람객들이 칼리버스 XR 플랫폼 기기를 착용하고 K팝 아이돌 가상 공연 과정을 보고 있다.

는 엔비디아와 디바이스 성능과 상관없이 고품질의 서비스를 경험할 수 있도록 돕는 클라우드 컴퓨팅 시스템 지포스나우(GeForce NOW)의 활용 방안에 대해 논의했다. 기존 칼리버스 구동을 위해 고사양의 PC가 필요했던 단점을 극복, 일반 PC 및 모바일로도 사용할 수 있도록 해 고객 접근성을 높이기 위함이다. 특히 부스를 방문한 닐 트레빗 엔비디아 부사장은 메타버스 스탠다드 포럼의 회장이기도 하다. 그는 칼리버스를 통한 한·미·일 메타버스 산업협회와의 연계에 대해 지속 협의하기로 했다.

### CES에서 탄생한 빅테크들의 협업

칼리버스는 메타와 몰입형 엔터테인먼트 콘텐츠의 애플리케이션을 상반기 론칭하기로 했으며 유저 창작 중심의 플랫폼 전개에 대해서도 공동 논의하기로 협의했다. 메타버스 부문에서 독보적인 입지를 확보한 메타는 AI 기반의 독창적 기술을 활용한 칼리버스 콘텐츠에 대해 만족해하며 향후 적극적으로 협력해 나갈 것을 약속했다.

또한 칼리버스는 이더리움 계열 레이어2 기술 1위 기업 아비트럼과 건전한 웹3.0 생태계 조성을 위한 협업 방향을 논의했다. 이날 양사는 대규모 투자를 포함한 광범위한 사업 협력을 약속했다. 양사는 상호 간 사업 시너지에 대해 공감하고 지속해서 협의해 나가기로 했다.

칼리버스는 3D 콘텐츠 보급 확대를 위한 제품과 기술에 대해서도 독점적 지위를 확보했다. 세계 최초 스마트폰용 돔 글래스 필름과 3D 전용 필름을 개발한 화이트스톤과 일반 영상을 3D로 전환하는 칼리버스 AI 애플리케이션에 대응할 신형 3D 필름 공급에 대해 독점적 업무협약을 맺었다. 양사는 일반 스마트폰이나 태블릿 PC 등에 전용 보호필름만 부착하면 영상 콘텐츠를 실감 나는 입체 화면으로 볼 수 있게 하는 필름과 전용 앱을 올해 상반기 내 론칭할 계획이다. 이 밖에도 칼리버스는 애플, 소프트뱅크 등 글로벌 기업들과 메타버스 확장을 위해 추후 다양한 사업 영역에서 협력해 나가기로 했다.

## 칼리버스의 세계관, 초실감 기술로 빠르게 확장 중

칼리버스는 쇼핑·엔터테인먼트·커뮤니티 등을 극사실적인 비주얼과 독창적인 인터랙티브 기술을 접목해 만든 초실감형 메타버스 플랫폼이다. 체형부터 얼굴의 모든 부분

1. 롯데이노베이트 전시관 조감도.
2.3. CES 2025 롯데이노베이트 부스를 둘러보는 신유열 롯데지주 미래성장실장(부사장).

을 개인의 취향에 따라 섬세하게 설정할 수 있는 아바타 커스터마이징은 물론, 건물에 반사되는 빛 묘사까지 현실 세계의 요소를 플랫폼에 그대로 옮겨 담았다. 칼리버스는 첫 번째 행성 '뉴어스'에 이어 두 번째 행성 '투모로우랜드플래닛'을 선보이며 세계관을 확대해 나가고 있다.

칼리버스는 신규 메타버스 게임 '칼리버스 인베이전'을 2025년 2월 정식 출시할 계획이다. 이를 위해 작년 12월부터 5000명을 대상으로 베타 테스트를 진행 중이다. 칼리버스는 외계 생명체와 전투를 벌이는 스토리의 일인칭 슈팅 게임과 댄스 요소를 가미한 리듬 게임 등 다양한 게임 콘텐츠를 추가할 계획이다.

## INSIGHT

**신유열 롯데지주 미래성장실장(부사장)**

### "전기차 충전 플랫폼 이브이시스의 글로벌 확산 기대"

CES 2025 행사장에는 신동빈 롯데그룹 회장의 장남인 신유열 롯데지주 미래성장실장(부사장)이 참석했다. 새해 첫 글로벌 행보로 그룹의 신사업을 직접 살펴보기 위해 현장을 방문했다. 신유열 부사장은 롯데이노베이트의 부스를 찾아 칼리버스와 전기차 충전 플랫폼 이브이시스의 전시관을 둘러본 뒤 관계자들을 격려하고 사업 확대 방안에 대해 논의했다.

롯데그룹 3세인 신유열 부사장은 롯데그룹의 신사업 및 미래 전략 개발을 총괄하고 있다. 그룹의 글로벌 네트워크를 활용해 새로운 사업 기회를 발굴하는 핵심 역할을 맡고 있다. 그룹 내에서 디지털혁신(DX)과 신기술 기반 사업의 추진력으로 높게 평가받고 있는 그는 특히 이번 CES 참석을 통해 그룹의 첨단 기술 도입 및 글로벌 비전 확대 의지를 강조했다. 오영식 이브이시스 대표이사의 설명을 들으며 전기차 충전기를 살펴본 신유열 부사장은 미국에서 인증 절차를 다 받았는지 물어보기도 했다. 또한 이브이시스의 미국 판매 파트너사인 삼성물산 관계자 등과 인사를 나누고 "글로벌 확산을 기대하고 있다"고 말하기도 했다. 삼성물산은 글로벌 네트워크를 활용해 북미 시장에서 이브이시스 전기차 충전기 마케팅, 판매 영역을 담당하고 있다. 앞서 롯데이노베이트는 지난해 전기차 충전기 생산을 위해 미국 현지 법인 '이브이시스 아메리카'를 설립하는 등 북미 전기차 충전 시장에 진출했다. 칼리버스와 전기차 충전 인프라는 롯데바이오로직스의 의약품 위탁개발생산(CDMO) 사업, 2차전지 소재 등과 함께 롯데의 4대 신성장 사업이다.

SECTION 3 — Company 현대자동차

# 글로벌 협력으로 모빌리티 미래 그린다

| 01 | 웨이모·삼성전자 등과의 협업으로 모빌리티의 비전 제시 |
| 02 | 엔비디아와 전략적 파트너십, 기술 및 제조 혁신 시동 |
| 03 | 연구 개발 및 생산 시설 과감한 투입으로 미래 먹거리 선점 |

관람객들이 삼성전자의 스마트싱스와 현대자동차의 차별화된 연결 경험을 체험하고 있다.

현대자동차그룹은 올해 CES에 현대차·기아의 별도 부스를 차리지 않고 현대모비스만 참가했다. 그런데도 현장에선 현대차그룹의 새로운 시도가 계속 목격됐다. 웨이모와 삼성전자 부스는 현대차의 미래를 확인하는 자리나 다름없었다. 엔비디아와의 전략적 파트너십 체결 역시 업계를 깜짝 놀라게 하는 이벤트였다. 미국의 양자 컴퓨터 기업인 이이온큐(IonQ)는 콘퍼런스에서 현대차와의 협력을 강조해 부스 없이도 전 세계는 현대차의 미래 발전 방향을 짐작하기 충분했다.

## 미래 모빌리티 기업으로의 변신 가시화

웨이모 부스에 6세대 완전 자율주행 기술 '웨이모 드라이버'를 적용한 아이오닉5에 사람들이 몰려들었다. 도로 주행 테스트도 곧 진행할 예정이다. 양사는 2024년 10월 전략적 파트너십을 체결하고 해당 차량을 자율주행 택시 서비스 '웨이모 원'에 투입해 운영하는 방안을 추진해 왔다. 웨이모 전용 아이오닉5는 미국 조지아주에 위치한 '현대차그룹메타

플랜트아메리카(HMGMA)에서 생산한다. 삼성전자 부스에는 아이오닉9이 존재감을 드러냈다. 소프트웨어 중심차량(SDV) 시대에 자동차와 스마트홈이 통합된 미래를 보여주기 위해서다. 현대차 아이오닉9과 삼성 스마트싱스(Smart Things) IoT 플랫폼의 연결은 차와 스마트폰의 경계를 허물었다. 아이오닉9은 기존 인포테인먼트 시스템과 달리 스마트폰 기능을 차량과 연결해 사용한다. 움직이는 스마트폰이 되는 셈이다. 자동차 제조업체에서 소프트웨어·서비스·연결성을 강조하는 모빌리티 솔루션까지, 현대차가 그리는 미래를 확인할 수 있는 시도다.

엔비디아와의 전략적 파트너십은 그래서 더욱 주목받았다. 현대차그룹은 현재 진행 중인 차세대 기술 개발에 엔비디아가 보유하고 있는 다양한 AI 기반 플랫폼을 활용할 방침이다. 엔비디아의 디지털트윈 기술 플랫폼 '옴니버스'를 사용하면 가상환경에서 소프트웨어 전반을 점검하고 정확히 설계할 수 있다. 개발 속도는 물론 위험 상황 발생 시나리오 대응력도 강해진다. 엔비디아의 로보틱스 플랫폼인 '아이작'을 통해서는 가상환경 속에서 산업용 로봇 테스트를 진행하며 정확도를 높이게 된다. AI모델 학습 및 자율주행차 소프트웨어 구축에 필수적인 대용량 데이터의 효율적 관리도 마찬가지다. 또 그룹 산하 로보틱스 기업 보스턴 다이내믹스를 활용해 엔비디아의 로보틱스 플랫폼인 아이작으로 AI 기반 로봇을 개발하고, 로봇 학습에 필요한 가상환경 구축을 위해 협력도 진행

할 것으로 알려졌다.

현대차의 미래를 짐작할 수 있는 현장은 또 있었다. 아이온큐는 콘퍼런스에서 현대차가 아이온큐의 양자 컴퓨팅 기술을 전기차 배터리, 자율주행 분야에 적용한다고 말했다. 마가렛 아라카와 마케팅 총괄에 따르면 벌써 세 번째 협력 프로젝트다. 2021년 현대차는 아이온큐에 72억원을 투자하며 이후 지속적인 협력 관계를 이어왔다.

슈퍼컴퓨터를 보유한 현대자동차가 양자 컴퓨팅에 관심을 가지는 이유는 고성능 컴퓨팅(HPC)과 양자컴퓨팅의 협력이 더 발전된 기술을 더 이른 시일 안에 완성할 수 있기 때문이다. 업계에 따르면 현대자동차는 아이온큐의 양자 기술로 화학 반응 시뮬레이션을 통해 고효율 전기차 배터리 소재와 초고성능 자율주행 기술 개발에 활용하는 것으로 알려져 있다.

### 정의선 회장의 '퍼펙트 스톰' 극복 의지

CES 2025 현장을 찾은 그룹 사장급 임원들은 현장 이곳저곳을 돌며 기술의 미래를 확인했다. 전시장 한편에는 일반 관람객에게 공

**현대차 그룹 국내 투자액 추이**
단위 조원

- 2023년: 19.5
- 2024년: 20.4
- 2025년: 24.3

자료 현대차그룹

대 최대 투자를 통해 기술 고도화에 나섰다. 모빌리티 분야에서 일본 혼다·닛산의 합병과 중국 전기차의 부흥 등 경쟁자들의 추격을 따돌려 '모빌리티 혁신 허브 한국'을 중심으로 미래 경쟁력을 강화할 방침이다.

현재 완성차 업체들은 내연기관차에 집중적인 투자를 하던 과거와 달리 전기차(EV), 하이브리드차(HEV), 플러그인하이브리드차량(PHEV), 주행거리연장형전기차량(EREV), 수소차량(FCEV) 등 다양한 발전 로드맵을 놓고 고민 중이다. 하지만 현대차는 주요 완성차 업체 중 내연기관과 하이브리드·전기차·수소전기차를 모두 양산할 수 있는 유일한 업체다. 현대차는 미국에서 테슬라에 이어 전기차 시장 2위를 기록 중이다.

개되지 않는 상담장을 마련해 행사에 참석한 기업과 업무적인 만남을 가진 것으로도 알려졌다.

정의선 현대자동차그룹 회장은 지난 1월 6일 신년사에서 '퍼펙트 스톰'을 언급했다. "어떤 시험과 어려움도 이겨낼 수 있는 현대자동차그룹의 DNA를 가지고 있다"고 강조한 지 사흘 만에 그룹이 미래 성장 동력 확보를 위해 올해 역대 최대 규모인 24조3000억원을 국내에 투자하는 계획을 내놨다. 지난해(20조4000억원)보다 19% 증액된 수치다. 차세대 하이브리드·전기차 등 연구개발(R&D) 투자에 11조5000억원, 전기차 공장 시설 확충 등 경상 투자에 12조원, 자율주행 등 전략 투자에 8000억원을 올해 집행한다.

모빌리티 기업으로의 빠른 전환을 꾀하는 현대차는 트럼프 행정부의 출범에 맞춰 미국 시장 투자를 늘리고 국내에서도 역

**1.**
현대자동차는 '2025 도쿄 오토살롱'에서 '아이오닉 5 N DK 에디션'을 최초로 공개했다.

**2.**
정의선 현대자동차그룹 회장.

**3.**
김흥수 현대자동차그룹 GSO 부사장(왼쪽)이 엔비디아와 모빌리티 혁신을 위한 전략적 파트너십을 체결한 후 리시달 엔비디아 오토모티브 담당 부사장과 기념 촬영하고 있다.

**4.**
웨이모의 6세대 로보택시 현대차 아이오닉5.

### 차세대 라인업을 위한 준비 완료

11조5000억원이 투입되는 R&D 투자는 차세대 하이브리드 시스템과 EREV 기술 개발에 쓰일 전망이다. 현대차·기아는 이르면 올해부터 차세대 하이브리드 시스템인 TMED-II를 적용한 하이브리드차를 시장에 내놓을 계획이다. TMED-II는 배터리 용량이 커지면서 현재 생산되는 하이브리드차에 비해 성능과 연비를 크게 개선한다. 2026년까지 통합 소프트웨어를 내재화한 SDV 페이스 카(Pace Car) 개발 프로젝트도 완료할 계획이다.

생산 시설도 확충한다. 현대차는 내년 상반기를 목표로 울산 EV 전용 공장 건설에 속도를 내고 있다. 혁신 제조 기술로 평가받는 하이퍼캐스팅 공장이다. 하이퍼캐스팅은 차체를 통째로 제조하는 첨단 공법이다.

SECTION 3　　　　　　　　　　　Company 현대모비스

# 안전과 편의, 무결한 휴먼테크를 꿈꾸다

01 | 계기판을 삼킨 차량 앞 유리
02 | 반도체·광학 기업과 미래를 위한 맞잡음
03 | 결국 인간을 위한 기술 '휴먼테크'

CES 2025 현대모비스 부스.

**HYUNDAI MOBIS**

CES 2025에서 현대모비스는 '디스플레이 없는 디스플레이' 기술을 공개했다. 차량 앞 유리창을 활용한 '홀로그래픽 윈드쉴드 투명 디스플레이'(이하 투명 디스플레이) 기술을 실제 차량에 적용했다.

### 차량 앞 유리, 계기판을 삼키다

현대모비스는 CES에서 투명 디스플레이를 탑재한 기아의 전기차 EV9을 생중계로 시연했다. 투명 디스플레이 기술은 물리적인 디스플레이 장치 없이 차량 유리창 자체가 스크린 역할을 하는 게 가장 큰 특징이다. 이 기술로 기존 운전석과 조수석에 장착됐던 디스플레이 장치는 모두 사라진다. 대신 앞 유리창 하단에 차량 사용에 필요한 주행 정보, 내비게이션, 음악 플레이리스트 등 각종 콘텐츠가 나타난다. 유리창은 밖에서 보면 투명하지만, 내부에서 보면 다양한 정보를 실시간으로 나타낸다. 높은 밝기와 색 재현율을 통해 밝은 외부 환경에도 선명한 화면을 볼 수 있다.
최근 차량용 디스플레이 시장은 대화면, 고

화질, 신기술(3D, AR 등), 프라이버시 모드 등 사용자 경험 혁신에 초점을 맞추고 있다. 여기에 디자인까지 차별화해 차량의 실내 분위기를 특별하게 바꾸는 역할을 한다. 완성차 업체들도 차량 내 차별화된 브랜드 이미지 구축을 위해 다양한 기능의 첨단 디스플레이를 적용하는 추세다.

투명 디스플레이 기술은 차량 전면 유리 어디에나 이미지 및 동영상을 구현할 수 있다. 광학 소재를 활용한 특수 필름 HOE(Holographic Optical Element)는 일반적인 스크린과 달리 빛의 회절(휘어져 도달하는 빛의 파동 현상) 원리를 이용했다. 이 필름은 프로젝터에서 투사된 이미지나 영상을 차량 운전석과 조수석에 탑승한 사람의 눈까지 효율적으로 전달해준다. 운전석에서는 조수석 승객의 화면이 보이지 않는 프라이버시 디스플레이도 구현할 수 있다.

더불어 차량 유리창 상단이나 하단, 측면 등

1. 홀로그래픽 윈드쉴드 디스플레이가 적용된 기아 EV9.
2. 현대모비스 엠브레인을 시연하는 모습.

필름을 적용하는 위치에 따라 어디에나 자유롭게 투명 디스플레이 적용이 가능하다. 예를 들어 차량 유리창 측면에 필름을 장착하면 마치 스마트폰의 '엣지 스크린'이 구현되는 방식이다.

현재 공개된 차량용 디스플레이 기술 가운데 이처럼 사용자 필요에 따라 차 유리창 전체를 스크린으로 활용할 수 있는 기술은 현대모비스의 투명디스플레이가 유일하다는 평가다.

### 현대모비스와 자이스, 끈끈해진 파트너십

현대모비스는 아직 양산 사례가 없는 첨단 디스플레이 기술을 세계적인 광학 기업 독일 자이스(ZEISS)와 공동 개발하고 있다. 이규석 현대모비스 사장과 자이스의 칼 람프레히트 CEO는 현대모비스 전시 부스에서 만나 파트너십을 강조했다. 양사 CEO는 해당 기술을 직접 살펴보며 향후 긴밀한 사업 협력 방안을 논의한 것으로 알려졌다. 차량 전면

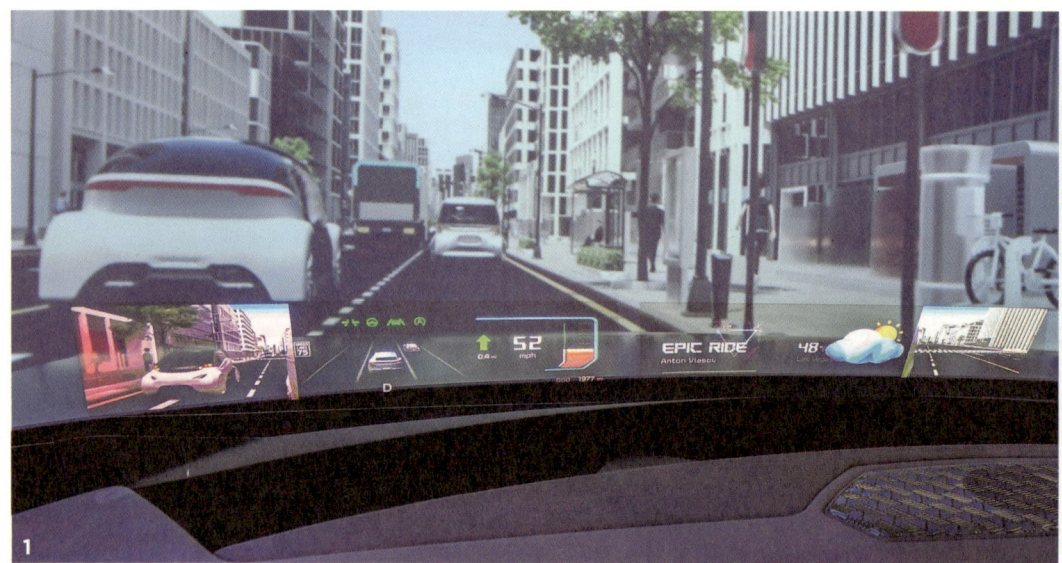

유리창을 활용하는 디스플레이 기술 외에도 차량 내 운전자와 승객 감지 모니터링 시스템이나 차량용 증강현실(AR) 디스플레이로 사업 협력을 확대해 나갈 계획이다.

현대모비스는 글로벌 시장을 공략할 차량용 프리미엄 디스플레이 기술 경쟁력을 강화해 나가는 중이다. 대화면, 고화질, 슬림화를 특징으로 하는 'QL 디스플레이', 34인치 초대형 커브드 화면이 움직이는 '스위블(가변형) 디스플레이', 위아래로 돌돌 말리는 '롤러블 디스플레이' 등 차량 디스플레이 분야 고급 제품 포트폴리오도 차곡차곡 쌓아가고 있다. 이규석 사장은 "시장 선도 기술 경쟁력과 고부가가치 핵심 제품을 중심으로 글로벌 시장을 공략할 것"이라며 "앞으로도 다양한 신기술을 선제적으로 내놓겠다"고 말했다.

자이스와 협력한 이번 기술은 올해 상반기 제품 선행 개발을 완료하고 이르면 2027년 시장에 내놓을 계획이다. 두 회사는 디스플레이 기술 외에도 차량 내 증강현실(AR) 디스플레이 및 감지 시스템 개발로 협력 확대도 준비하고 있다.

### 2025 현대모비스의 '휴먼 테크'

 사용자의 생체 리듬과 건강, 차량 회부 환경 등 32가지 상황별 패턴을 구현할 수 있는 스마트 조명 시스템

 운전자 스트레스 및 멀미 저감

 자외선(UVC) 살균 조명

 문콕(문 열릴 시 부딪힘) 방지, 하차 위험 예방

 운전자의 뇌파 정보를 분석해 운전석 주위 LED 경고등, 촉각(진동 시트), 청각(헤드레스트 스피커) 등의 방식으로 경고해주는 안전 운행을 위한 시스템이다.

### 결국은 인간을 위한 기술

현대모비스는 이번 CES에서 '비욘드 앤드 모어(Beyond and More)'를 주제로 사람과 교감하고 소통하는 '휴먼 테크'를 전면에 내세웠다. 홀로그래픽 윈드쉴드 투명 디스플레이와 함께 소개한 '휴먼 센트릭 인테리어 라이팅 시스템'과 '뇌파 기반 운전자 부주의 케어 시스템(M.BRAIN)'도 휴먼테크 기술에 해당한다. '휴먼 센트릭 인테리어 라이팅' 기술은 32가지 상황별 패턴을 구현할 수 있는 스마트 조명 시스템이다. △운전자 스트레스 및 멀미 저감 △하차 위험 예방 △문콕(문 열림 시 부딪힘) 방지 △자외선(UVC) 살균 조명 등이 대표적인 패턴들이다. 실제로 현대모비스 전시장을 찾은 관람객들은 이 조명 기술이 사용자의 생체 리듬과 건강, 차량 회부 환경 등의 변화에 따라 어떻게 반응하는지 경험했다.

# SECTION 3

**Company** 현대모비스

현대모비스의 대표적인 휴먼 테크 기술인 엠브레인도 관람객들의 눈길을 끌었다. 엠브레인은 운전자의 뇌파 정보를 분석해 졸음운전 등 부주의 상태를 실시간으로 체크하고, 운전자의 주의력이 떨어지면 시각(운전석 주위 LED 경고등), 촉각(진동 시트), 청각(헤드레스트 스피커) 등의 방식으로 경고해주는 시스템이다.

## 퀄컴과도 손잡은 모비스,
## 차세대 ADAS 공동 개발

현대모비스는 글로벌 반도체 기업 퀄컴과도 손잡고 차세대 차량용 고성능 컴퓨터(HPC) 공동 개발에 나섰다. 차세대 인포테인먼트시스템과 첨단운전자보조시스템(ADAS)을 구현하기 위해서다. 현대모비스는 퀄컴과 개발한 HPC를 기반으로 안전성과 효율성을 높인 자동차 전장(전기장치) 부품을 만들어 글로벌 자동차업체에 공급할 계획이다.

이번 전시에는 퀄컴과 협력한 기술도 선보였다. 퀄컴의 스냅드래곤 라이드 플렉스 시스템온칩(SoC)과 스냅드래곤 라이드 자율주행 스택을 기반으로 구동되는 인포테인먼트와 ADAS 솔루션이다. 스냅드래곤 라이드 플렉스 SoC는 단일 칩셋에서 디지털 계기판과 헤드업디스플레이(HUD), 인포테인먼트, ADAS, 자율주행을 모두 지원하는 고성능 프로세서. 현대모비스는 여기에 첨단 소프트웨어 애플리케이션과 각종 센서를 결합, 자율주행 등을 구현하려고 한다. 최근 차량에 적용되는 기능과 소프트웨어가 복잡해지면서 다양한 기능을 효율적으로 관리하기 위한 중앙 컴퓨터가 필수 요소로 자리 잡고 있다. 스냅드래곤 라이드 플렉스 SoC는 이 같은 요

### 스냅드래곤 라이드 플렉스 시스템온칩 (SoC)

단일 칩셋에서 디지털 계기판과 헤드업디스플레이(HUD), 인포테인먼트, ADAS, 자율주행을 모두 지원하는 고성능 프로세서.

**1.** 휴먼 센트릭 조명 기술.

**2.** 해상도는 110ppi, 밝기는 5,000니트, 색 재현율은 NTSC 100%로 고성능 게이밍 OLED 모니터 수준의 디스플레이.

구를 충족하기 위해 설계돼 중요도가 각기 다른 워크로드를 유연하게 처리할 수 있다. 정수경 현대모비스 전장사업부 부사장은 "현대모비스가 보유한 전장, 섀시, 전동화 기술과 퀄컴의 칩셋 기술이 하나가 되는 만큼 차량용 HPC의 방향과 표준이 될 수 있을 것"이라고 말했다. 권오형 퀄컴 아태지역 총괄 사장은 "현대모비스와 협력해 소프트웨어 중심 차량(SDV)의 성능을 높이겠다"며 "글로벌 주요 완성차회사에 퀄컴의 차량용 반도

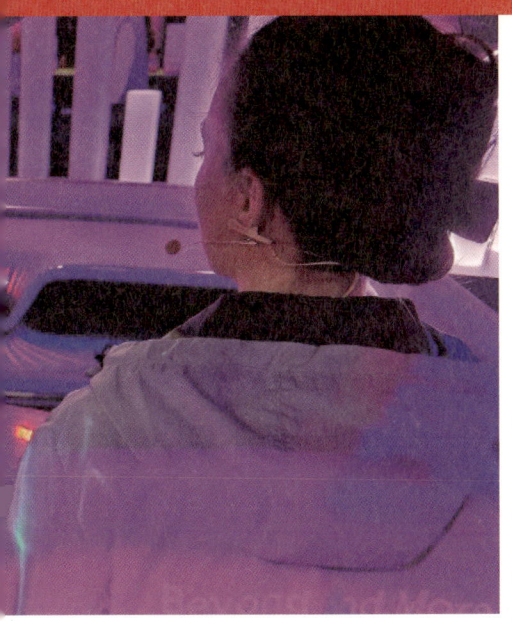

체가 장착되도록 하겠다"고 말했다.

현대모비스는 선도 기술 경쟁력을 바탕으로 2033년까지 글로벌 완성차 대상 매출 비중을 핵심부품 총매출 대비 40%까지 확대해 글로벌 톱3 부품사로 도약하겠다는 목표를 갖고 있다. 이 밖에 현대모비스는 CES 2025에서도 글로벌 고객사 관계자들을 부스로 대거 초청해 고부가가치 핵심 제품군을 중심으로 공격적인 영업을 전개했다. 현대모비스는 이번 CES에 글로벌 고객사 약 18곳을 초청해 30회 이상의 미팅을 진행했다. 현대모비스는 고객사 맞춤 영업을 위해 CES 전시 부스에 별도의 '프라이빗 존'을 마련해 전동화, 전장, 샤시, 램프 등 분야 전략 제품 16종을 전시하고 글로벌 수주 대응을 위한 현장 밀착형 영업 활동했다.

현대모비스는 CES와 연계해 이들 유학생과의 네트워크를 지속해서 확장하고 회사 인지도를 높여 향후 우수 인재 확보 기회로 적극적으로 활용할 계획이다.

## INSIGHT

**액셀러레이터 마슈카 현대모비스 부사장**

### "지난 10년간 해외 수주 10배 증가… 올해 더 성장"

액셀러레이터 마슈카 현대모비스 영업부문장(부사장)은 "지난 10년간 현대차와 기아를 제외한 글로벌 고객사와 관련해 해외 수주가 10배 이상 증가했다"며 "올해 해외 수주 역시 더 성장할 것"이라고 전망했다.

마슈카 부사장은 CES 2025에서 기자간담회를 열고 해외 수주 성과 확대를 강조했다. 지난해 기준 현대차·기아를 제외한 글로벌고객사 대상 현대모비스의 해외 수주 실적은 92억2000만달러다.

10년 전과 비교하면 10배가 늘어난 수치다. 마슈카 부사장은 "회사는 2033년 글로벌 고객사 매출 비중을 40%까지 확대한다는 목표를 갖고 있다"며 "글로벌 고객사를 확대하기 위해 글로벌 모빌리티 이벤트에서는 '모비스'라는 이름으로 참가하고 있다"고 말했다.

해외 수주 확대에는 커넥티비티, 전동화, 샤시, IVI(인포테인먼트) 등이 주요한 역할을 할 것으로 내다봤다. 현대모비스가 이번 CES에서 '홀로그래픽 윈드쉴드 투명 디스플레이' 기술을 실제 차에 적용해 글로벌 시장에 최초로 공개한 것도 같은 맥락이다.

이 기술은 물리적인 디스플레이 장치 없이 차량 유리창이 그대로 스크린이 되도록 한 것으로, 글로벌 완성차들의 이목을 끌었다. 마슈카 부사장은 "글로벌 완성차 업체에 모비스를 단순한 부품회사가 아닌 리딩 테크놀로지 기업으로 각인시키는 것이 중요하다"고 강조했다.

그는 "생각보다 많은 인원이 현대모비스를 방문했고, 직급도 높은 고객사 관계자들이 모비스를 찾았다"며 "CES에 와서 많은 미팅을 진행 중"이라고 말했다.

현대모비스는 해외 지역별 특성에 맞춰 다른 영업전략을 구사하고 있다. 마슈카 부사장은 "예를 들어 중국은 차량 내 인포테인먼트, 즉 즐길 거리를 중요하게 생각하고 독일 등 유럽은 주행에 초점을 맞춘다"고 설명했다. 이어 "미국은 장거리 주행 지원을 중요시한다"며 "인도와 브라질 등 가파르게 성장하는 지역엔 저가 솔루션을 개발해 현지에 특화된 솔루션 제공에 주력하고 있다"고 덧붙였다.

SECTION 3　　　　　　　　　　　　Company

# 신기술로 주목받은 기업들의 대활약

CSE 2025에선 신기술을 앞세운 한국 기업들의 활약도 이곳에서 두드러졌다.
이들은 모빌리티와 AI, 에너지 분야에서 다양한 신기술을 들고나왔다. 자사가 가진 기술을
바탕으로 새로운 기술 혹은 제품을 개발해 사업 영역을 확장하는 전략을 공통으로 취하고 있다.

## SAMSUNG SDS

### 삼성SDS

**업무 자동화 솔루션의 정수**

삼성SDS는 세계 첫 3개 이상 언어 통·번역과 업무 자동화 등 AI를 활용한 오피스 업무 효율화 서비스를 대거 소개했다. 브리티 코파일럿과 생성형 AI 플랫폼 '패브릭스', 업무 자동화 솔루션 '브리티 오토메이션'이다.

기업 고객이 실제 업무에서 생성형 AI 서비스를 어떻게 적용할 수 있는지 체감할 수 있도록 해외 법인과 영상 회의, 해외 시장 데이터 분석, 제품 출시 국가의 법률 및 규제 모니터링 등 실제 업무 상황과 유사한 상황을 연출해 방문객들에게 보여줬다.

특히 세계 최초로 하나의 회의에서 3개 이상의 언어를 동시에 인식해 실시간 통·번역을 지원하는 브리티 코파일럿 '언어 장벽 없는 회의 서비스'가 눈길을 끌었다. 시연은 미국과 베트남 현지 직원들이 회의에 참여하는 상황에서 본사에 건의 사항을 전달하는 방식으로 진행됐다.

베트남 직원이 베트남어로 "프로모션을 기획하려는데 본사에서 지원할 수 있냐?"라고 묻자 얼마 지나지 않아 한국어로 통역이 이뤄졌다. 언어 장벽 없는 회의 서비스는 현재 한국어·영어·중국어·독일어·프랑스어·스페인어 등 10개 언어의 음성을 인식해 실시간 통역 자막을 제공한다. 러시아어·헝가리어·아랍어 등 총 15개 언어에 대해서는 번역 서비스를 지원한다.

브리티 코파일럿은 이메일, 메신저, 영상 회의 등 협업 솔루션에 생성형 AI 기술을 적용한 서비스다. 2024년 4월 출시 이후 금융·제조·건설 등 산업 분야에서 18만명 이상이 쓰고 있다. 삼성 SDS는 "브리티 코파일럿은 한국어를 가장 잘 이해하는 서비스"라며 "글로벌 코파일럿과 비교했을 때 음성 인식 정확도가 한국어에서 9% 높았다"고 설명했다.

삼성SDS는 또한 별도의 명령 없이도 사용자의 메일, 문서 자료 등과 같은 사내 지식 정보를 활용해 업무

1

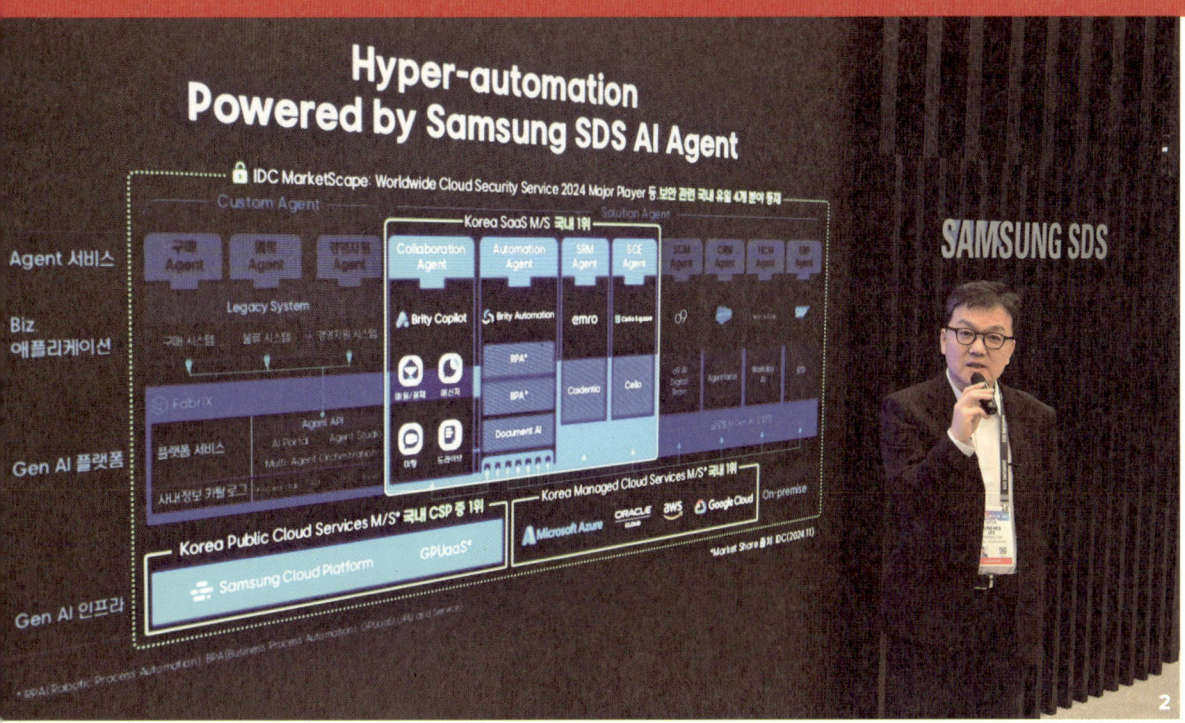

1.
삼성SDS 관계자가 생성형 AI 서비스 '브리티 오토메이션'을 시연하고 있다.

2.
'브리티 오토메이션'을 소개하고 있는 이준희 삼성SDS 사장.

를 스스로 처리하는 AI 업무 비서인 브리티 코파일럿의 '퍼스널 에이전트' 기능도 공개했다. 예를 들어 퍼스널 에이전트는 사용자가 회의나 다른 업무로 응답이 어려운 경우 동료로부터 일정 문의, 업무 자료 공유 등을 요청받았을 때 스스로 일정을 조회하고 자료를 찾아 답변할 수 있다.

삼성SDS는 이 밖에 사용자의 주요 일정과 할 일을 알려주는 데일리 브리핑, 이동 중 목소리만으로 업무 지시가 가능한 보이스 어시스턴스, 팀 협업 업무를 지원하는 팀 에이전트 기능을 올해 상반기 내로 공개할 계획이다.

이와 더불어 사내 업무 시스템과 AI 대규모언어모델(LLM)을 안전하게 연결하는 AI플랫폼 '패브릭스', 사람이 반복적으로 처리하는 단순 업무를 소프트웨어로 자동화하는 RPA에 생성형 AI를 연계한 '브리티 오토메이션'을 시연했다. 제품 수출을 위한 해외 국가의 법령 정보 모니터링에 고객사 직원 7명이 12주에 걸쳐 하던 업무를 1주일 내로 단축하는 것으로 관람객들의 큰 인기를 끌었다. 이날 공개된 3가지 생성AI 서비스 가운데 패브릭스는 LLM을 기반으로 해결해야 할 업무를 가장 잘 처리

하는 모델을 사용자가 선택해 이용할 수 있는 구조로 이뤄졌다. GPT와 클로드, 오픈소스 AI모델 등이 사용된다. 퍼블릭 서비스형 소프트웨어(Saas) 기반 브리티 코파일럿은 현재 GPT 3.5 기반 에이전트로 다음 달 안으로 GPT4 미니 버전으로 바뀌며 프라이빗 버전은 라마 3.1 기반이다. 이준희 삼성SDS 사장은 "생성AI 서비스를 누구보다 빠르게 시장에 출시하고 사업을 할 수 있게 된 것은 삼성 클라우드 플랫폼(SCP) 기반 클라우드 서비스(CSP), 매니지드 클라우드 서비스(MSP) 등의 보안 기술력과 역량 덕분"이라며 "앞으로도 솔루션을 계속 발전시키겠다"고 말했다.

# SAMSUNG ELECTRO-MECHANICS

## 삼성전기

### 웨어러블 전고체 배터리 양산 예고

"내년 전고체 배터리 양산"을 알린 삼성전기가 올해 웨어러블 전고체 배터리 시제품을 공급하고, 내년부터 양산에 들어간다. 반도체 산업의 '게임체인저'로 불리는 유리 기판의 경우 2027년 이후 양산한다는 계획이다.

장덕현 삼성전기 대표이사 사장은 CES 2025에서 기자간담회를 열고 이런 내용을 골자로 한 신사업 계획을 밝혔다. 장 사장은 "전고체 배터리의 경우 업계 최고 수준의 에너지 밀도와 용량 특성을 확보했다"며 "세상에 없는 기술이기 때문에 양산하기 전에는 모르지만, 내부적으로 테스트를 많이 하고 있고 고객과 얘기 중"이라고 말했다.

삼성전기가 개발 중인 전고체 배터리는 재료의 안정성이 높은 산화물계 고체 전해질(산화물계)을 사용해 형상의 자유도가 높아 웨어러블 기기 등 소형 IT 기기에서 리튬 배터리를 대체할 것으로 기대된다.

삼성전기가 개발한 소형 전고체 배터리와 LG에너지솔루션·삼성SDI·SK온 등 국내 배터리 3사가 개발 중인 대형 전고체 배터리는 전해질 성분에서 차이가 있다. 통상적으로 대형 전고체에는 황화물계 고체 전해질이, 소형 전고체에는 산화물계 고체 전해질이 사용된다. 산화물계는 황화물계 대비 이온 전도성이 낮지만, 화학적으로 안정성이 높다. 다만 황화물계 대비 배터리의 에너지밀도 및 용량이 낮아 웨어러블 소형 IT 기기 등에 우선 탑재될 예정이다.

유리 기판의 경우 세종사업장에 파일럿 라인을 구축한 데 이어 올해 고객사 샘플 프로모션을 통해 2027년 이후 양산에 들어갈 계획이다.

장 사장은 "특정 고객을 언급할 수는 없지만 여러 고객과 협의 중"이라며 "올해 2~3개 고객에 대해서는 샘플링을 할 계획"이라고 말했다. 유리 기판은 반도체 패키징에 사용되는 기판 중 하나다. 기존 플라스틱 기판 대비 얇으면서도 열에 강해 고집적 반도체 설계에 유리하다. 절연성이 높고, 데이터 전송 속도도 빨라 AI 반도체에 적합하다는 평가가 나온다.

삼성전기는 지난해 고객사에 실리콘 커패시터(Capacitor) 샘플 공급을 시작했으며 올해 고성능 반도체 패키지용과 AI 서버용 실리콘 커패시터를 양산할 계획이다. 실리콘 커패시터는 실리콘 웨이퍼를 활용한 커패시터다. 반도체 패키지의 두께를 얇게 설계할 수 있고, 고성능 시스템 반도체에 가까이 위치할 수 있어 고속 데이터 전송에 유리하다. 장 사장은 "올해 2개 정도 고객을 잡았다"며 "올해 양산하고 1~2년 내로 1000억원 이상의 유의미한 매출을 내보고 싶다"고 말했다.

삼성전기의 주력 제품인 적층세라믹커패시터(MLCC) 수요도 자동차 업계의 자율주행 기술 개발에 맞춰 늘고 있다. 장 사장은 "전기차에 평균 MLCC 7000개가 필요하고, 자율주행 레벨2에선 1만3000개로 늘어난다"며 "자율주행 기술 개발이 활발히

1. 장덕현 삼성전기 사장이 기자간담회에서 발언하고 있다.
2. 삼성전기의 주력 제품인 MLCC.

이뤄짐에 따라 반도체와 MLCC 수요도 많이 늘어날 것"이라고 설명했다.

신성장 동력인 전장 카메라 시장에서는 하이브리드 렌즈로 차별화했다. 장 사장은 "올해부터 서라운드 뷰 모니터링(SVM), 운전자 모니터링 시스템(DMS)용 하이브리드 렌즈를 대량 생산할 계획"이라고 설명했다. 당초 멕시코에 전장용 카메라 모듈 생산공장을 짓기로 했던 프로젝트는 일단 중단됐다. 트럼프 2기 행정부가 들어서면서 불확실성이 커진 것이 주요 요인으로 지목된다. 대신 여러 고객을 만날 수 있는 제3의 위치를 물색 중이다. 장 사장은 "전자산업은 모바일 중심의 'IT 플랫폼 1.0'을 지나 모빌리티 디바이스가 주도하는 'IT 플랫폼 2.0' 시대가 열렸다"며 "전장, 로봇, AI·서버, 전장, 에너지 분야의 신사업을 성공적으로 전개해 미래 성장 기회를 놓치지 않겠다"고 강조했다.

### LG이노텍

**종합 IT 부품사로 도약 준비**

올해로 3년째 CES에 참가한 LG이노텍은 올해 모빌리티 테마에 집중해 제품을 전시했다. 성장 잠재력이 큰 전장 사업에 집중해 기업을 알리겠다는 전략으로 풀이된다. 부스 중앙에 설치된 미래 차 목업(실물 모형)에 차량 센싱, 조명 부품 등 15종의 제품을 탑재해 선보였다. 이 중 '고성능 인캐빈 카메라 모듈'은 올해 CES에서 처음 공개했다. 자율주행·첨단 운전자 보조 시스템(ADAS)용 센싱 부품 중 하나다. 500만 화소급 적녹청(RGB)-적외선(IR) 겸용 센서를 장착한 고해상도 카메라 모듈로 운전자의 상태를 실시간 감지해 졸음 운전 등을 방지한다. 초소형 카메라 모듈 하나로 보조석 및 2열 탑승자의 안전벨트 착용 여부까지 모니터링할 수 있는 것이 특징이다. 이와 함께 기존 '고성능 히팅 카메라 모듈'에 먼지 세정 기능까지 추가한 '올 웨더 카메라 솔루션'도 이번에 새로 선보였다.

LG이노텍의 장기인 무선통신 원천 기술이 적용된 차량 통신 부품들도 선보였다. 5세대 이동통신(5G)-V2X 통신 모듈, UWB 레이더 기술이 결합한 차세대 디지털 키 솔루션과 최근 LG이노텍 전장 부품사업 포트폴리오에 새롭게 추가된 차량용 애플리케이션프로세서(AP) 모듈 등도 있었다. 차량용 AP 모듈은 자동차 전자 시스템을 통합 제어하는 차량용 반도체 부품이다. 소프트웨어 중심 자동차(SDV) 시대를 맞아 수요가 늘고 있다.

또 CES 혁신상을 받은 차량 조명 모듈 넥슬라이드 A+는 물론 차량 조명으로 다양한 텍스트와 애니메이션 효과를 구현하는 기존 픽셀 라이팅에 스마트 필름 기술을 결합한 신제품 '넥슬라이드 비전'도 볼 수 있었다. 픽셀뿐 아니라 면과 선 형태까지 동시에 구현해 다양한 연출이 가능하다. 이 밖에도 전기차 필수 부품으로 주목받는 '무선 배터리 관리 시스템(BMS)'과 '배터리 정션 박스(BJB)'

### 전고체 배터리
**(Solid-state battery)**

전지 양극과 음극 사이에 있는 전해질을 기존 액체에서 고체로 대체한 차세대 배터리. 화재 위험이 없어 안정성을 확보할 수 있기 때문에 전고체 배터리에 대한 투자가 계속되고 있다.

SECTION 3 　　　　　　　　　　　Company

를 세계 최초로 결합한 '배터리 링크(B-Link)'도 소개했다.

스마트폰 부품 사업에서 자동차 전장부품으로 영역을 넓힌 LG이노텍은 반도체, 로봇 등 미래 핵심 산업도 정조준했다. 문혁수 LG이노텍 CEO는 "최근 북미 빅테크 기업에 공급할 플립칩 볼 그리드 어레이(FC-BGA) 양산을 시작했다"며 "유리 기판도 올해 말부터 시제품을 양산한다"고 밝혔다. FC-BGA는 AI 반도체에 들어가는 고부가 기판, 유리 기판은 2~3년 이후 상용화될 것으로 예상되는 차세대 기판이다.

2022년 FC-BGA 시장에 뛰어든 LG이노텍은 2년여 만에 글로벌 빅테크 기업을 고객사로 확보하고 양산에 돌입했다. 문 대표는 "LG이노텍이 구축한 스마트 팩토리는 초기 투자비는 들지만, 수율이 훨씬 높고 인건비도 적게 들어간다"고 소개했다. 차세대 반도체 기판인 유리 기판에 대해선 "앞으로 가야만 하는 방향이고 많은 업체가 양산 시점을 저울질하고 있는 상황"이라며 "우리 역시 유리 기판 사업을 늦지 않도록 준비하고 있다"고 설명했다.

LG이노텍은 카메라 모듈 부문에서 세계 1위 기업이다. 이 회사는 이를 바탕으로 휴머노이드 기업과 협력도 강화하고 있다. 문 대표는 "올해 CES 기조연설에 등장한 글로벌 주요 14개 휴머노이드 업체 중 절반 이상과 협력하고 있다"며 "기술력을 바탕으로 모빌리티, 로보틱스 등으로 카메라 사업을 확장할 것"이라고 말했다.

### HL그룹

#### 하만과 손잡다

HL그룹 산하 전기차·자율주행 솔루션 전문기업 HL만도와 HL클레무브는 올해 CES 혁신상을 받은 HL만도의 '해치'와 HL클레무브의 '비틀플러스' 및 '애그리실드' 등 3개 제품을 전시했다. 해치는 전기 화재를 예방하는 솔루션이다. 열·연기 감지 방식보다 빠르게 전기 스파크를 감지, 전기차와 데이터센터 등에서 발생할 수 있는 화재를 초기에 잡아낼

수 있도록 했다. '비틀 플러스'는 휴대용 장애물 감지 레이더다. 애그리실드는 비전 AI를 적용한 야생동물 퇴치 기기로 북미서 수요가 높은 분야를 겨냥해 개발했다.

HL그룹은 전장기업 하만과도 손잡고 차량용 중앙 제어 플랫폼 개발에 나섰다. HL그룹 산하 자율주행 솔루션 전문기업 HL클레무브는 삼성전자 자회사 하만과 '센트럴 컴퓨터 플랫폼(Central Compute Platform)' 파트너십 계약을 맺었다. 체결식에는 윤팔주 HL클레무브 사장과 크리스천 소봇카 하만 오토모티브 사업부 사장 등 양사 관계자들이 참석했다. 센트럴 컴퓨터 플랫폼은 차량 자율주행과 인포테인먼트 기능을 하나의 중앙

**1.**
CES 2025에 설치된 LG이노텍 부스.

**2.**
HL만도와 HL클레무브의 공동 부스.

### 센트럴 컴퓨터 플랫폼
**(Central Compute Platform)**

중앙 집중형 플랫폼으로 크로스 도메인(X-Domain) 기술에 기반했다. 자율주행과 인포테인먼트 기능이 통합된 플랫폼으로 두 기능이 내장된 한 개의 중앙 제어기에서 지속적인 소프트웨어 업데이트가 가능하다.

제어기를 통해 관리하며 소프트웨어 업데이트를 지속해서 제공한다. 이를 통해 원가 절감 효과와 설계 유연성 및 에너지 효율을 높일 수 있다. "미래 모빌리티인 소프트웨어 중심 자동차(SDV) 구현을 위한 핵심 기술이다. 자율주행과 인포테인먼트의 연결을 강화해 SDV 시대 새로운 가능성을 모색하는 데 중점을 둔 것이다. HL클레무브는 이번 계약에 앞서 통합 플랫폼 제품 개발과 트랙 테스트를 마쳤다. 조성현 HL만도 부회장은 "HL이 지난 60여년간 쌓아온 기술 노하우를 바탕으로 자율주행, 소프트웨어 중심 자동차(SDV), 모빌리티, 로봇, 센서 등 안전의 가치를 이번 CES 전시에 담아냈다"고 말했다.

SECTION 3　　Company

# 기술 혁신으로 무장한 한국기업들

CES 2025에서 한국의 중견 기업들이 기술 혁신과 차별화된 제품을 선보이며 글로벌 시장 공략 강화에 나섰다. 헬스케어, K뷰티, 농기계, 게임 등 다양한 산업 분야를 대표하는 기업들이 세계적인 무대에서 주목받으며 한국 기술의 저력을 입증했다.

## 세계인의 안방을 노리다

헬스케어 전문 기업 세라젬이 CES에 2년 연속 참가하며 참가자들의 눈도장을 찍었다. 올해는 6종의 출품작이 혁신상을 받으며, 작년 수상작 3개에서 두 배로 증가하는 성과를 기록했다. 디지털 헬스케어 부문에서는 일인용 전신 온열 사우나 '홈 테라피 부스', 침대형 헬스케어 기기 '홈 메디케어 베드 2.0', 맞춤형 의료서비스를 제공하는 '스마트 헤드보드', 이온수 생성기 '밸런스 2.0' 등 4개 제품이 수상했다. 피트니스 부문에서는 척추 의료기기의 마사지 모듈과 저주파 패드가 탑재된 침대형 헬스케어 기기 '테라퓨틱 스파 베드'가 선정됐으며, 전기 자극을 활용한 가정용 우울 증상개선 기기

### 세라젬 수상 품목

| | |
|---|---|
| 디지털 헬스 부문 | 홈 테라피 부스<br>홈 메디케어 베드 2.0<br>스마트 헤드보드<br>밸런스 2.0 |
| 피트니스 부문 | 테라퓨틱 스파 베드 |
| 인간안보 부문 | 마인드핏 |

**1.** 이번 CES에서 혁신상을 받은 세라젬 부스.
**2.3.** 삼성전자 퍼스트 룩 부스와 협업한 AI 피부 분석 및 케어 솔루션.

'마인드핏'은 인간안보 부문에서 상을 받았다.

세라젬은 CES 2025에서 혁신상 수상작을 포함해 척추 의료기기, 안마의자, 전위음파 체어 등 20여 종의 제품을 선보였다. '셀트론', '밸런스 AI 메디 워터' 등의 제품은 글로벌 기업들과 협업 논의의 중심이 되었고, 미국, 캐나다, 영국, 중국, 호주 등 50여 개 이

상의 업체와 기술 협력 및 세일즈 관련 논의를 진행했다.

이번 행사 기간 '디커플링' 저자인 탈레스 S. 테이셰이라 하버드대학교 교수가 세라젬 부스를 방문해 협력 가능성을 논의하기도 했다. 테이셰이라 교수는 고객 경험 차별화와 혁신적 비즈니스 모델 발굴을 위해 세라젬과 협력해 나갈 것을 약속했다. 또한, 세라젬은 수면 분석 인공지능 기업 에이슬립(A-Sleep)과 업무협약(MOU)을 체결했다. 이를 통해 척추 의료기기와 홈 메디케어베드 등 다양한 헬스케어 가전에 수면 분석 기술을 결합해 숙면 환경을 조성하고 차별화된 고객 경험을 제공할 계획이다.

### CSE에서도 빛난 K뷰티

CES 2025에서 아모레퍼시픽그룹과 한국콜마 등 K뷰티 기업들도 혁신적인 뷰티 테크를 선보이며 글로벌 시장에서의 기술력과 경쟁력을 보여줬다. 아모레퍼시픽그룹의 서경배 회장은 올해 처음으로 CES를 방문해 자사의 기술 혁신을 점검했다. 아모레퍼시픽은 삼성전자 퍼스트 룩 부스와 협업해 'AI 피부 분석 및 케어 솔루션'을 내놨다. 이 솔루션은 카메라 기반 광학적 피부 진단과 디바이스를 활용한 접촉식 진단 기술을 융합해 개인 맞춤형 피부 관리 방법을 제시한다. 특히, 삼성전자의 마이크로 LED 뷰티 미러와 연동해 피부 상태

# SECTION 3  Company

를 분석하고 최적의 케어 방안을 추천하는 기술이 관람객들의 주목을 받았다.

아모레퍼시픽은 또한 자사의 뷰티 디바이스 브랜드 메이크온(make on)의 신제품 '스킨 라이트 테라피 3S'를 최초로 공개했다. 이 제품은 전용 애플리케이션을 통해 AI 피부 분석 및 케어 솔루션과 연동되며, 2025년 3월 정식 출시를 앞두고 있다.

화장품 제조업자 개발 생산(ODM) 기업 한국콜마는 CES에 처음 참가해 AI 기반 피부 진단 플랫폼 '카이옴(KAIOM)'을 공개했다. 카이옴은 AI를 활용해 사용자 피부의 미생물군 유전체(마이크로바이옴)를 분석하고, 맞춤형 피부 관리 솔루션을 제공

## VPLC
**(Variable Polarization Liquid Crystal)**

전류를 이용해 유리의 투명도를 조절, 에너지 절감 효과와 사생활 보호 기능이 있다. KCC글라스가 CES 2025에서 선보인 기술은 256단계로 투명도를 조절할 수 있으며, 유리 부분별로 농도를 다르게 설정할 수 있어 틴팅 작업이 필요 없다.

하는 플랫폼이다. 사용법은 간단하다. 면봉으로 피부를 긁은 뒤 광학 디바이스로 데이터를 분석하고, 앱을 통해 얼굴을 촬영해 AI 알고리즘으로 종합 분석 결과를 받는다. 한국콜마 관계자는 "카이옴은 뷰티 테크와 초개인화 트렌드에 부합하는 솔루션으로, 북미 시장의 반응을 테스트하기 위해 CES에 참가했다"며 "마이크로바이옴 화장품 또는 맞춤형 화장품을 원하는 고객사와 협업 가능성을 열어 두고 있다"고 밝혔다. 한국콜마 부스는 CES 첫날에만 수백 명의 방문객이 몰리는 등 성황을 이뤘다. 관람객들은 간편하게 피부 상태를 진단하고 개인 맞춤형 솔루션을 제공하는 점에 높은 점수를 줬다.

2

## KCC글라스, '256단계 투명도 조절' 스마트글라스 공개

KCC 글라스는 스마트 필름 솔루션 전문 업체 디폰과 함께 CES 2025에 참가해 차세대 스마트글라스 기술 'VPLC(Variable Polarization Liquid Crystal)'를 선보였다. VPLC는 전류를 이용해 유리의 투명도를 조절하는 위상제어 기술로 에너지 절감 효과와 사생활 보호 기능을 제공하며 모빌리티와 건설 산업에서 주목받고 있다.

VPLC 기술은 기존 투명 불투명 전환 방식에서 한 단계 더 발전해, 256단계의 미세한 투명도 조절할 수 있다. 특정 유리의 부위별로 농도를 다르게 설정할 수 있어 별도의 틴팅 작

1. 차세대 기술이 적용된 KCC 글라스의 스마트 'VPLC'.
2. 엔비디아와 공동 작업한 AI 기술을 발표 중인 김창한 크래프톤 딥러닝본부장.
3. 게임에 적용된 AI 기반의 CPC.

3

업 없이도 사용자가 원하는 농도로 유리의 투명도를 실시간으로 조절할 수 있는 것이다.

예를 들어, 햇빛이 비치는 각도에 따라 차량의 전면 또는 측면 유리의 특정 부분만 음량 조절처럼 투명도를 조정할 수 있다. 이러한 기술은 차량 내 승객들에게 더 나은 시야 확보와 맞춤형 편의를 제공하며, 에너지 절감과 열 차단 효과까지 기대된다. KCC 글라스 측은 "VPLC 기술은 에너지 절감 효과와 사생활 보호 기능을 혁신적인 방식으로 구현해 미래 모빌리티와 스마트 시티 건설 산업의 핵심기술로 자리 잡을 가능성이 크다"며 "디폰과의 협력을 통해 VPLC 기술을 세계 시장에 선보이고 그 경

쟁력을 인정받겠다"고 말했다.

## 크래프톤, 엔비디아와 공동 개발한 AI 기술 'CPC' 최초 공개

국내 굴지의 게임 개발사 크래프톤도 CES 2025에 참가해 엔비디아와 공동 개발한 AI 기반 캐릭터 'CPC(Co-Playable Character)'를 최초로 공개했다. 이 기술은 게임 이용자와 상호작용하며 게임 경험을 변화시킬 새로운 개념의 캐릭터다.

CPC는 엔비디아의 에이스(ACE) 기술로 구축된 게임 특화 온디바이스 소형 언어 모델(SLM)을 기반으로 작동한다. 이강욱 크래프톤 딥러닝본부장 "CPC는 기존 NPC(Non-Playable Character)와 달리 이용자와 대화하고 협력해 상황을 유연하게 파악하고 대응할 수 있다"고 설명했다.

CPC는 크래프톤의 대표작인 '펍지(PUBG)' IP 프랜차이즈와 신작 '인조이(inZOI)'를 포함한 다양한 게임에 확대 적용될 예정이다. 이 본부장은 "CPC가 게임 업계의 새로운 기준점이 될 수 있도록 최적화와 표준화 작업을 가속화하겠다"며 이용자 경험 혁신을 위한 의지를 강조했다.

크래프톤은 이번 발표에서 엔비디아와의 장기적인 파트너십도 강조했다. 이 본부장은 "AI 기술이 게임 산업에 가져올 큰 변화를 믿으며, 엔비디아와 지속해서 협력해 나갈 것"이라고 말했다.

### CPC
**(Co-Playable Character)**

엔비디아와 공동 개발한 AI 기반 캐릭터. 게임 이용자와 상호작용하며 게임 경험을 변화시킬 새로운 개념의 캐릭터를 말한다.

행사에서는 CPC 기술이 적용된 게임 시연 영상도 공개됐다. 펍지 IP 프랜차이즈의 시연 영상에는 이용자와 대화를 나누고, 상황에 맞춰 전략을 수립하며 플레이 스타일을 세밀하게 조정하는 '펍지 앨리(PUBG Ally)'의 모습이 담겼다.

인조이(inZOI) 시연에서는 개성 있는 성격과 감정을 가진 CPC '스마트 조이(Smart ZOI)'가 등장했다. 스마트 조이는 이용자와 깊이 있는 상호작용을 통해 생동감 넘치는 시뮬레이션 경험을 제공하며, 감정을 표현하는 능력으로 몰입도를 극대화했다. 크래프톤은 CPC를 통해 게임 업

1.2.
딸기 작물을 재배가 가능한 대동의 AI 농업 로봇.

계에서의 새로운 AI 활용 기준을 제시하고, 이용자들에게 차별화된 게임 경험을 제공할 계획이다.

### 대동, AI로 농업의 미래를 열다

대동은 CES에 국내 농기계 제조사 중 처음으로 참가해 'AI 농업 기술'을 중심으로 한 하이테크 농업 기업으로의 도약에 나섰다. 대동은 'AI to the Field'를 콘셉트로 첨단 농업 로봇, AI 식물 재배기, 정밀농업 기술을 선보이며 미래 농업의 비전을 제시했다.

대동은 이번 CES에서 AI 다기능 농업 로봇을 처음으로 공개했다. 이 로봇은 딸기 재배 작업을 기준으로 음성 지시를 이해한다. 또한 생육 환경을 분석해 정식, 적화, 런너 제거 등 다양한 작업을 스스로 수행한다. 기존 농업 로봇이 특정 작업에만 한정됐던 점을 넘어, 엔드투엔드(End-to-End) 작업이 가능한 혁신적 기술로 평가받고 있다.

이를 위해 대동은 국내 최초로 비전 센서를 활용한 자율작업 트랙터와 운반 로봇 개발을 완료했으며, 운반 로봇은 2025년 1분기에 출시될 예정이다.

CES 2025 혁신상을 받은 AI 식물 재배기는 농업 빅데이터와 AI 기술을 결합해 작물별 생육 환경을 자동 조정한다. 씨앗 캡슐을 넣으면 AI가 품종을 인식하고, 온도, 습도, 조도, 배양액 등을 자동으로 제어하며, 생육 상태를 분석해 수확 시기를 예측한다.

대동은 기능성 작물 22개 품종을 소개하며 건강에 도움이 되는 작물의 재배 매뉴얼과 지식재산(IP)을 확보하고 있다. AI 재배기를 통해 누구나 도심이나 실내에서 맞춤형 건강 작물을 재배할 수 있는 환경을 제공하는 것이 목표다.

CES 현장에서는 대동이 4년간 실증해 온 정밀농업 기술을 체험할 수 있다. 관람객은 트랙터 디스플레이를 통해 데이터 기반의 토양분석, 비료 처방, 병해충 진단 등 AI가 안내하는 작업을 선택하며 미래 농업의 모습을 경험했다.

대동은 2021년부터 136헥타르(41만 평) 농경지에서 정밀농업을 실증하며 비료 사용량을 7% 줄이고 쌀 수확량을 6.9% 증가시키는 성과를 거뒀다. 2025년부터 정밀농업 기술을 국내에 본격 보급해 연간 약 1조원의 경제적 효과를 창출할 것으로 기대하고 있다. 대동의 원유현 대표는 "AI 기반 미래농업 기술을 세계 시장에서 인정받아 글로벌 AI 농업 기업으로 자리매김하겠다"며, "정밀농업과 스마트파밍 기술을 국내 시장에 본격 도입하고 해외 진출을 준비하겠다"고 밝혔다.

# CES가 주목한 글로벌 기업

CES 2025에 참가한 기업은 총 4800여개로 저마다 새로운 기술과 제품, 서비스를 들고 전시장을 가득 채웠다.

도요타, 혼다, BMW 등 글로벌 자동차 제조사는 물론 소니, TCL, 하이센스 등 가전 업체들도 새로운 폼팩터로 시장 공략에 나섰다. 또한 아마존·인텔·퀄컴·지멘스·보쉬·존디어 등 빅테크 기업에서 농기계 제조사에 이르기까지 산업의 경계를 허무는 다양한 아이디어와 첨단 기술이 참가자들의 이목을 집중시켰다.

## 01 도요타 Toyota

도요타는 CES 2025에서 미래형 모빌리티 도시 비전을 구체적으로 제시했다. 도요다 아키오 도요타 회장은 5년 만에 CES 무대에 올라, 미래형 도시 도요타 우븐시티(Woven City)의 개발 현황과 비전을 공유했다. 이 도시는 2024년 10월, 1단계 건설을 완료했으며 올해 하반기 첫 입주와 함께 공식 출범을 앞두고 있다. 우븐시티는 AI 기술을 기반으로 설계됐다. 로봇·자율주행차·스마트홈 등 최첨단 기술이 통합돼 있다. 도시 내 모든 교통수단은 저공해 또는 무공해 방식으로 운행되며, 이를 통해 교통 체증, 환경오염, 에너지 효율 문제를 해결할 수 있는 모델을 제공한다.

이번에 공개된 우븐시티 영상에서는 퍼스널 모빌리티, 노인과 반려동물을 돌보는 로봇, 가사 도우미 로봇, 개인용 드론 등 다양한 기술이 등장해 미래 도시의 모습을 생생히 보여줬다. 도시에 필요한 에너지는 도요타의 수소연료전지 기술로 공급되고 이를 통해 지속가능한 에너지 솔루션을 제시한다. 또한 도요타는 새로운 운영체제인 아레나 OS와 실제 환경을 디지털로 재현하는 디지털 트윈 플랫폼도 개발 중이다.

아키오 회장은 "우븐시티는 모든 사람이 혁신적인 신제품과 아이디어를 발명하고 개발할 수 있는 곳"이라며, "이 도시는 단순한 생활 공간을 넘어 실제 환경에서 아이디어를 테스트할 수 있는 살아있는 실험실의 역할을 할 것"이라고 강조했다.

도요타는 2020년 CES에서 우븐시티

AI 기술 기반한 미래형 도시 '우븐 시티'의 구체화

구상을 처음 발표한 후, 자회사인 '우븐 바이 도요타(W by T)'를 설립해 개발을 본격화했다. 이 프로젝트는 2021년 2월, 일본 시즈오카현 스소노시에 위치한 도요타자동차 동일본의 히가시후지 공장 부지에서 시작됐으며, 지난해 10월 첫 실증 건물인 '페이즈1(Phase1)'이 완공됐다.

올해 입주를 시작하는 100명의 초기 거주민은 모두 W by T 소속 직원들로 구성되며, 이들의 실제 생활 데이터를 기반으로 추가적인 기술 개선이 이뤄질 예정이다. 아키오 회장은 "우븐시티는 2단계와 이후 단계를 통해 최대 2000명이 연중 거주할 수 있는 주택과 시설을 완성할 계획"이라고 밝혔다.

**HONDA**
차세대 전기차 라인업 '혼다 제로', 독자적 운영체제인 아시모 OS 탑재

## 02 혼다 Honda

혼다는 CES 2025에서 차세대 전기차 라인업인 '혼다 제로(0)'를 세계 최초로 공개하며 미래 모빌리티 시장에서의 위상을 끌어올렸다. 소프트웨어 중심 차량(SDV) 실현을 목표로, 혼다는 독자적인 운영체제인 '아시모 OS'를 개발했다.

이번에 공개된 '혼다 제로(0)' 라인업은 세단과 SUV 프로토타입 모델로 구성돼 있다. 혼다 제로 세단은 슬림·경량화·스마트라는 개발 철학을 바탕으로 설계됐으며, SUV는 넉넉한 공간과 높은 차체로 실용성을 강조했다. 두 차량 모두 구체적인 제원은 아직 공개되지 않았으나 2026년 출시를 목표로 개발이 진행 중이다. 혼다 제로는 전기차 전용 브랜드로 향후 다양한 차종으로 라인업이 확장될 전망이다.

혼다는 제로 시리즈의 핵심 기술로 독자적으로 개발한 아시모 OS를 선보였다. 이 운영체제는 레벨3 이상의 자율주행을 실현하기 위해 설계됐으며, 차량이 도로와 주변 환경을 인간처럼 이해하고 인식하는 능력을 갖추고 있다. 더불어 운전자의 상태를 분석하고 소통하는 역할까지 수행해 안전성과 편의성을 동시에 강화했다.

또한 혼다는 고성능 시스템 온 칩(SoC) 개발을 위해 일본의 반도체 연합기업인 르네사스 일렉트로닉스와 협력했다. SDV 구현에 필수적인 고성능 SoC는 공동 개발을 통해 최적화하겠다는 전략이다. 특히 TSMC의 3나노미터 공정 기술을 활용해 전력 소비를 최소화하는 데 중점을 뒀다.

## 03 소니 혼다 모빌리티 Sony Honda Mobility

소니와 혼다의 합작으로 탄생한 프리미엄 전기차 세단이 CES 2025에서 공개되며 주목받았다. 소니 혼다 모빌리티가 선보인 아필라1은 혼다의 강력한 파워트레인 기술과 소니의 첨단 전장 기술 및 인포테인먼트(infotainment) 시스템을 합친 결과물이다. 특히 차량 내부에서 소니의 게임을 즐길 수 있는 엔터테인먼트 기능이 탑재돼 눈길을 끌었다. 약 5년에 걸친 개발 끝에 최종 완성 단계에 도달한 이 차량은 2026년 중반부터 고객 인도가 시작될 예정이다.

### SECTION 3　　Global Company

**SONY HONDA**
약 5년에 걸친 개발 끝에 1억원대 전기차 세단 '아필라1' 공개

'아필라1'의 핵심 기술은 '아필라 인텔리전트 드라이브'다. 차량에 장착된 40개의 카메라와 라이다 센서를 통해 주변 상황을 정밀하게 분석하고 안전한 주행을 지원한다. 이는 레벨2 수준의 첨단 운전자보조시스템(ADAS)을 제공하며, 운전자와 차량 간의 상호작용을 한층 강화한다. 또한 3D 모션 관리 시스템을 통해 모터·브레이크·서스펜션을 통합적으로 제어해 다양한 도로 조건에서도 최적의 승차감과 섬세한 핸들링을 보장한다. 아필라1은 1회 충전으로 최대 300마일을 주행할 수 있으며, 테슬라의 슈퍼차저 네트워크를 활용해 실용성과 편의성을 높였다. 이 차량은 '오리진'과 '시그니처'라는 두 가지 트림으로 출시될 예정이다. 기본 모델인 오리진의 가격은 8만 9900달러(1억 3000만원)이며, 고급 모델인 시그니처는 10만 2900달러(약 1억 5000만원)부터 시작한다. 구매 시 운전자 지원 AI퍼스널에이전트와 몰입형 엔터테인먼트 기능을 포함한 주요 서비스를 3년간 무료로 제공한다. 아필라1은 북미와 일본 시장을 중심으로 출시되며, 예약판매를 거쳐 내년 중반부터 고객들에게 본격적으로 인도될 예정이다.

## 04　BMW BMW

BMW는 CES 2025에서 세계 최초로 혁신적인 '파노라믹 i드라이브(iDrive)' 시스템을 공개했다. 이 새로운 BMW iDrive 시스템은 BMW의 헤드업 디스플레이 콘셉트인 'BMW 파노라믹 비전'을 중심으로 설계, 유기적인 디스플레이와 차량 제어의 상호작용을 구현한 것이 가장 큰 특징이다. BMW 파노라믹 비전은 차량 전면 유리를 전체적으로 활용한다. 운전자는 중앙 디스플레이를 통해 비전 디스플레이의 중앙과 우측에 표시되는 콘텐츠를 맞춤형으로 설정할 수 있다.

새롭게 도입된 BMW 3D 헤드업 디스플레이는 운전자의 시야 높이에 최적화해 통합 내비게이션과 자율주행 정보를 직관적으로 제공한다. 이 디스플레이는 BMW 파노라믹 비전과 조화를 이루며 더욱 향상된 콘텐츠 시각화를 지원한다.

중앙 디스플레이에는 매트릭스 백라이트 기술이 적용돼 사용자에게 친숙하면서도 한층 개선된 메뉴 구조를 제공한다. 또한, 신형 다기능 스티어링 휠은 사용할 수 있는 기능을 직관적으로 파악할 수 있도록 각 버튼에 조명을 켜 강조하는 세심한 설계를 선보였다.

BMW의 최신 운영 체제인 'BMW 오퍼레이팅 시스템 X'는 이 시스템의 핵심 기반이다. 파노라믹 비전, 3D 헤드업 디스플레이, 중앙 디

**유기적으로 상호작용하는 디스플레이와 차량제어 콘셉트를 도입한 '파노라믹 iDrive' 최초 공개**

스플레이, 그리고 다기능 스티어링 휠을 유기적으로 연결해 통합적이고 지능적인 허브 역할을 수행한다. 콘텐츠 개인화 기능 또한 대폭 개선해, 사용자는 파노라믹 비전 디스플레이를 자신의 취향에 따라 자유롭게 조정할 수 있다.

또한 '마이 모드'를 통해 반응성, 조향 특성 등 주행 설정을 개인의 선호에 맞게 구성할 수 있다. BMW 지능형 개인 비서는 "헤이 BMW"라는 음성 명령이나 다기능 스티어링 휠의 버튼을 눌러 호출할 수 있어 사용자의 편의성을 극대화한다.

BMW 오퍼레이팅 시스템 X는 지속적인 업데이트와 업그레이드를 통해 새로운 기능을 추가할 수 있어 사용자가 오랜 시간 동안 첨단 기술의 혜택을 받을 수 있도록 했다. BMW 파노라믹 iDrive는 올해 말부터 양산 예정인 'BMW 노이어 클라쎄' 모델을 시작으로, 모든 신형 BMW 모델에 순차적으로 적용될 계획이다.

## 05 소니 Sony

소니는 CES 2025에서 10년 내 목표하는 장기 비전인 '창의적 엔터테인먼트 비전'을 주제로 최신 기술과 이니셔티브를 선보였다. 크리에이터의 창의성을 지원하고 IP(지식재산권)의 가치를 극대화한다는 내용을 골자로 한다. 토토키 히로키 소니 그룹 사장은 "크리에이터, 파트너, 직원들이 협력해 상상력을 자극하고 끝없는 감동을 만들어내는 것이 목표"라고 밝혔다.

주요 기술 발표로는 차량용 프로세싱 시스템인 '픽소 아키라(PXO AKIRA)'와 공간 콘텐츠 제작 솔루션 'XYN'이 포함됐다.

픽소 아키라는 로봇 카메라 크레인과 LED 볼류메트릭 기술을 결합해 가상 프로덕션 기반의 차량 촬영 솔루션을 제공하며, 3D 재구성 툴을 통해 실제 환경을 몰입형 디지털 배경으로 변환할 수 있다. 'XYN'은 XYN 모션 스튜디오와 헤드셋 등으로 구성돼 물체와 사람의 움직임을 정밀하게 캡처하고 3D CG 제작 워크플로를 개선한다.

또한 소니는 플레이스테이션 게임 IP의 세계를 다면화하기 위해 게임 IP의 영상 작품화 및 음악 아티스트와의 공동 작업, 새로운 지역 기반 엔터테인먼트 체험 프로젝트 등을 함께 전개한다고 밝혔다.

먼저 '고스트 오브 쓰시마: 레전드' 애니메이션과 '헬다이버즈2' 영화화 소식을 발표했다. 또한 호라이즌 IP와 레고의 협업 게임인 '레고 호라이즌 어드벤처'의 새로운 뮤직비디오를 선보였다. 이번 영상은 미국 싱어송라이터 '엠엑스엠툰(mxmtoon)'과의 협업으로 제작됐으며, 게임 내 에셋을 활용해 실제 게임의 분위기를 담아냈다. 이 뮤직비디오는 게임 IP의 확장성과 다양한 산업 간 협업 가능성을 보여주는 사례로, 게임 콘텐츠를 넘어선 새로운 엔터테인먼트 방식에 대한 가능성을 제시했다는 평가를 받았다. 이와 함께 CES 현장에서는 '귀멸의 칼날' 테마 포토 부스 등 팬 커뮤니티를 위한 다양한 콘텐츠도 소개했다.

SONY
창의적 엔터테인먼트 비전과 미래 기술 공개, 게임 IP 다면화 프로젝트 전개

## SECTION 3　　Global Company

### 06　인텔 Intel

**intel**
PC 시장의 패러다임을 바꿀 게임 체인저, AI PC로 시장의 주도권 경쟁

인텔은 CES 2025에서 AI PC로의 전환을 가속할 신제품과 기술을 대거 공개하며 미래 PC 시장의 주도권 강화를 선언했다. 미셸 존스턴 홀타우스 인텔 프로덕트 그룹 CEO는 "2025년은 인텔이 도약하는 중요한 해가 될 것"이라며 "노트북과 데스크톱 전 영역에서 AI PC 시장을 확대하겠다"고 밝혔다.

이번 행사에서 인텔은 노트북용 '코어 울트라 200H', 고성능 게이밍 노트북을 위한 '200HX', 기업용 PC를 겨냥한 '200V' vPro, 데스크톱 PC용 '200S' 등 다양한 신제품 라인업을 발표했다. 특히, 차세대 프로세서인 '팬저 레이크'가 인텔 18A 공정(1.8나노급)을 기반으로 개발되고 있으며, 주요 OEM 고객들에게 샘플링이 진행 중이라고 밝혔다. 홀타우스 CEO는 "팬저 레이크는 인텔의 기술 혁신을 집약한 제품으로, 2025년을 AI PC 도입의 전환점으로 만들 것"이라고 강조했다.

마이크로소프트(MS)와의 협력을 통해 선보인 윈도11 기반 '코파일럿+ PC'는 AI 기술로 업무 생산성을 높이고, '플루톤' 보안 칩을 통해 보안성을 강화했다. 파반 다불루리 마이크로소프트 윈도 및 서피스 그룹 총책임자는 "코파일럿+ PC는 AI PC의 새로운 기준이 될 것"이라며, 데이터 보안과 초고속 성능을 통해 기업 업무 환경의 현대화를 지원한다고 설명했다.

인텔은 2025년 전체 PC 시장의 약 41%가 AI PC로 구성될 것으로 예상하며, 윈도10 지원 종료에 따른 교체 수요가 성장의 주요 동인이 될 것이라고 전망했다. 지난해 출시된 '코어 울트라' 제품군이 성공적으로 시장에 안착한 만큼, 인텔은 AI PC 시장에서 개인용부터 기업용까지 전 세그먼트를 아우르며 입지를 강화할 계획이다. 홀타우스 CEO는 "AI PC는 PC 시장의 패러다임을 바꿀 게임 체인저"라며, "인텔은 업계에서 독보적인 제품, 프로세스, 파운더리를 통해 AI PC 시대를 이끌어 갈 것"이라고 말했다.

### 07　지멘스 Siemens

디지털 전환과 산업 혁신 비전 제시

지멘스그룹은 CES 2025에서 지속 가능한 디지털 전환과 산업 혁신을 지원하는 최신 기술과 비전을 공개했다. 피터 코에르테 지멘스 최고기술책임자(CTO) 겸 최고전략책임자(CSO)는 "산업용 AI는 모든 산업에 혁신적인 변화를 가져올 게임 체인저"라며 "복잡해지는 산업 환경 속에서 경쟁력과 지속 가능성을 유지하기 위한 필수 요소"라고 강조했다.

지멘스는 '인더스트리얼 코파일럿'을 통해 제조 현장에 산업용 AI를 직접 도입한다. 이 솔루션은 기계와 가장 가까운 위치에서 AI 작업을 수행해 운영자가 실시간으로 신속한 결정을 내릴 수 있도록 지원해 작업 중단 시간을 줄인다. 또한, 사용자와 기계 간의 협업을 강화해 개발 시간 단축과 혁신 주기 가속화를 기대할 수 있다.

지멘스 액셀러레이터 플랫폼에 기반한 '팀 센터 디지털 리얼리티 뷰어'는 엔비디아 옴니버스를 활용해 제품 수명주기 관리(PLM) 시스템에 대규모 물리 기반 시각화 기능을 제공한다. 이를 통해 3D 데이터를 활용한 안전한 디지털 트윈 환경에서 실시간 협업이 가능하며, 데이터 불일치를 최소화해 효율적인 워크플로를 실현한다.

지멘스는 소니와 협력해 몰입형 엔지니어링 솔루션도 선보였다. 소니의 헤드마운트 디스플레이와 지멘스 NX 소프트웨어가 결합한 이 솔루션은 고성능 혼합 현실(MR) 기술을 통해 제품 설계 및 제작의 협업 역량을 강화한다. 이 기술은 2월 공식 출시된다.

지멘스는 '지멘스 포 스타트업' 프로그램을 발표하며, 스타트업이 지멘스 액셀러레이터 플랫폼을 낮은 비용으로 활용할 수 있도록 지원할 계획이다. 아마존웹서비스(AWS)와의 협력을 통해 기술 지원과 시장 진출을 돕는 'AWS 액티베이트 프로그램'도 제공하며, 클라우드 기반 서비스와

개발 리소스 지원을 확대하고 있다.

지멘스는 항공 스타트업 젯제로(JetZero)와의 협력을 통해 혼합 날개형 항공기를 개발한다. 이 항공기는 연료 효율을 50% 개선하고, 2035년까지 탄소 배출 제로를 실현하는 것을 목표로 한다. 젯제로의 신규 공장에는 지멘스의 자동화 하드웨어와 디지털 기술이 통합되어 항공기 설계부터 생산, 운영까지 전 과정을 전기화하고 디지털화할 예정이다.

## 08 퀄컴 Qualcomm

퀄컴은 CES 2025에서 네 번째 스냅드래곤 X 시리즈 플랫폼인 '스냅드래곤 X'를 발표하며 AI PC 시장 확대를 본격화했다. 새 플랫폼은 성능과 배터리 효율성을 대폭 강화하며, 마

### Qualcomm
**스냅드래곤 X 플랫폼으로 AI PC 시장 대중화 시동**

이크로소프트(MS) 코파일럿 플러스 PC 경험을 최적화하는 데 초점을 맞췄다.

스냅드래곤 X는 8코어 퀄컴 오라이온 CPU를 탑재해 동일 전력 대비 최대 163% 성능 향상을 달성했다. 전력 소비량은 경쟁사 대비 168% 낮춰 배터리 효율성을 크게 개선했으며, 45 TOPS(초당 테라 연산) NPU를 통해 AI 연산 능력도 비약적으로 강화했다고 설명했다. 퀄컴은 이 플랫폼을 통해 600달러대 AI PC 출시를 선언했다. ASUS, 델 테크놀로지스, HP, 레노버 등 주요 제조사들이 2025년 초 신제품을 선보일 예정이다. 현재 60개 이상의 제품이 개발 중이며 2026년까지 100개 이상으로 확대될 전망이다. 퀄컴은 학생, 프리랜서 등 가성비를 중시하는 소비자를 주요 타깃으로 삼았다. 프레젠테이션 제작, 웹 브라우징, 콘텐츠 스트리밍 등 일상적

SECTION 3　　　　　　　　　　Global Company

인 작업을 합리적인 가격대에서 최적화된 성능으로 지원할 계획이다.

스냅드래곤 X 시리즈는 미니 데스크톱 PC라는 새로운 폼팩터도 공개하며 소형 컴퓨팅 시장에 도전장을 던졌다.

이 제품은 휴대성을 중시하는 소비자와 개발자, 기업 사용자들의 수요를 겨냥했다. 스냅드래곤 X 플랫폼은 윈도11 온 스냅드래곤 환경에서 50개 이상의 NPU 기반 AI 애플리케이션을 지원한다. 상위 20개 VPN 앱, 보안 및 클라우드 스토리지 앱 상위 50개가 네이티브로 실행되며, 음악 제작용 DAW와 VST 도구도 사용할 수 있다.

퀄컴에 따르면 스냅드래곤 네이티브 앱 개발은 전년 대비 3배 증가했다. 특히 음악 AI는 스냅드래곤 NPU에 최적화된 '모이세스 라이브' 앱 출시로 확장성을 입증했다. 알렉스 카투지안 퀄컴 MCX 부문 본부장은 "스냅드래곤 기반 코파일럿 플러스 PC는 최고의 사용자 경험을 원하는 소비자들에게 이상적인 선택이 될 것"이라고 강조했다.

## 09 보쉬 Bosch

보쉬 그룹은 CES 2025에서 소프트웨어와 인공지능을 기반으로 삶을 더 안전하고 효율적으로 만드는 다양한 제품과 솔루션을 선보였다. 타

**BOSCH**
일상 모든 영역과 연결하는 AI 기술 중심의 혁신

냐 뤼커트 보쉬 그룹 이사회 멤버는 "지능형 소프트웨어와 디지털 서비스는 우리의 핵심 사업의 초석이 됐다"고 강조하며, AI 기술을 중심으로 한 보쉬의 혁신 방향을 제시했다. 보쉬는 2019년부터 양산 중인 MPC3 다기능 카메라를 통해 도로 안전성을 높이고 있다. 이 카메라는 물체와 사람을 인식하고 도로와 차선을 구별해 차량의 안정적 주행을 지원한다. 폴 토마스 보쉬 북미 사장은 "AI 기반 다기능 카메라는 운전을 더 편안하게 하고 도로를 더욱 안전하게 만든다"고 말했다.

보쉬는 생성형 AI를 활용해 자율 주행 기술을 더욱 정교화하고 있다. 차량이 악천후 상황에서도 주변 환경을 신속히 분석하고 대응할 수 있도록 개선하는 데 초점을 맞췄다. 이러한 기술은 운전자 보조 시스템의 효율성을 높이며 도로 사용자의 안전

을 강화할 것으로 기대된다.

보쉬는 AI를 적용한 혁신적인 생활용품도 공개했다. 이바이크(ebike)용 디지털 배터리 잠금 도난 방지 시스템은 스마트폰을 키로 활용해 보안을 강화한다.

또한 지능형 보쉬 시리즈 8 오븐, 보쉬 레볼 아기 침대 등 AI와 가전·가구를 결합한 제품을 선보이며 AI 기술이 일상에 자연스럽게 녹아드는 모습을 보여줬다.

보쉬는 글로벌 성장 전략의 일환으로 미국 시장에 집중적으로 투자할 계획이다. 최근 보쉬는 존슨콘트롤즈의 냉난방, 환기, 공조 솔루션 사업을 80억달러(약 11조6000억원)에 인수하며 회사 역사상 최대 규모의 거래를 성사했다. 이를 통해 보쉬는 미국 내 주거 및 상업용 건물 솔루션 시장에서의 입지를 강화할 예정이다.

## 10 TCL TCL

**TCL**
미니 LED와 OLED 기술로 글로벌 TV 시장 공략 가속화

TCL은 CES 2025에서 QD-Mini LED TV와 OLED TV를 대거 선보이며 글로벌 TV 시장에서 자신감을 드러냈다. 특히 미니 LED의 내구성과 화질이 OLED를 넘어선다고 주장하며 기술적 경쟁력을 강조했다. 출품된 QM6K 시리즈는 슈퍼 하이에너지 LED(Super High Energy LED) 칩을 탑재해 기존 대비 53% 더 높은 밝기와 10% 향상된 광효율을 자랑했다. 또한, 컨덴스드 마이크로 렌즈(Condensed Micro Lens) 기술로 블루밍 현상을 대폭 줄이며 시청 경험을 향상했다. TCL 관계자는 "미니 LED는 내구성과 가격 경쟁력에서 OLED를 앞서고 있다"며, "소비자가 원하는 가격과 성능의 균형이 시장 승부를 결정할 것"이라고 밝혔다.

TCL은 이번 CES에서 게이밍 모니터 체험 공간을 대폭 확장하며 관람객들의 큰 호응을 얻었다. 현장에서는 288Hz 고주사율을 지원하는 게이밍 모니터와 차세대 디스플레이 기술을 직접 체험할 수 있는 구역이 마련됐다. TCL 부스에서 가장 큰 관심을 끈 제품은 스마트 안경이었다. 이 안경은 착용자가 외국어를 실시간으로 번역해 이해할 수 있도록 돕는 혁신적인 기능을 제공했다. 체험자들은 음성을 텍스트로 변환해 안경 화면에 표시하고, 이를 즉시 다른 언어로 번역하는 기술을 긍정적으로 평가했다.

TCL은 이번 CES에서 미니 LED와 OLED 기술의 강점을 뚜렷하게 구분하며 경쟁력을 부각했다. TCL 관계자는 "미니 LED는 내구성과 밝기에서 강점을 가지며, 대형 화면에서도 고품질을 유지한다"고 말했다. 특히 QM6K 시리즈는 144헤르츠 주사율과 HDR 기술을 통해 게이밍과 스포츠 관람에 최적화된 화면 품질을 제공하며, 가성비 면에서도 매력적인 옵션으로 떠올랐다.

TCL의 이번 발표는 미니 LED와 OLED 기술을 통해 글로벌 TV 시장에서 소비자의 다양한 요구를 충족하며 시장 점유율을 확대하고자 하는 전략을 명확히 보여줬다는 평가를 받았다.

## 11 하이센스 Hisense

**Hisense**
RGB 미니 LED 기술로 글로벌 TV 시장 공략

하이센스가 CES 2025에서 미니 발광다이오드(LED)를 기반한 '자발광 RGB' TV를 선보였다. 하이센스는 삼성전자의 자발광 모니터로는 최고 해상도, 최고 주사율의 퀀텀닷 유기발광다이오드(QD-OLED) 기술과 직접 비교하며 색재현력과 밝기, 에너지

# SECTION 3 — Global Company

효율성에서 우위를 내세웠다.

하이센스가 CES에서 공개한 116인치 RGB 미니 LED TV는 기존 백색 LED 기반 미니 LED TV와 달리 빨강(R), 초록(G), 파랑(B) LED가 독립적으로 빛을 내는 구조로, 색 표현의 정밀도와 생생함이 크게 향상했다. 이 기술은 최대 밝기 1만니트(nit·1니트는 촛불 하나 밝기)를 구현한다. 디스플레이 업계의 큰 관심을 받았다. 데니스 리 하이센스 사장은 "RGB 미니 LED TV는 QD-OLED와 기존 미니 LED TV보다 20% 이상 에너지 소비를 절감하면서도 더 뛰어난 색 성능을 구현한다"며 "QD-OLED는 여전히 개선의 여지가 많은 주류 기술"이라고 강조했다.

하이센스는 마이크로 LED TV를 통해 디스플레이 기술의 진화를 선도하고 있음을 재확인했다. 마이크로 LED TV는 수백만개의 초미세 LED 칩이 독립적으로 빛을 내며, OLED TV 대비 번인(잔상) 문제와 열에 대한 취약성이 없다는 점에서 경쟁력이 있다는 평가를 받고 있다.

안드레 클라크 하이센스 이사는 "136인치 마이크로 LED TV에 2488만개 이상의 LED 칩을 탑재했다"며 "이 기술은 몇 년 동안 일관된 화질을 제공할 뿐만 아니라 OLED의 단점을 보완하는 디스플레이 혁신"이라고 설명했다.

하이센스는 CES 2025에서 자사의 기술력이 삼성 QD-OLED를 넘어

섰음을 강조하며, 프리미엄 TV 시장에서의 존재감을 키웠다. 데이비드 골드 하이센스 부사장은 "지난해 87인치 이상 프리미엄 TV 시장에서 하이센스가 판매량과 매출 모두 1위를 기록했다"고 밝혔다.

## 12 존 디어 John Deere

**차세대 자율주행 솔루션 공개**

존 디어는 CES 2025에서 농업, 건설, 조경 등 다양한 분야에 걸쳐 활용할 수 있는 차세대 자율주행 솔루션을 대거 공개했다. 제이미 힌드맨 최고기술책임자(CTO)는 "숙련 노동자 부족과 작업 효율성 향상이 중요한 과제인 상황에서, 자율주행 기술이 이를 해결하고 생산성을 극대화할 것"이라며 네 가지 핵심 비전을 제시했다.

새롭게 선보인 2세대 자율주행 키트는 기존보다 40% 빠른 속도와 두 배 더 넓은 작업 범위를 자랑하며 씨앗 심기부터 곡물 운반까지 농장 작업 전반에 자율주행을 적용한다. 향상된 카메라와 엔비디아 그래픽처리장치(GPU) 기반 실시간 분석 기술로 낮과 밤을 가리지 않고 안정적인 주행이 가능하며, 스마트폰 앱을 통해 원격 제어와 모니터링도 지원한다.

과수원 환경에 맞춘 자율주행 트랙터는 라이다 센서를 추가로 장착해 울창한 나무 사이를 자유롭게 주행하며 장애물을 인식한다. 특히, 완전히 전동화된 모델은 연료비와 유지비를 절감한다. 이 트랙터는 캘리포니아의 아몬드, 호두 등 고부가가치 작물 생산 농가를 주요 타깃으로 한다.

존 디어의 자율주행 '아티큘레이티드 덤프 트럭(ADT)'은 복잡한 건설

현장에서 골재와 흙을 옮기는 작업을 자동화한다. GPS 기반 정밀 위치 추적과 카메라 시스템을 통해 장애물을 감지하며, 작업자와 장비 간 실시간 상태 공유를 통해 협업을 강화한다. 이러한 기술은 공정 효율성을 높이고 작업자 안전성을 확보한다.

대규모 녹지 관리용 자율주행 전동 잔디깎이는 소형화된 자율주행 키트를 장착해 공원, 오피스 단지 등에서 조용하면서도 배출가스 없이 작업할 수 있다. 360도 시야를 확보한 스테레오 카메라는 정밀한 작업을 지원하며, 투입 인력을 보다 전문적인 조경 업무에 집중할 수 있게 한다.

## 13 구글·아마존
Google·Amazon

CES 2025에서 구글과 아마존이 자율주행 로보택시 기술을 선보이며 새로운 경쟁을 예고했다. 구글의 자회사 웨이모(Waymo)와 아마존의 죽스(Zoox)는 각각 차세대 로보택시를 공개하며 시장 선점을 위한 의지를 드러냈다.

아마존은 죽스를 통해 자율주행차 시장에 본격 진출했다. 죽스는 도심형 로보택시 서비스에 특화된 완전 자율주행 전기차로 박스형 디자인을 채택해 실내 공간을 극대화했다. 차량에는 운전대와 운전석이 없으며, 좌석은 서로 마주 보는 형태로 설계됐다. 360도 시야 확보를 위해 차량 모서리에 고성능 라이다, 카메라, 레이더를 배치했으며 전후방 어느 방향으로도 주행이 가능하다. 아마존은 현재 자율주행 테스트를 진행 중이며 죽스는 올해 라스베이거스에서 로보택시 서비스를 시작할 예정이다. 이는 웨이모의 로보택시가 아직 운행하지 않는 지역이라는 점에서 주목받고 있다.

웨이모는 CES 2025에서 중국 전기차 지커 RT를 공개하며 차세대 로보택시 기술을 선보였다. 이 차량은 웨이모의 6세대 자율주행 기술을 탑재했으며, 현행 재규어 I-페이스와 달리 운전대와 가속 페달이 없다. 지커 RT는 13개의 카메라와 4개의 라이다, 6개의 레이더를 장착해 주변 환경을 정밀하게 인식하고 3D 원근 정보를 생성한다. 라이다는 펄스 레이저로 빛을 쏘아 반사 시간을 측정해 입체적인 데이터를 만들어내는 기술로, 차량의 자율주행 능력을 크게 강화한다. 웨이모는 현재 샌프란시스코와 로스앤젤레스에서 로보택시 서비스를 운영 중이며, 이번 지커 RT로 운행 지역과 기술력을 확장해 나갈 계획이다.

아마존의 죽스와 구글의 웨이모는 각각 라스베이거스와 캘리포니아를 중심으로 시장 경쟁에 나섰다. 박스형 디자인과 방향 전환이 자유로운 죽스는 도심형 서비스에 최적화됐지만, 웨이모는 지커 RT를 통해 정밀한 기술력을 강조하며 자율주행의 안전성과 효율성을 내세웠다.

CES 2025에서 선보인 이들의 기술력은 관람객들의 이목을 집중시켰다. 앞으로 글로벌 자율주행 차량 시장의 주도권을 둘러싼 경쟁이 더욱 치열해질 전망이다.

**Google amazon**
자율주행 로보택시, 시장 선점을 위한 진검승부 시작

웨이모

죽스

SECTION 3     Innovation Award

# 혁신상 수상으로 본 CES 2025 3대 트렌드

총 3400여 개 제품이 출품되며 호황을 맞은 CES 2025.
혁신상 수상작을 통해 기술 발전 향방을 점쳐 본다.

세계 최대 테크 전시회 'CES 2025'의 핵심 트렌드는 무엇이었을까. CES 주최 기관 CTA(미국소비자기술협회)가 발표한 혁신상(CES Innovation Awards) 수상작에서 힌트를 발견할 수 있다. 주요 키워드는 AI·헬스케어·에너지다. CTA가 1차로 공개한 혁신상 수상 제품 분야, 수상작 수를 더밀크가 분석한 결과 이 세 가지 부문에서 가장 많은 혁신상이 나왔다.

한국 기업들의 존재감도 두드러졌다. CTA가 1차로 공개한 '최고혁신상(Best of Innovation)' 수상작 19개 중 3분의 1이 넘는 7개가 한국 제품이었다. 삼성전자의 '갤럭시 버즈3 프로', SK텔레콤의 '스캠뱅가드', 웅진씽크빅의 AI 독서 플랫폼 '북스토리', 슈프리마AI의 온디바이스 AI 솔루션 'Q-비전 프로', 니어스랩의 '드론 스테이션' 등이 최고혁신상 수상의 영예를 차지했다.

CTA에 따르면 CES 2025 혁신상 프로그램에 33개 부문에 걸쳐 총 3400여 개 제품이 출품됐다. CES 2024 대비 13% 늘어난 역대 최대 규모다. 뷰티 및 퍼스널 케어(Beauty & Personal Care), 패션 테크(Fashion Tech), 산업 장비 및 기계(Industrial Equipment & Machinery), 반려동물 테크 및 동물 복지(Pet Tech & Animal Welfare) 등 4개 부문이 신설, 추가됐다는 점도 특징이다.

CES 혁신상은 1976년에 제정됐다. CTA 전문가 그룹이 출품 제품의 기술력과 디자인, 소비자 가치 등 혁신성을 종합 평가해 수상작을 선정한다. 행사 기간 라스베이거스 '베네치안 엑스포(Venetian Expo)' 전시장에 별도로 마련된 '이노베이션 어워드 쇼케이스(Innovation Awards Showcase)'와 각 기업 부스에서 수상작을 직접 만나볼 수 있다.

### 트렌드 ①
**AI 분야 출품 50% 급증…
CES 2025도 지배**

CTA가 혁신상 부문에 AI를 추가한 건 CES 2024부터였다. 챗GPT 등장 이후 폭발적으로 확산하기 시작한

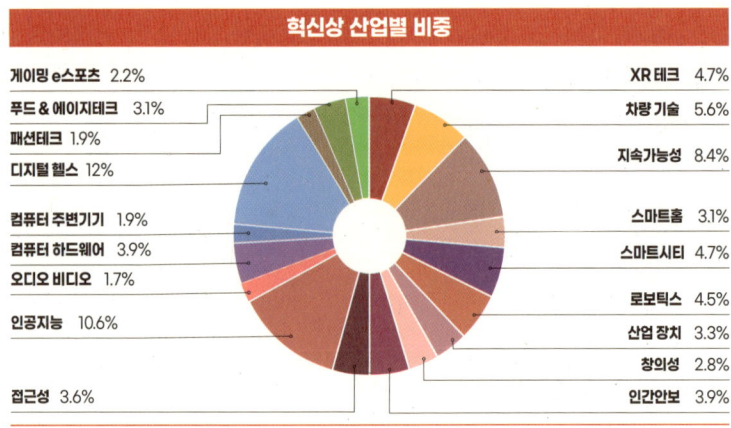

**혁신상 산업별 비중**

- 게이밍 e스포츠 2.2%
- 푸드 & 에이지테크 3.1%
- 패션테크 1.9%
- 디지털 헬스 12%
- 컴퓨터 주변기기 1.9%
- 컴퓨터 하드웨어 3.9%
- 오디오 비디오 1.7%
- 인공지능 10.6%
- 접근성 3.6%
- XR 테크 4.7%
- 차량 기술 5.6%
- 지속가능성 8.4%
- 스마트홈 3.1%
- 스마트시티 4.7%
- 로보틱스 4.5%
- 산업 장치 3.3%
- 창의성 2.8%
- 인간안보 3.9%

자료 더밀크 ※11월 14일 발표 데이터 기준

1. 웅진씽크빅의 AI 독서 플랫폼 '북스토리'.
2. 가우디오랩의 뮤직 플레이스먼트.

생성형 AI 붐을 반영하기 위한 움직임이었다. AI는 소프트웨어, 반도체, 딥테크(Deep tech, 첨단기술)를 넘어 소비자 가전, 자동차, 건설 기계 장비 등 전 산업 영역에 영향을 미치고 있으며 CES 2025에도 이런 트렌드가 고스란히 반영됐다.

AI 분야 출품작이 전년 대비 49.5% 급증, 가장 빠르게 성장하는 부문으로 부상했다는 사실이 이를 뒷받침한다. 향상된 사용자 경험, 생산성 제고, 의료 부문 개선 등을 통해 우리 삶에 깊숙이 침투하고 있다. 젠슨 황 엔비디아 CEO가 CES 2025 기조연설자로 무대에 오른다는 점도 AI 기술 및 트렌드의 중요성을 상징한다. 게리 샤피로 CTA 회장 역시 CES 2025 최고 화두로 AI를 꼽은 바 있다.

CTA가 AI 분야 최고혁신상으로 선정, 가장 주목한 제품은 웅진씽크빅 AI 독서 플랫폼 북스토리였다. 북스토리는 웅진씽크빅의 증강현실(AR) 독서 솔루션 'AR피디아(ARpedia)'를 기반으로 새롭게 개발된 차세대 독서 플랫폼이다. 웅진씽크빅과 AR/XR 기업 아티젠스페이스 협업해 개발한 제품이다. 생성형 AI 기술을 적용, 원하는 언어로 책을 읽어 줄 수 있다는 점이 높은 평가를 받았다. AI 기술을 활용, 책 내용에 맞는 효과음과 시각 효과를 제공하는 등 생동감 있는 독서가 가능하며 부모의 목소리로 책을 읽어 주거나 다양한 성우들의 목소리를 적용할 수도 있다. 아동, 장애인, 노인 등 혼자 책을 읽기 어려운 이들을 도울 수 있다는 점도 호평받았다. 웅진씽크빅은 북스토리를 내년 초 국내 및 해외시장에 동시 출시할 계획이다.

오디오 솔루션 전문 한국 AI 스타트업 가우디오랩도 AI 부문에서 혁신상을 수상, 주목받았다. 혁신상을 받은 제품 '가우디오 뮤직 플레이스먼트(Gaudio Music Placement)'는 영상 콘텐츠 제작 및 유통에서 발생하는 문제를 해결하는 종합 오디오 솔루션이다. 가우디오랩에 따르면 동영상만 업로드하면 AI가 배경음악 추천 및 배치, 배경음악 교체, 더빙, 자막, 효과음 선정, 소음 제거, 대사 분리 등 다양한 작업을 수행할 수 있다.

3D 콘텐츠 생성형 AI 스타트업 아이리브(Ailive)의 '아이리브 스튜디오'도 AI 부문에서 혁신상을 받았다. AI 기술을 활용해 3D 제작에 대한 지식 없이 누구나 쉽게 고품질 3D 콘텐츠를 제작할 수 있다는 점이 호평받았다. 글로벌 반도체 설계 전문업체 AMD의 PC용 AI 칩 '라이젠 AI 9 HX 370(Ryzen AI 9 HX 370)', 퀄컴이 온디바이스AI 칩 '스냅드래곤 8 엘리트(Snapdragon 8 Elite)'용으로 개발한 퀄컴 AI 엔진도 AI 부문에서 혁신상을 받았다.

### 트렌드②
### 디지털 헬스 부문 혁신상 43개… 최다 수상

디지털 헬스(Digital Health) 부문은 33개 부문 중 가장 많은 혁신 제품이 소개된 분야다. 1차 발표된 CES 2025 수상작 중 총 43개가 디지털 헬스 부문에서 상을 받았다. CTA는 CES 기간 중 이틀간 '디지털 헬스 서밋'을 개최하며 별도의 디지

## SECTION 3 — Innovation Award

### 대한민국 최고혁신상 수상 제품 분야

| 순위 | 분야 | 수상기업 | 혁신상 개수 |
|---|---|---|---|
| 1 | 비디오 디스플레이 | 삼성전자, LG전자 | 2 |
| 2 | AI(인공지능) | 웅진씽크빅 | 1 |
| 3 | 게임 및 e스포츠 | LG전자 | 1 |
| 4 | 드론 | 니어스랩 | 1 |
| 5 | 디지털 헬스 | 한양대학교 | 1 |
| 6 | 뷰티 및 퍼스널 케어 | 삼성전자 | 1 |
| 7 | 사이버 보안 | SK텔레콤 | 1 |
| 8 | 스마트홈 | 삼성전자 | 1 |
| 9 | 스마트시티 | 시에라베이스 | 1 |
| 10 | 이미지 처리 | 포스콤 | 1 |
| 11 | 임베디드 기술 | 슈프리마AI | 1 |
| 12 | 펫 테크 및 동물복지 | LG전자 | 1 |
| 13 | 핀테크 | 고스트패스 | 1 |
| 14 | 헤드폰 및 개인 오디오 | 삼성전자 | 1 |
| | 합계 | | 15 |

자료: 한국무역협회 국제무역통상연구원

털 헬스 콘퍼런스 트랙을 만들 정도로 이 부문에 초점을 맞췄다. 건강 관리는 인류의 가장 큰 문제이자 관심사이며 기술로 이를 개선할 수 있다는 이유에서다.

최고혁신상을 수상, 가장 큰 이목을 끈 건 한양대학교가 개발한 이명 치료 장치 'TD 스퀘어'였다. TD스퀘어는 청각, 시각, 촉각 피드백 시스템, 가상현실(VR) 기술을 결합해 인지장애 치료에 활용하는 디지털 치료기기다. 이명은 외부의 음성 자극 없이 귓속에서 소음을 주관적으로 느끼는 병이므로 약물적 치료보다는 인지장애 치료가 효과적이다. 여기에 착안해 첨단 기술을 활용, 유의미한 효과를 얻을 수 있었다는 게 한양대학교 ICT융합학부 측의 설명이다. CTA는 TD스퀘어를 소개하며 "VR 환경에서 AI가 생성한 입체음향을 통해 이명을 제거하고 조절할 수 있다"고 밝혔다.

슬립테크 스타트업 에이슬립의 AI 기반 수면 추적 태블릿 '슬립보드(SleepBoard)'도 혁신상을 받았다. 에이슬립의 수면 추적 기술 에이슬립트랙(AsleepTrack) 기반으로 작동하며 침대 옆 탁자 위에 슬립보드를 놓기만 하면 자동으로 수면 패턴을 모니터링할 수 있다. 스마트홈 장치에 연결해 실시간으로 수면 환경을 최적화할 수 있으며 잠에서 깨면 왓츠앱, 라인, 텔레그램 등 다양한 메시지 앱을 통해 개인화된 아침 메시지도 보내준다.

일본 식음료 기업 기린 홀딩스와 메이지 대학교 등이 협업해 개발한 '전기 소금 숟가락(Electric Salt Spoon)'도 업계의 관심을 끌고 있다. 이 제품은 전기를 활용, 저염 음식의 짠맛과 감칠맛을 높여 주는 독특한 식기형 기기다. 숟가락 끝부분이 음식에 약한 전류를 전달, 짠맛과 감칠맛 등 음식의 맛을 향상할 수 있다는 게 기린 홀딩스 측 설명이다.

글로벌 헬스케어 기업 애보트의 웨어러블 제품 '링고(Lingo)'도 혁신상을 받았다. 링고는 혈당 수치를 추적하고 개인화된 인사이트와 맞춤형 코칭을 제공, 건강한 습관을 만들 수 있도록 돕는 제품이다. 14일 동안 팔에 부착하는 바이오센서와 결합한 시스템이다.

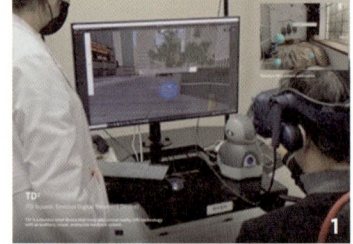

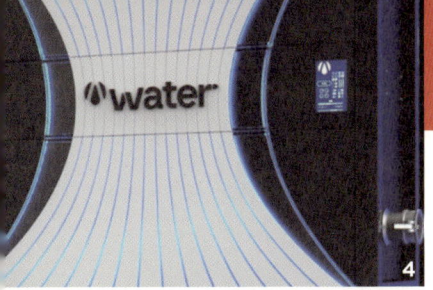

**1.**
한양대학교 이명 치료 장치 'TD 스퀘어'.

**2.**
에이슬립의 AI 기반 수면 추적 태블릿 '슬립보드(SleepBoard)'.

**3.**
일본 기린 홀딩스, 메이지대학교 등이 개발한 전기 소금 숟가락.

**4.**
미국 기업 브이바터(VVater)는 혁신적인 수처리 기술 패러디 리액터(Farady Reactor)를 개발했다.

**5.**
리브올의 '피카부스트2'.

## 트렌드③
### 지속가능성·에너지는 전 세계의 화두

지속가능성, 에너지 및 전력(Sustain-ability & Energy/Power) 부문은 디지털 헬스, AI에 이어 세 번째로 많은 혁신상을 받은 부문이다. 총 30개의 흥미로운 혁신상 수상 제품이 소개됐다.

이런 흐름은 '지속가능성'이 전 세계 기업의 거대 트렌드로 자리 잡았다는 사실을 보여준다. 에너지를 낭비하는 기업은 살아남기 어려운 시대가 될 것이다. CTA 역시 CES 2025의 주요 화두로 에너지 및 양자 기술을 제시했다. CTA는 이와 관련 '양자 월드 콩그레스'와 협력해 퀀텀 세션도 처음으로 선보일 예정이다.

'패러디 리액터(Farady Reactor)'는 CES 2025 지속가능성, 에너지 및 전력 부문에서 최고혁신상을 수상, 주목받은 대표 제품 중 하나다. 미국 기업 브이바터(VVater)가 개발한 패러데이 리액터는 폐수를 포함한 다양한 수원을 화학 물질 없이 효율적으로 정화할 수 있도록 설계된 혁신적인 수처리 기술이다. 추가적인 화학물질, 필터, 멤브레인 또는 생물학적 제제 없이 '첨단 저장력 전기 천공법(Advanced Low Tension Electroporation Process, ALTEP)'을 사용, 원치 않는 미생물 및 유기 오염 물질을 분해할 수 있는 것으로 알려졌다.

미국 캘리포니아주에 위치한 기업 리브올(LIVALL)의 '피카부스트2(PikaBoost 2)'도 이 부문에서 혁신상을 받았다. 피카부스트는 일반 자전거에 장착, 일반 자전거를 전기 자전거로 바꿔주는 기기다.

---

### INSIGHT

## 플러스: 뷰티·패션 등 5개 부문 신설… 라이프스타일 혁신

뷰티 및 퍼스널 케어, 패션 테크, 산업 장비 및 기계, 반려동물 테크 및 동물 복지 부문이 새롭게 추가됐다는 점도 눈여겨볼 대목이다. 세계인들의 삶의 방식이 뷰티, 패션, 반려동물 돌보기 등에 집중되고 있다는 점을 반영한 흐름이기 때문이다.

패션 테크 부문에서 최고혁신상을 받은 '액티브 전기 삼투 멤브레인 재킷(Active Electroosmotic Membrane Jackets)'이 대표적인 사례다. 이 재킷은 스위스 회사 '오스모텍스(Osmotex)'를 인수한 캐나다 기업 마이안트(Myant)가 출품한 제품으로 오스모텍스는 수십억 개의 가공이 있는 멤브레인 및 직물에서 수분과 입자를 정밀하게 제어하는 기술을 가지고 있다. CTA는 "멤브레인 섬유는 불충분한 수분 운반이라는 특성 때문에 땀을 통한 신체 열 조절 능력을 방해한다"며 "액티브 전기 삼투 멤브레인 재킷은 사람의 땀 배출 속도에 맞춰 조절할 수 있는 '섬유 펌프(textile pump)'를 통해 이 문제를 해결할 수 있다. 폭우 등에도 날씨 조건과 무관하게 스스로 건조된다"고 설명했다.

일본 화장품 업체 시세이도가 개발한 '스킨 비주얼라이저(Skin Visualizer)'는 뷰티 및 퍼스널 케어 부문에서 혁신상을 받았다. 이 제품을 사용하면 현재 피부 상태를 즉각적으로 측정, 개인별 맞춤 뷰티 조언을 받을 수 있다.

## SECTION 3 — Best of Innovation

# CES 2025 최고혁신상 TOP 19

단 0.6%, 치열한 경쟁률을 뚫고
최고혁신상을 받은 19개 혁신의 얼굴은 다음과 같다.

CES 혁신상(Innovation Awards) 부문에는 올해도 전 세계에서 3400개 이상의 기술 및 제품이 접수됐다. CES 2024 대비 13% 증가한 수치다. CTA는 전 세계의 산업 디자인, 엔지니어링, 미디어 등 전문가들로 구성된 심사위원단의 심사를 통해 수상작을 선정한다.

CES 혁신상은 총 34개 부문으로 구성됐다. 이 중 가장 두드러진 성장세를 보이는 부문은 AI다. 작년 대비 제출 건수가 49.5% 증가했다. AI가 향상된 사용자 경험, 생산성 향상, 의료 발전 등을 통해 인간의 삶에 어떻게 통합되고 있는지 보여주는 대목이다.

혁신상은 크게 '혁신상(Honoree)'과 '최고혁신상(Best of Innovation)'으로 구분된다. 후보작들 중 혁신성, 기능성, 미학 및 디자인 등 모든 범주에서 가장 높은 평가를 받은 제품에 대해 최고혁신상을 수여한다. 수

1. 전년 대비 약 13% 증가한 총 3400개의 기술 및 제품이 출품된 CES 2025.
2. 한양대학교 휴먼컴퓨터인터랙션학과(HCI) 게임연구실의 이명 디지털 치료 장치 시연 모습.

상작들을 통해 CES의 3대 키워드인 AI와 디지털 헬스, 지속가능에너지의 기술 최전선을 확인할 수 있다. CES 최고혁신상 수상 경쟁은 치열하다. 총 3400개 출품작 중 19개만이 최고혁신상에 이름을 올렸다. 전체의 0.6%에 해당하는 수치다. 이 중 한국 기업의 점유율은 두드러진다. 19개의 최고혁신상 기업 중 7곳이 한국 기업이다. 수상기업 3곳 중 1곳은 한국이 차지한 것이다.

### 한국 기업의 선전 돋보여

최고혁신상을 받은 한국 기업과 제품은 삼성전자의 '갤럭시버즈3 프로', SK텔레콤의 '스캠뱅가드', 웅진씽크빅의 AI 독서 플랫폼 '북스토리', 고스트패스의 '온디바이스 생체인증 결제 솔루션', 슈프리마AI의 범죄 예방 온디바이스AI 'Q비전 프로', 니어스랩의 '드론 응급구조대용 스테이션', 한양대학교의 이명 치료 장치 'TD 스퀘어' 등이다.

웅진씽크빅의 북스토리는 생성형 AI 기술을 활용해 책을 원하는 언어, 목소리로 읽어주는 AI 독서 플랫폼이다. 어린이는 물론 책을 스스로 읽기 어려운 장애인, 노인에게도 유용해 독서 사각지대 해소에 기여할 것이라는 평가받으며 AI 부문의 최고혁신상을 거머쥐었다.

올해 AI와 함께 CES의 메인 주제로 선정된 디지털 헬스에서 한양대 게임연구실에서 출품한 이명 치료 장치 TD 스퀘어가 최고혁신상을 받았다. 대학연구소로는 유일한 수상작이다. 이명을 호소하는 환자가 이명 발생 위치를 귀 바깥으로 인식할 수 있도록 도와준다. 다중 감각 자극을 제공하는 가상환경을 구성한 후 인지된 이명 아바타를 환자 스스로 제

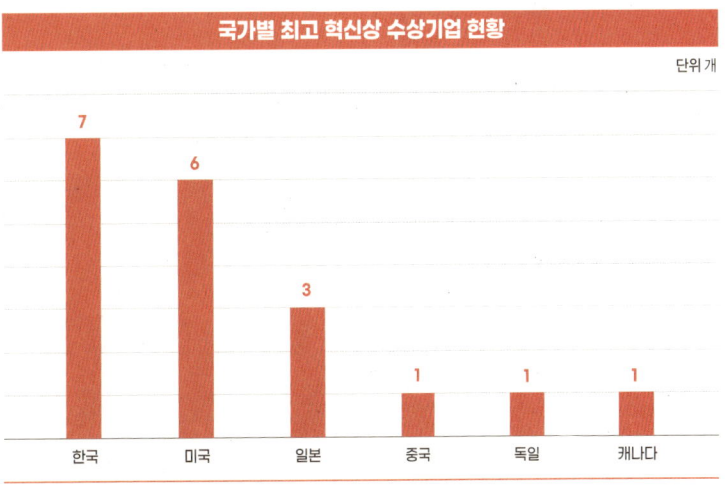

국가별 최고 혁신상 수상기업 현황 (단위 개)
- 한국: 7
- 미국: 6
- 일본: 3
- 중국: 1
- 독일: 1
- 캐나다: 1

자료 CTA

# SECTION 3 — Best of Innovation

1.
쿠보타 트랙터(Kubota Tractor)의 'KATR'.

2.
니어스랩(Nearthlab) '드론 스테이션'.

3.
헤드폰 및 개인 오디오 부분에서 수상한 삼성전자의 '갤럭시버즈3 프로'.

어해 잘못된 인식을 교정하면 이명을 완화할 수 있다는 것이다.

사이버보안 부문에서 최고혁신상을 받은 스캠뱅가드는 SK텔레콤의 AI 기반 모바일 금융사기 탐지·방지 기술이다. 딥러닝 기술을 활용해 미끼 문자 탐지 및 알림, AI봇 기반 SNS 사기 방지, 머신러닝 기반 사기전화 패턴 탐지 식별 등을 수행한다. SK텔레콤의 AI에이전트 서비스인 에이닷 전화의 스팸·보이스피싱 의심전화 안내에도 활용된다.

모바일 부문에선 삼성전자의 무선 이어폰 갤럭시버즈3 프로가 최고혁신상을 받았다. 프리미엄 사운드와 적응형 소음 제어 최적화 기술이 적용됐으며, AI 기반의 실시간 음성 통역을 제공한다. 갤럭시 최신 스마트폰과 연결 후 통역 앱의 '듣기 모드' 기능을 켜면 16종의 언어를 사용자의 언어로 실시간 통역해 준다.

임베디드(내장형) 기술 부문에선 슈프리마AI가 금융 범죄를 예방할 수 있는 온디바이스AI 모듈 Q-비전 프로를 출품해 최고혁신상을 받았다. 자동현금인출기(ATM) 등에 적용해 AI 기반 얼굴 인식 및 행동 분석을 한다. 이를 통해 잠재적인 금융 범죄를 예측하고 불법 거래를 방지할 수 있다. 핀테크 스타트업 고스트패스의 온디바이스 생체인증 결제 솔루션도 금융 범죄 예방 및 결제 지원 기능을 갖추고 있다. 사용자의 생체정보를 스마트폰에 안전하게 저장해 원격 인증 및 결제를 지원하는 생체인증 솔루션이다. 드론 부문에선 스타트업 니어스랩의 드론 스테이션이 최고혁신상을 받았다. 경찰 관제 시스템과 연동되고 무인화로 운용할 수 있다.

## 환경, 인포테인먼트, 가상현실 기술 등 돋보인 해외

한국에 이어 미국 기업 6곳이 최고혁신상을 받았다. 일본이 3곳으로 뒤를 이었으며, 중국, 독일, 캐나다 기업이 각각 1곳씩 수상했다. 미국의 브이바터(VVater)는 새로운 수처리 기술인 '파라데이 리액터'를 내놨다. 전기 화학적 반응을 활용해 오염 물질을 분해하는 것이 특징이다. 환경 오염 문제를 야기하는 기존의 화학 물질을 사용한 정화 방식을 대체할 수 있어 주목받았다. 미국의 또 다른 기업인 코닝과 카유엑스(CarUX)가 함께 만든 온디맨드 자동차 인포테인먼트 센터도 자동차와 가전 업계의 관심을 받았다. 이 기술은 자동차를 하나의 엔터테인먼트 시연장으로 바꿨다. 이동에서 생활로 확장하는 자동차의 기능에 발맞춘 기술이다. 일본 소니도 '브라비아 씨어터 쿼드'로 최고혁신상을 받았다. 이 제품은 어지러운 배선 없이 방안 곳곳에서 마치 영화관에 있는 듯한 몰입감 넘치는 고품질의 사운드를 즐길 수 있는 무선 홈 스피커 시스템을 구현했다.

실제가 아닌 가상현실로의 확장 기술도 최고혁신상에 이름을 올렸다. 캐나다의 햅리 로보틱스는 메타버스에서도 촉감을 느낄 수 있는 기술을 개발해 주목받았다. 이 회사가 내놓은 컴팩트한 햅틱 장치인 민버스가 그것이다. 햅틱은 사용자가 가상 환경에서 실제 물체를 만지는 듯한 촉각 피드백을 제공하는 기술이다. 예를 들어 민버스 사용자는 가상 물체를 잡거나 밀 때, 현실에서 해당 물체를 다루는 것과 유사한 느낌을 받을 수 있다. 이 기술은 게임, 교육, 의료, 보건 등 다양한 분야에서 활용될 수 있다. 특히 의료 분야에서 의사들이 실제 수술 전에 시뮬레이션해 볼 수 있다.

> 3400개 출품작 중 19개만이 최고혁신상에 이름을 올렸다. 전체의 0.6%다.

### 최고혁신상 전체 수상자 명단

| 분야 | 수상작 |
|---|---|
| 접근성 및 에이지테크(AgeTech) | 바이오닉엠(BionicM)의 바이오레그(Bio Leg) |
| 인공지능(AI) | 웅진씽크빅의 북스토리 |
| 오디오/비디오 구성 요소 및 액세서리 | 소니의 소니 브라비아 씨어터 쿼드(Sony BRAVIA Theater Quad) 무선 스피커 시스템 |
| 컴퓨터 주변기기 및 액세서리 | HP의 HP Z 캡티스(HP Z Captis) |
| 사이버 보안 | SK텔레콤의 스캠뱅가드(ScamVanguard) |
| 디지털 헬스 | TD 스퀘어, 한양대 플레이랩의 이명 디지털 치료기 |
| 드론 | 니어스랩(Nearthlab)의 드론 응급 대응자를 위한 스테이션 |
| 임베디드 기술 | 슈프리마AI(Suprema AI)의 범죄 예방을 위한 온디바이스 AI '큐—비전 프로(Q-Vision Pro)' |
| 패션 기술 | 오스모텍스(Osmotex): 마이안트(Myant)의 활성 전기삼투 멤브레인 재킷 |
| 핀테크 | 고스트패스(GHOSTPASS)의 온디바이스 생체 인식 결제 솔루션 |
| 헤드폰 및 개인 오디오 | 삼성전자의 '갤럭시버즈3 프로' |
| 산업 장비 및 기계 | 쿠보타 트랙터(Kubota Tractor)의 'KATR' |
| 차량 내 엔터테인먼트 | 코닝과 카유엑스(Coming & CarUX)가 공동 개발한 주문형 자동차 인포테인먼트 센터 |
| 메타버스 | 햅리 로보틱스(Haply Robotics)의 '민버스(minVerse)' |
| 모바일 기기, 액세서리 및 앱 | 가민(Garmin)의 '인리치 메신저 플러스(inReach® Messenger Plus)' |
| 로봇공학 | 하이퍼쉘(Hypershell)의 '하이퍼쉘 카본 X(Hypershell Carbon X)' |
| 지속가능성 및 에너지/전력 | 브이바터(VVater)의 '파라데이 리액터(Faraday Reactor)' |
| 차량 기술 및 첨단 모빌리티 | 자이스(ZEISS)의 '홀로그램 투명 카메라' |
| XR 기술 및 액세서리 | 소니의 '소니 XR 헤드마운티드 디스플레이 SRH-S1' |

자료: 더밀크

# SECTION 4
## Keynote Speech

**CES 2025**
**유레카 파크 국가별 참가 현황**
**총 1300개**

| 기타 | 이탈리아 | 일본 | 네덜란드 | 대만 | 프랑스 | 미국 |
|---|---|---|---|---|---|---|
| 103개 | 46개 | 50개 | 51개 | 65개 | 171개 | 189개 |
| 8% | 4% | 4% | 4% | 5% | 13% | 14% |

# CONNECT

일상과 기술을 연결하라. 세계 최고 기업들의 AI 개인화 모먼트!

## 21세기 유레카

올해 가장 달라진 CES 트렌드는 스타트업 전시관을 의미하는 유레카 파크가 그 어느 때보다 훨씬 붐볐다는 것이다. 규모는 작지만, 인수합병이나 기술 적용 목적으로 투자자들이 유레카 파크를 많이 찾았기 때문이다. 한국은 참가국 중 가장 많은 625개 스타트업이 참가했다. 한편, 글로벌 주요 기업의 대형 전시관에서는 한 방의 '킥'을 찾기 어려웠다는 평도 나온다. 점차 치열해지는 기술 경쟁 속에서 눈에 불을 켜고 지켜보는 타사 관계자들이 앞에서 자사가 보유한 신기술을 공개하기 꺼리는 기업이 많아졌기 때문이라는 분석이 있다.

글로벌 주요 기업 대표들의 기조연설은 여전히 CES의 화룡점정이었다. 국적, 기업, 규모 불문 CES를 참관하는 모두가 이 연설을 주목한다. 올해 기조연설은 엔비디아, 웨이모, 파나소닉, 델타, 볼보, 액센츄어 등이 맡았다. 이들이 공개한 '킥' 기술은 무엇이었을까?

한국 625개
**48%**

CES 홈페이지 (2024년 12월 31일 기준)

SECTION 4  Keynote Speech 1

# 피지컬AI 시대…
# 자율주행·로봇 산업에서도 우리가 중심에 설 것

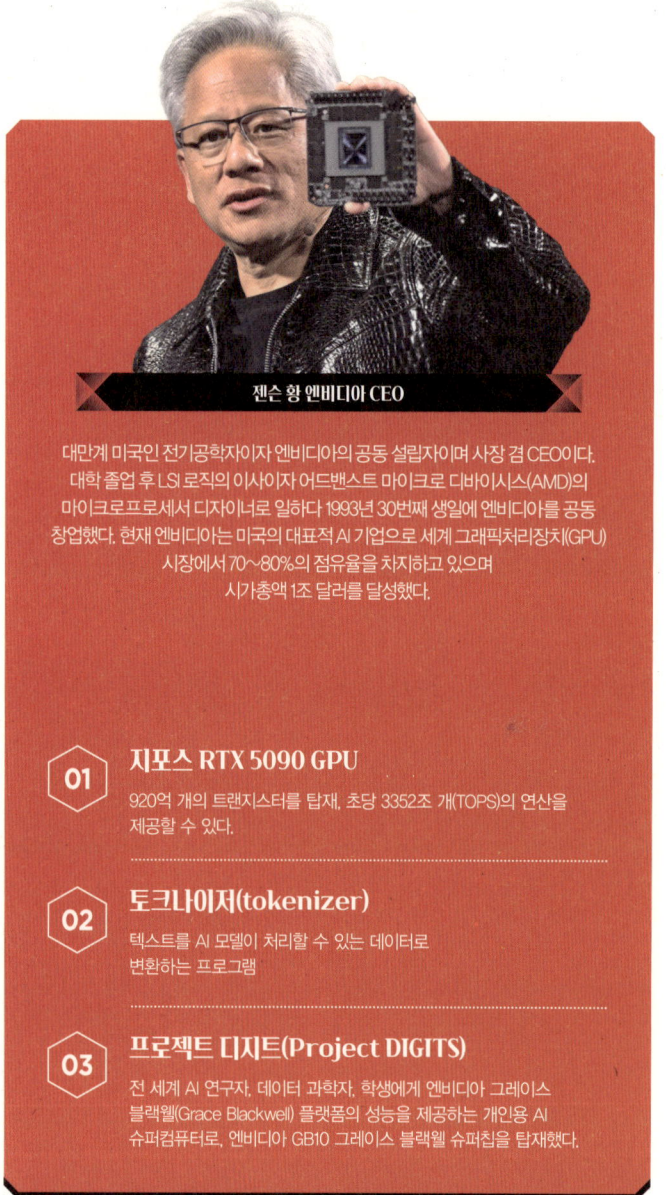

**젠슨 황 엔비디아 CEO**

대만계 미국인 전기공학자이자 엔비디아의 공동 설립자이며 사장 겸 CEO이다. 대학 졸업 후 LSI 로직의 이사이자 어드밴스트 마이크로 디바이시스(AMD)의 마이크로프로세서 디자이너로 일하다 1993년 30번째 생일에 엔비디아를 공동 창업했다. 현재 엔비디아는 미국의 대표적 AI 기업으로 세계 그래픽처리장치(GPU) 시장에서 70~80%의 점유율을 차지하고 있으며 시가총액 1조 달러를 달성했다.

**01 지포스 RTX 5090 GPU**
920억 개의 트랜지스터를 탑재, 초당 3352조 개(TOPS)의 연산을 제공할 수 있다.

**02 토크나이저(tokenizer)**
텍스트를 AI 모델이 처리할 수 있는 데이터로 변환하는 프로그램

**03 프로젝트 디지트(Project DIGITS)**
전 세계 AI 연구자, 데이터 과학자, 학생에게 엔비디아 그레이스 블랙웰(Grace Blackwell) 플랫폼의 성능을 제공하는 개인용 AI 슈퍼컴퓨터로, 엔비디아 GB10 그레이스 블랙웰 슈퍼칩을 탑재했다.

엔비디아의 젠슨 황 CEO는 무대에 올라 약 90분간 쉬지 않고 엔비디아가 그리는 미래 비전을 설파했다. 현재 엔비디아는 AI를 넘어 기술 전 영역에 영향을 미치는 가장 중요한 기업 중 하나로 평가된다.

엔비디아는 1999년 프로그래머블 GPU(programmable GPU, 그래픽처리장치)를 개발, 지금의 AI 액셀러레이터(accelerator, 가속기)에 이르기까지 컴퓨팅의 작동 방식을 바꿔온 회사다. 이날 기조연설에서도 PC 게임용 GPU 신모델인 '지포스 RTX 50(GeForce RTX 50) 시리즈'를 가장 먼저 소개했다.

엔비디아 블랙웰(Blackwell) 아키텍처가 적용됐으며 첨단 AI를 활용, 혁신적인 그래픽을 구현한다. RTX 5090과 RTX 5080 데스크톱 GPU는 1월 30일, RTX 5070 Ti와 RTX 5070 데스크톱은 2월에, 랩톱 GPU는 3월 출시 예정이다. DLSS 4는 '멀티 프레임 생성(Multi Frame Generation)' 기능을 도입해 성능을 최대 8배까지 끌어올렸다. 프레임이 많을수록 그래픽 품질이 좋아지는데, 이 방식을 활용하면 계산하는 프

레임마다 세 개의 프레임을 추가로 생성, AI가 담당해야 하는 계산이 크게 줄어든다.

### 코스모스로 피지컬AI 시대 연다

젠슨 황 CEO는 '코스모스WFM (world foundation model, 월드 기초 모델)' 플랫폼을 소개하며 코스모스가 로보틱스 및 산업 AI를 크게 혁신할 것이라고 내다봤다. 챗GPT의 등장과 같은 혁신의 순간이 로보틱스 분야 전반에 다가왔다는 주장이다. 엔비디아 코스모스 플랫폼에는 AI모델, 토크나이저(tokenizer), 영상 처리 파이프라인이 통합돼 있다. 이를 통해 자율주행차와 로봇 등 피지컬AI 시스템을 강화할 수 있다는 게 엔비디아 측 설명이다.

코스모스WFM은 텍스트나 이미지, 비디오 프롬프트(prompt, 입력값)를 기반으로 가상의 세계를 동영상 형태로 생성할 수 있다. 물리법칙이 적용되는 실제와 거의 똑같은 동영상이므로 이를 활용해 자율주행차, 로봇 훈련이 가능하다. 1X와 애자일 로봇(Agile Robots), 어질리티 (Agility), 피규어 AI(Figure AI), 포어텔릭스(Foretellix), 푸리에 (Fourier), 갤봇(Galbot), 힐봇 (Hillbot), 인트봇(IntBot), 뉴라 로보틱스(Neura Robotics), 스킬드 AI(Skild AI), 버추얼 인시전(Virtual Incision), 와비(Waabi), 샤오펑 (XPENG) 등 로보틱스와 자동차 분

1. 젠슨 황의 기조연설을 듣기 위해 아레나에 모인 인파.
2. 엔비디아의 초소형 개인용 슈퍼컴퓨터 '프로젝트디지트(Project Digits)'.

야의 선도적인 기업, 차량 공유 업체 우버(Uber)가 코스모스를 도입했다. 현대차 역시 엔비디아 AI와 옴니버스 (Omniverse, 3D 시뮬레이션 환경)를 기반으로 더욱 안전하고 스마트한 차량을 개발하며 최첨단 로보틱스의 활용성을 높이고 있다.

### RTX PC용 AI 기초 모델 소개… 에이전트 AI 개발 지원

RTX PC용 AI 기초 모델도 소개했다. 이 모델에는 디지털 휴먼과 동영상 제작을 돕는 '엔비디아 NIM 마이크로서비스(NVIDIA NIM microservices)', 'AI 블루프린트(Blueprint)'가 포함됐다. NIM 마이크로서비스는 소프트웨어 도구 모음인 '엔비디아 네모 가드레일(NeMo Guardrail)'의 일부다. NIM 마이크로서비스를 활용하면 보다 안전하고 신뢰할 수 있는 AI에이전트(AI agent)를 구축할 수 있다. 참고 워크플로(workflow, 작업 흐름)인 AI 블루프린트를 활용, 맞춤형 에이전트를 배포하고 엔터프라이즈 워크플로를 자동화할 수도 있다. 젠슨 황 CEO는 또 엔비디아의 차량 탑재 AI칩인 '엔비디아 AGX Thor(토르)' 기반으로 구축된 '엔비디아 드라이브 하이페리온AV(NVIDIA DRIVE Hyperion AV)' 플랫폼을 소개했다. 이 플랫폼은 생성형 AI 모델용으로 고안됐으며 기능 안전성과 자율주행 기능을 강화하는 데 활용할 수 있다. 첨단 SoC(시스템온칩)와 센서, 차세대 차량용 안전 시스템, 레벨 2 자율 주행 스택(stack, 기술)을 통합한 플랫폼이다. 코스모스와 옴니버스를 함께 활용하면 가상의 합성 주행 시나리오를 생성, 훈련 데이터양을 획기적으로 늘릴 수 있다. 연설 마지막으로 소개한 개인용 초소형 슈퍼컴퓨터인 '프로젝트디지트(Project Digits)'도 관심을 모았다. 2025년 5월 시장에 출시될 예정이다.

# 자율주행 시대의 독주 웨이모, 우리 기술은 이미 인간 운전 실력을 뛰어넘었다

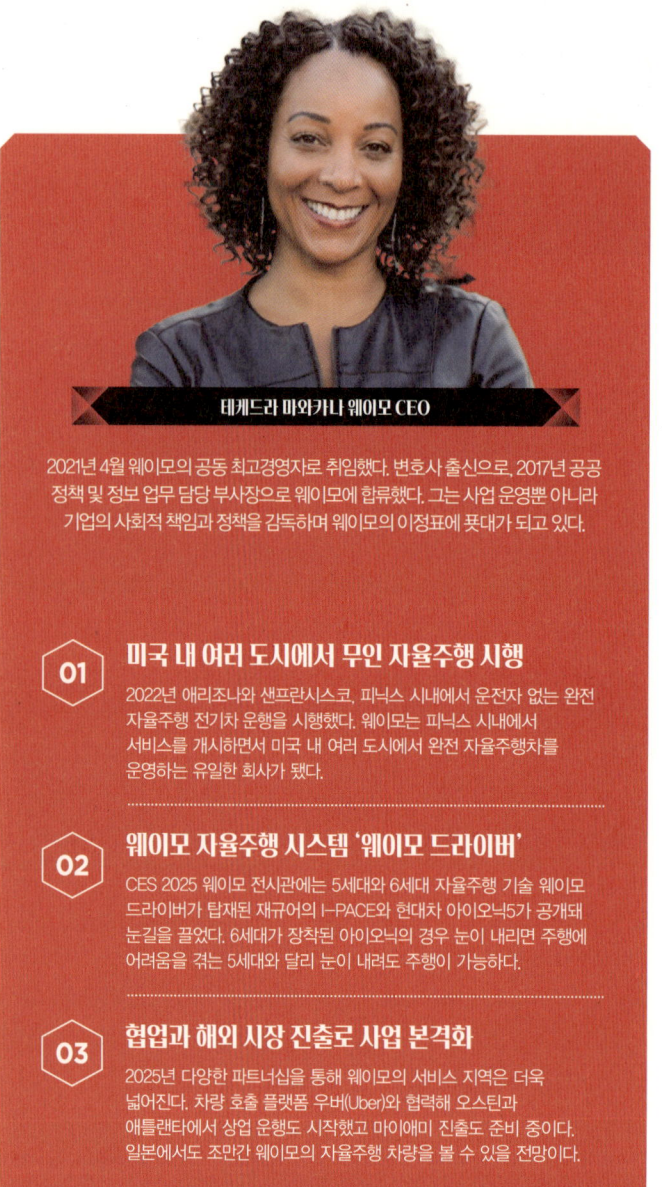

**테케드라 마와카나 웨이모 CEO**

2021년 4월 웨이모의 공동 최고경영자로 취임했다. 변호사 출신으로, 2017년 공공정책 및 정보 업무 담당 부사장으로 웨이모에 합류했다. 그는 사업 운영뿐 아니라 기업의 사회적 책임과 정책을 감독하며 웨이모의 이정표에 핏대가 되고 있다.

### 01 미국 내 여러 도시에서 무인 자율주행 시행

2022년 애리조나와 샌프란시스코, 피닉스 시내에서 운전자 없는 완전 자율주행 전기차 운행을 시행했다. 웨이모는 피닉스 시내에서 서비스를 개시하면서 미국 내 여러 도시에서 완전 자율주행차를 운영하는 유일한 회사가 됐다.

### 02 웨이모 자율주행 시스템 '웨이모 드라이버'

CES 2025 웨이모 전시관에는 5세대와 6세대 자율주행 기술 웨이모 드라이버가 탑재된 재규어의 I-PACE와 현대차 아이오닉5가 공개돼 눈길을 끌었다. 6세대가 장착된 아이오닉의 경우 눈이 내리면 주행에 어려움을 겪는 5세대와 달리 눈이 내려도 주행이 가능하다.

### 03 협업과 해외 시장 진출로 사업 본격화

2025년 다양한 파트너십을 통해 웨이모의 서비스 지역은 더욱 넓어진다. 차량 호출 플랫폼 우버(Uber)와 협력해 오스틴과 애틀랜타에서 상업 운행도 시작했고 마이애미 진출도 준비 중이다. 일본에서도 조만간 웨이모의 자율주행 차량을 볼 수 있을 전망이다.

자율주행 기술 기업 웨이모(Waymo)의 테케느라 마와카나 공동 CEO는 블룸버그의 에드 루들로우와 함께 CES 2025 기조연설 무대에 섰다. 연단에서 그는 자율주행차(AV) 규제와 안전 그리고 AI기술 발전이 자율주행 기술에 어떻게 영향을 미치고 있는지에 관해 설명했다. 마와카나 CEO에 따르면 웨이모는 지난해 주당 15만 건의 유료 탑승 서비스를 제공했고, 총 400만 건 이상의 탑승객을 기록했다. 또 주당 100만 마일을 주행했다. 이는 "한 사람이 평생 운전할 수 있는 거리보다 긴 거리에 해당한다"고 부연했다. 더불어 웨이모는 작년 샌프란시스코와 로스앤젤레스에 이어 피닉스 도심 지역과 텍사스주 오스틴으로 서비스 지역을 확대해 자율주행 분야에서의 리더십을 강조했다. 이는 제너럴모터스(GM) 크루즈가 지난 2023년 보행자 사고 이후 사업을 전면 중단하고, 포드와 폭스바겐이 자율주행 기업 아르고 AI에 투자를 포기하는 등 자율주행차 업계가 어려움을 겪고 있는 가운데 이뤄낸 성과다.

## 테슬라와 경쟁?
## 웨이모와 접근 방식 다르다

CES 2025의 모빌리티 전시에서는 자율주행차 대결이 주목받았다. 웨이모는 5세대 자율주행 기술이 탑재된 재규어 로보택시 I-PACE, 현대차 아이오닉5, 중국의 지커 등 다양한 차종에 탑재된 자율주행 기술을 전시했다. 아마존의 자회사 죽스는 아예 운전석을 없앤 4인승 자율주행 차량을 선보였다. 차량은 4명이 서로 마주 보는 형태로, 제작된 좌석은 양쪽으로 주행할 수 있어 도시 환경에 특화된 디자인으로 시선을 끌었다. 테슬라는 카메라만을 활용한 독특한 기술 방식의 '사이버캡'이라는 로보택시 서비스를 준비 중이다. 웨이모와 테슬라와의 비교에 대해 마와카나 CEO는 "지난 4년간 24시간 서비스를 제공해 온 기업은 웨이모밖에 없다"라고 선 그었다. 또 기술적 차별성에 대해서도 "대규모언어모델(LLM)과 시각언어모델(VLM)을 통합한 멀티모달 기반 시스템을

**1.**
CES 2025에 전시된 웨이모의 자율주행차.

**2.**
샌프란시스코 시티에서 상용 운영 중인 웨이모의 로보택시.

개발하고 있다"며 "이 시스템을 통해 감지, 계획, 예측 기능을 더욱 견고하게 만들어 자율주행차 기술의 신뢰성을 높일 것"이라고 언급했다.

## 트럼프 2기의 자율주행차 정책,
## 우리에겐 낙관적

이 밖에도 기조연설에서 논의된 주요 의제 중 하나는 바로 자율주행차의 안전성이었다. 주별로 자율주행 기술에 대한 규정이 마련되어 있지만, 트럼프 2기 행정부에서는 전국적으로 자율주행 차량을 쉽게 도입할 수 있게 하는 등 별도의 표준이 마련할 전망이다.

이에 대해 마와카나 CEO는 "표준 도입에 찬성한다"면서도 "안전 기준을 낮추는 경쟁이 벌어질 가능성이 있다"고 우려를 표했다. 그는 국가 차원의 프레임워크는 환영하지만 기업들에게 안전 기록을 증명하도록 요구하는 장치가 필요하다는 입장이다. 그러면서 웨이모의 주행 데이터를 예로 들었다. 웨이모 자율주행 차량의 3300만 마일의 주행 기록을 분석한 결과 인간 운전자 대비 부상을 유발하는 충돌 사고는 78% 적었고, 에어백이 작동하는 사고는 81%나 줄었다고 설명했다. 그는 이를 통해 "이미 자율주행 기술이 인간보다 뛰어나다"는 것을 의미하지만, 이는 두려워할 일이 아니라고 했다. 다만, "현재 (기술 수준이) 만족스럽지 않다면, 현 상태를 개선할 수 있는 선택권이 있다는 것이 중요하다"고 말했다.

웨이모는 2025년 다양한 파트너십을 통해 서비스 지역을 더욱 확대할 계획이다. 차량 호출 플랫폼 우버(Uber)와 협력해 오스틴과 애틀랜타에서 상업 운행을 시작하고, 마이애미 진출도 준비 중이다. 해외에서는 일본으로의 확장도 예고했다.

마와카나 CEO는 "향후 몇 년 안에 미 전역과 국제적으로 서비스를 확대할 수 있도록 준비하고 있다"고 말했다. 마와카나 CEO는 '트럼프 2기 행정부의 자율주행차 정책과 관련, "우리의 비전과 안전하고 지속 가능한 자율 교통수단의 실현이라는 행정부의 목표가 잘 부합할 것"이라고 전망했다.

# 파나소닉 AI 혁신의 두 축, 에너지 전환과 에이지테크

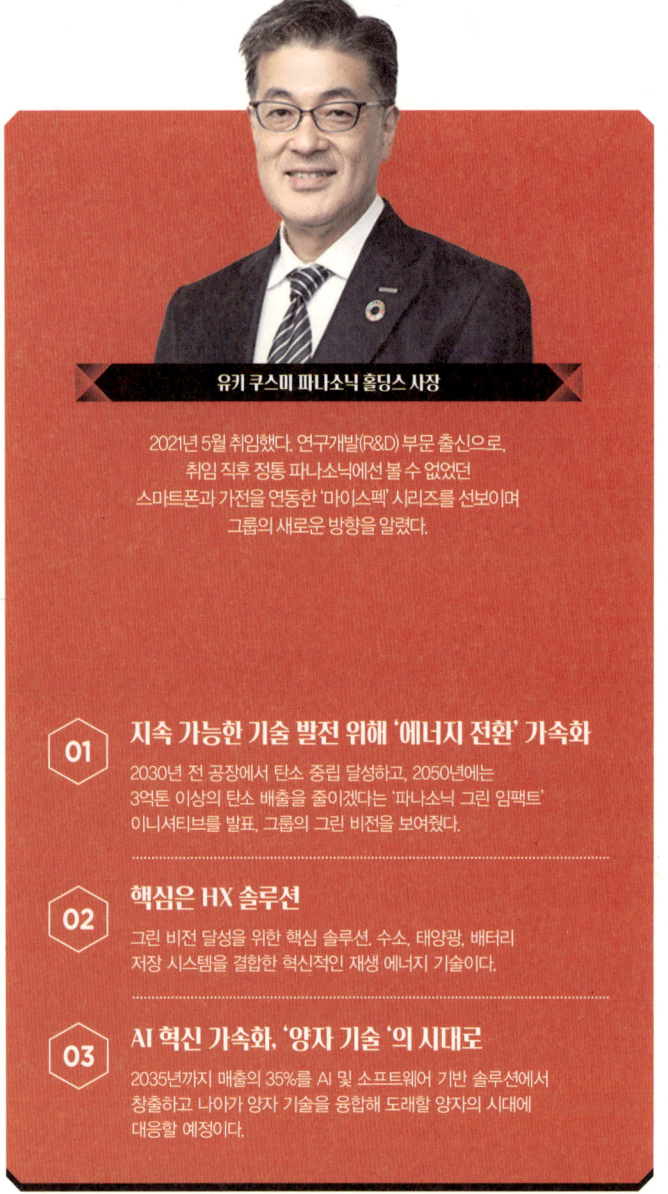

**유키 쿠스미 파나소닉 홀딩스 사장**

2021년 5월 취임했다. 연구개발(R&D) 부문 출신으로, 취임 직후 정통 파나소닉에선 볼 수 없었던 스마트폰과 가전을 연동한 '마이스펙' 시리즈를 선보이며 그룹의 새로운 방향을 알렸다.

**01 지속 가능한 기술 발전 위해 '에너지 전환' 가속화**
2030년 전 공장에서 탄소 중립 달성하고, 2050년에는 3억톤 이상의 탄소 배출을 줄이겠다는 '파나소닉 그린 임팩트' 이니셔티브를 발표, 그룹의 그린 비전을 보여줬다.

**02 핵심은 HX 솔루션**
그린 비전 달성을 위한 핵심 솔루션. 수소, 태양광, 배터리 저장 시스템을 결합한 혁신적인 재생 에너지 기술이다.

**03 AI 혁신 가속화, '양자 기술'의 시대로**
2035년까지 매출의 35%를 AI 및 소프트웨어 기반 솔루션에서 창출하고 나아가 양자 기술을 융합해 도래할 양자의 시대에 대응할 예정이다.

파나소닉은 CES 2025의 첫 기조연설을 맡아 주목받았다. CES의 기조연설은 해당 연도의 주요 주제를 이해하는 데 가장 중요한 자리로, 파나소닉의 메시지가 CES가 지향하는 방향과 잘 맞아떨어진다는 것을 보여 준다. 기조연설에서 파나소닉 홀딩스의 유키 쿠스미 사장은 'WELL into the Future'를 CES 2025의 주제로 제시하며, 더 나은 미래를 꿈꾸는 파나소닉의 혁신과 비전을 소개했다.

파나소닉의 비전은 크게 '에너지 전환'과 '웰빙' 두 가지로 요약된다. 이 두 가지 주제를 인공지능(AI)과 양자 기술의 융합을 통해 풀어내며, 지속 가능한 에너지와 기술 혁신을 결합해 개인과 사회 전반에 걸쳐 더 나은 미래를 만들겠다는 의지를 강조했다.

특히 파나소닉이 가장 먼저 언급한 주제는 지속 가능한 기술 발전의 핵심 동력인 '에너지 전환'이었다. 이를 위해 2030년까지 모든 공장에서 탄소 중립을 달성하고, 2050년까지 3억 톤 이상 탄소 배출을 줄이겠다는 '파나소닉 그린 임팩트' 이니셔티브를 발표했다. 방안으로 HX 솔루션을 제시했다. 수소, 태양광, 배터리 저장 시스템을 결합한 혁신적인 재생 에너지 기술이다. 일본과 웨일스 카디프의 공장에 이미 솔루션을 도입했으며, 영국 맨체스터 광역권 조합과 협력해 공공 및 정부 시설에도 적용할 계획이다. 쿠스미 사장은 이를 "규모 있는 변화를 이끌 진정한 기회"라고 강조했다.

전기차(EV) 배터리 기술에서도 혁신을 이어가고 있다고 밝혔다. 최신 4680 배터리는 기존 2170 배터리 대비 5배 높은 용량을 제공하며, 더 낮은 비용으로 테슬라와 같은 기업에 공급, 이 기술을 통해 전동화 혁신을 주도하고 있다는 설명이다. 배터리 재활용을 통해 98% 이상의 핵심 소재를 회수하며 순환 경제 모델을 구축한다는 점도 강조했다.

## 맞춤형 AI 솔루션으로 공급망, 서비스 혁신

파나소닉은 AI 분야에서도 지속적인 혁신을 이어가고 있다. 2035년까지 매출의 30%를 AI 및 소프트웨어 기반 솔루션에서 창출하겠다는 목표를 발표하며, AI 혁신을 가속하겠다는 의지를 분명히 했다. AI 기업 앤트로픽과의 협력을 통해, '클로드 AI(Claude AI)'를 고객 서비스, 마케팅, 코딩 등 다양한 비즈니스 영역에 통합하고 있다. 쿠스미 사장은 "AI 주도 시장에서 필수적인 브랜드로 자리매김하겠다"며 강한 포부를 밝혔다. 이

1. 파나소닉의 AI 기반 가족 건강 코치 '우미(Umi)'.
2. CES 2025 센트럴 홀에 마련된 파나소닉 부스 전경.

를 실현하기 위해 AI와 데이터 플랫폼을 활용한 맞춤형 솔루션 제공을 핵심으로 하는 '파나소닉 GO' 이니셔티브를 추진할 계획이다.

자회사 블루욘더의 AI 솔루션도 주요 전략으로 언급했다. 예측 및 생성형 AI를 기반으로 공급망 관리를 자동화하고 효율성을 높이는 데 중점을 둔 이 솔루션은 600개 이상의 슈퍼마켓과 800여 개 편의점의 운영 효율성을 증대시켜 소매업계의 지속가능성을 높이는 데 기여하고 있다.

이날 또 다른 주요 주제로는 양자 기술(Quantum Technology)이 부각됐다. 파나소닉은 양자 기술이 아직 상용화 초기 단계에 머물러 있지만, 다양한 산업에서 '가장 극적인 변화(sea changes)'를 이끌 계기로 평가했다.

쿠스미 사장은 AI와 양자 기술의 융합을 강조하면서 "2020년대는 AI의 시대이지만, 2030년대는 양자의 시대가 될 것"이라고 말했다. 양자 기술의 활용이 사이버 보안, 헬스케어, 통신,

물질 과학 등 여러 산업의 판도를 바꾸는 계기가 될 것이라는 설명이다.

파나소닉은 기조연설에서 개인화된 AI 에이전트를 활용해 현대 사회 가족의 건강과 웰빙을 위한 솔루션도 제시했다.

자회사인 파나소닉 웰(Well)은 AI 기반 가족 건강 코치 '우미(Umi)'를 공개했다. 요키 마츠오카 파나소닉 웰 CEO는 우미를 가족 간의 돌봄과 소통, 연결을 지원하는 "AI 기반 웰니스 코치"로 소개했다. 앤트로픽의 클로드 AI를 기반으로 한 우미는 가족 구성원 간 유대를 강화하고 건강을 비롯한 삶의 질을 높이는 데 기여하는 웰니스 관리 도구다.

파나소닉은 고령화 사회에 대비해 AI를 활용한 '에이지테크(Age Tech)'의 중요성을 강조했다. 특히 밀레니얼 세대가 50대로 진입하는 2030년에는 글로벌 GDP에 수조 달러를 기여할 것으로 예상되며, 2050년에는 이 수치가 두 배로 증가할 것이라고 전망했다.

## SECTION 4 — Keynote Speech 4

# 100주년 맞아 스피어서 기조연설
# "AI로 여행의 미래 혁신"

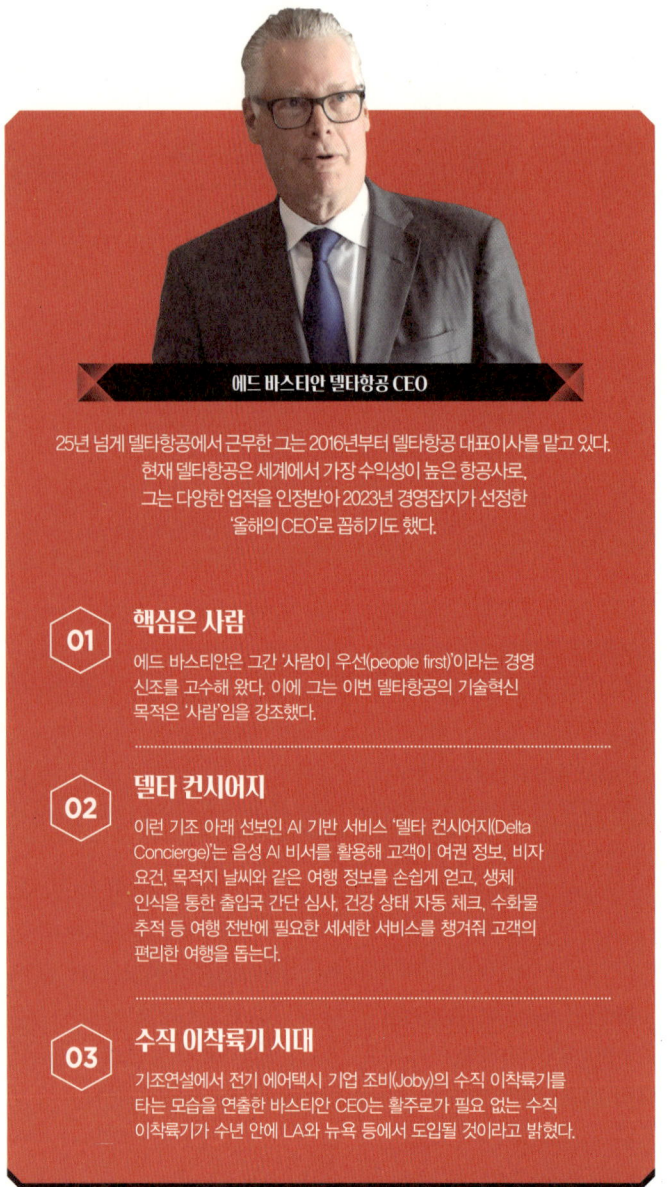

**에드 바스티안 델타항공 CEO**

25년 넘게 델타항공에서 근무한 그는 2016년부터 델타항공 대표이사를 맡고 있다. 현재 델타항공은 세계에서 가장 수익성이 높은 항공사로, 그는 다양한 업적을 인정받아 2023년 경영잡지가 선정한 '올해의 CEO'로 꼽히기도 했다.

**01 핵심은 사람**

에드 바스티안은 그간 '사람이 우선(people first)'이라는 경영 신조를 고수해 왔다. 이에 그는 이번 델타항공의 기술혁신 목적은 '사람'임을 강조했다.

**02 델타 컨시어지**

이런 기조 아래 선보인 AI 기반 서비스 '델타 컨시어지(Delta Concierge)'는 음성 AI 비서를 활용해 고객이 여권 정보, 비자 요건, 목적지 날씨와 같은 여행 정보를 손쉽게 얻고, 생체 인식을 통한 출입국 간단 심사, 건강 상태 자동 체크, 수화물 추적 등 여행 전반에 필요한 세세한 서비스를 챙겨줘 고객의 편리한 여행을 돕는다.

**03 수직 이착륙기 시대**

기조연설에서 전기 에어택시 기업 조비(Joby)의 수직 이착륙기를 타는 모습을 연출한 바스티안 CEO는 활주로가 필요 없는 수직 이착륙기가 수년 안에 LA와 뉴욕 등에서 도입될 것이라고 밝혔다.

CES 2025 기조연설에서 메시지 측면에서 엔비디아가 메인 이벤트였다면, 볼거리로는 델타항공의 기조연설이 단연 압권이었다.

창사 100주년을 맞은 델타항공은 지난 7일 세계 최대 구형 공연장 스피어(Sphere)에서 기조연설을 개최했다. 스피어를 기조연설 무대로 활용한 기업은 델타가 최초였다.

1만8000여 개 객석을 가득 채운 가운데 진행된 델타항공의 기조연설은 스피어의 오감을 활용해 다양한 볼거리와 체험을 제공했다. 바스티안 CEO는 화면을 가득 메운 항공기와 함께 등장했다. 델타 항공기가 관객석과 가까워질수록 의자가 흔들리거나 강한 바람을 느낄 수 있는 효과도 제공했다. 비행기는 참관객을 태운 듯 활주로를 달려 날아올랐다.

화면으로는 실제 비행기에 탑승했을 때 볼 수 있을 법한 하늘과 구름, 낮과 밤 등이 다채롭게 표현됐다. 에드 바스티안 델타항공 CEO는 이 무대에서 AI, 디지털 혁명, 지속 가능한 기술이 여행 경험을 어떻게 혁신할 수 있는지에 대한 비전을 제시하며 강렬한 인상을 남겼다.

1.
기조연설에서 델타는 거대한 항공기가 화면 밖으로 튀어나올 듯한 장관을 연출했다.

2.
스피어에서 열린 델타항공의 CES 2025 기조연설.

그는 연설에서 "기술의 경이로움 속에서도 혁신의 진정한 목적은 사람들을 더 나은 곳으로 이끄는 데 있다"고 강조했다. 그는 AI기술이 단순한 도구를 넘어 개인화된 서비스와 인간 중심 경험을 가능하게 한다고 강조하며 2025년을 '델타항공의 AI 기반 혁신의 원년'으로 선언했다.

## 델타 컨시어지: AI를 통한 여행 경험의 혁신

이날 연설의 하이라이트는 델타항공의 새로운 AI 기반 서비스인 '델타 컨시어지(Delta Concierge)'의 소개였다. 이 서비스는 음성 AI 비서를 활용해 고객이 여권 만료, 비자 요건, 목적지 날씨와 같은 여행 정보를 손쉽게 얻을 수 있도록 설계됐다. 공항에서도 생체 인식으로 게이트를 향해 걷기만 하면 출입국 심사가 마무리되고, 건강 상태를 체크하기도 한다. 디지털 태그가 부착된 수화물은 손쉽게 추적할 수 있고, 증강현실(AR)을 활용해 공항에서 길을 잃어버릴 염려도 없다. 여기에 여행지에서는 실시간 번역 기능을 통해 쉽게 소통하고, 관광 명소와 동선을 알려 주기도 하는 등 다양한 혁신을 제시했다. 바스티안 CEO는 "고객의 피드백이 여행의 미래를 형성하는 데 핵심적인 역할을 한다"며 델타 컨시어지가 개인화된 여행 경험을 제공할 것이라고 강조했다.

## 글로벌 혁신을 위해 유튜브, 우버 등과 전략적 파트너십

델타항공은 이번 기조연설에서 유튜브, 에어버스, 우버 등 다양한 기업들과의 전략적 파트너십을 발표했다. 유튜브와의 협력을 통해 기내 엔터테인먼트 콘텐츠를 프리미엄 수준으로 업그레이드하고, 우버와의 제휴로 택시 및 음식 배달 서비스 이용 시 마일리지 적립이 가능하게 하겠다는 계획을 밝혔다.

또한, 에어버스와의 협업을 통해 지속 가능한 항공 기술 개발에 박차를 가하며 환경 친화적인 항공기를 구현하겠다는 비전도 제시했다. 수직 이착륙기를 컨시어지가 호출하는 모습도 영상으로 시연했다. 항공기에서 내린 후 바로 이어 전기 에어택시 기업 조비(Joby)의 수직 이착륙기를 타는 모습이 연출됐다. 바스티안 CEO는 "활주로가 필요 없는 수직 이착륙기는 수년 안에 LA와 뉴욕 등에서 도입될 것"이라고 기대감을 밝혔다.

## 100주년 맞은 델타, 스피어 기조연설은 변화의 의지 상징

델타항공은 창사 100주년을 맞이하는 해에 CES 2025의 기조연설 무대로 스피어를 선택했다. 전 세계에서 가장 큰 원형 건축물로 알려진 이 극장은 시각과 청각 등 오감을 자극하는 미래 기술이 곳곳에 도입됐다. 바람이나 냄새를 느끼거나 좌석이 움직이는 등 햅틱 기능도 있다.

이 혁신적인 공간에서의 기조연설은 델타항공이 새로운 100년 전통을 넘어 미래로 나아가겠다는 의지를 강렬하게 전달하기 위한 것으로 풀이된다.

SECTION 4　　　　　　　　　　　　　　　　　　Keynote Speech 5

# 볼보의 지속가능성 비전,
# "'넷 제로' 달성, 꿈 아니다"

마틴 룬스테트 볼보 그룹 사장 겸 CEO

2015년부터 볼보 그룹을 이끌고 있다.
1992년부터 2015년까지 스카니아에서 근무했다.
스카니아에서도 지속 가능한 운송 솔루션 제공에 집중한 바 있다.

**01  화석연료 없는 운송 방안 제시할 것**
볼보는 배터리 전기차, 수소 연료 전지, 재생 가능한 바이오 연료를 사용하는 내연기관의 세 가지 핵심 전략 개발에 집중한다.

**02  핵심기술은 '연결성'과 '자율주행'**
친환경 목표 달성을 위해 볼보가 집중하는 핵심 기술. 200만 개 이상의 연결된 자산에서 실시간으로 데이터를 수집해 예측 유지보수와 운영 최적화를 실현한다. 이는 환경 영향을 최소화하는 길이기도 하다.

**03  파트너십이 새로운 리더십**
지속가능성을 실현하려면 정부, 기업, 학계 등 여러 분야가 협력을 통해 기술 개발과 정책 지원을 동시에 진행해야 한다고 강조했다. 볼보는 스웨덴 에너지 기업과 파트너십을 구축해 장기적 비전으로 화석 연료 의존도를 줄여 나갈 계획이다.

"오는 2040년까지 '넷 제로(Net Zero)'를 달성하겠다."
세계 최대 운송 기업 중 하나인 볼보 그룹은 CES 2025 기조연설에서 교통과 물류의 중요성을 강조하며, 운송 분야를 지속 가능한 방식으로 전환해야 한다고 선언했다. 마틴 룬스테트 볼보 그룹 사장 겸 최고경영자(CEO)는 "운송은 단순히 사람과 물건을 이동시키는 수단이 아니라, 경제와 사회의 핵심 인프라 역할을 한다"며 지속 가능한 운송의 필요성을 역설했다.
룬스테트 CEO는 운송 과정에서 발생하는 탄소 배출이 기후변화의 주요 원인 중 하나라고 지적했다. 예를 들어, 미국에서는 일상에서 사용하는 물품의 70% 이상이 트럭으로 운송되며, 대기업 탄소 배출량의 87%가 물류와 운송 과정에서 발생한다고 설명했다. 전 세계적인 도시화, 중산층 증가, 전자상거래 확산으로 인해 2050년까지 화물 운송량이 2010년 대비 5배 증가할 것으로 예상하고 물류와 경제가 발전할수록 온실가스 배출, 소음, 교통 혼잡 같은 부작용은 더 커질 것이라는 우려도 내놓았다. 이러한 문제를 해결하기 위해 볼보 그룹은 깨끗한 운송 기술과 친환경 에너지 전환의 중요성을 강조했다. 룬스테트 CEO는 "전기화, 자동화, 연결성을 통해 지속가능하고 효율적인 운송 시스템을 구현하고 있다"며 "2040년 탄소 배출 '넷 제로' 목표를 달성하기 위해 배터리 전기차, 수소 연료전지차, 그리고 재생 에너지를 활용한 내연기관 기술 등 세 가지 기술에 중점을 두고 있다"고 했다.

## 탄소 중립 위해 전기차, 자율주행

볼보는 '넷 제로'를 달성하고 운송 수단의 환경적 영향을 최소화하며, 효율적이고 안전한 운송 솔루션을 제공해야 한다고 강조한다. 이를 위해 기술 혁신을 통해 깨끗하고 지속 가능한 운송 생태계를 구축하는 것을 핵심 과제로 삼고 있다.

2040년까지 탄소 배출 '넷 제로' 목표를 달성하기 위해 볼보 그룹은 세 가지 주요 경로를 제시했다. 배터리 전기차, 수소 연료전지차, 재생 에너지를 활용한 내연기관 기술이 그것이다.

룬스테트 CEO는 이러한 목표를 가능하게 하는 핵심 기술로 연결성과 자율주행을 강조했다. 그는 200만 개 이상의 연결된 자산에서 실시간 데이터를 수집하여 이를 활용해 예측 유지보수와 운영 최적화를 실현하고 있다고 설명했다.

볼보는 기조연설 중 VR 데모를 통해 북미 시장의 대표 모델인 볼보 VNL 트럭을 소개했다. 이 트럭은 주요 동력 전달 장치를 개선하고, 에너지 효율성을 높이는 공기역학적 캡 디자인을 적용했다. 또한, 새로운 능동형 주행 보조 시스템과 보행자 감지 시스템을 탑재해 볼보 그룹의 핵심 가치인 안전성을 강화했다.

볼보는 이 트럭이 단순히 깨끗하고 안전할 뿐만 아니라, 차량 성능 모니터링과 부품 고장 예측을 통해 작업

**1.2.**
볼보의 미래형 전기 트럭과 중장비.

가동 중단 시간을 최소화하는 스마트 연결성을 제공한다고 덧붙였다.

또한, 지속 가능한 운송을 위한 다른 혁신 사례로는 도시 환경에 적합한 전기 쓰레기 트럭 맥(Mack), 친환경 건설 현장을 위한 전기 굴삭기, 수소 연료 기반 적재 차량 등이 소개됐다. 상용 차량 분야에서는 '코어튜라(Coretura)'라는 소프트웨어 플랫폼을 개발 중이며, 이를 통해 차량의 차세대 기술 구현을 목표로 하고 있다. 자율주행 기술 역시 교통의 미래에 중요한 요소로 언급되었다. 볼보 그룹의 자율 휠 로더는 AI 기반 자기 학습 기능을 통해 작업을 수행하며, 수소-전기 보트는 날씨와 수면 조건에 따라 매끄러운 도킹을 가능하게 한다.

자율주행 시스템 개발을 위해 볼보는 '오로라(Aurora)'와 협력하고 있다. 오로라의 공동 설립자 겸 제품 책임자인 스털링 앤더슨은 "자율주행 트럭의 인식 시스템은 고해상도 카메라, 이미지 레이더, 마이크, 단거리 레이저, 독자적 기술을 활용해 인간의 반응 시간을 능가하는 성능을 보여준다"고 설명했다.

볼보는 지속 가능한 운송 및 물류 시스템 구축의 핵심으로 친환경 인프라를 꼽았다. 이를 위해 전 세계적으로 고속 충전소와 수소 충전소를 대규모로 구축해야 한다고 주장했다. 유럽은 2030년까지 약 4만개의 고속 충전소가 필요하지만, 현재는 500개 수준에 불과하다는 것이다.

# 액센추어 'AI 리파이너리' 공개, '신뢰'가 AI 기술 채택 핵심

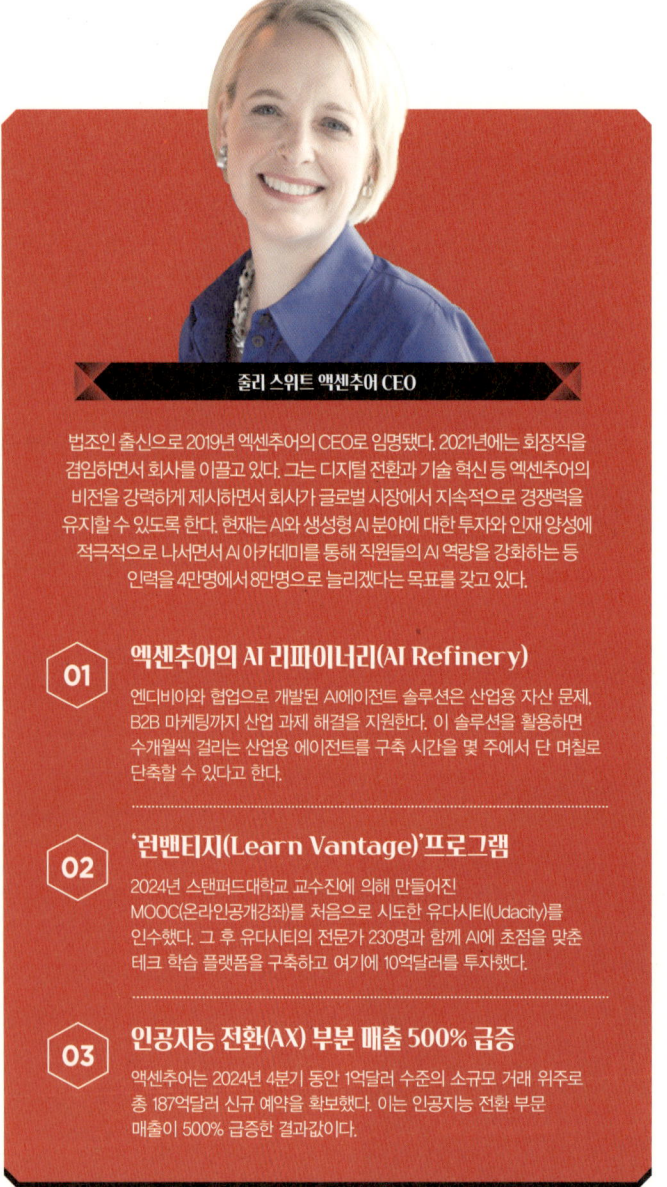

줄리 스위트 액센추어 CEO

### 01 액센추어의 AI 리파이너리(AI Refinery)
엔디비아와 협업으로 개발된 AI에이전트 솔루션은 산업용 자산 문제, B2B 마케팅까지 산업 과제 해결을 지원한다. 이 솔루션을 활용하면 수개월씩 걸리는 산업용 에이전트를 구축 시간을 몇 주에서 단 며칠로 단축할 수 있다고 한다.

### 02 '런밴티지(Learn Vantage)' 프로그램
2024년 스탠퍼드대학교 교수진에 의해 만들어진 MOOC(온라인공개강좌)를 처음으로 시도한 유다시티(Udacity)를 인수했다. 그 후 유다시티의 전문가 230명과 함께 AI에 초점을 맞춘 테크 학습 플랫폼을 구축하고 여기에 10억달러를 투자했다.

### 03 인공지능 전환(AX) 부분 매출 500% 급증
액센추어는 2024년 4분기 동안 1억달러 수준의 소규모 거래 위주로 총 187억달러 신규 예약을 확보했다. 이는 인공지능 전환 부문 매출이 500% 급증한 결과값이다.

액센추어의 첫 여성 최고경영자(CEO) 자리에 오른 줄리 스위트 회장 겸 CEO는 이번 무대에서 기업들이 책임감 있게 AI 기술을 도입하고 운영하면서 고객 경험을 혁신하는 방법에 대해 공유했다.

스위트 CEO는 이 자리에서 액센추어의 새로운 솔루션 'AI 리파이너리(AI Refinery)'를 공개했다. AI 리파이너리는 AI칩으로 생성형 AI 시대 가장 주목받고 있는 엔비디아와의 협업을 통해 개발한 것으로 12개 산업별 맞춤형 AI 패키지로 구성되어 있다. 산업별 특성과 요구사항을 반영해 설계된 이 솔루션은 해당 산업군의 기업들이 효과적으로 자사 데이터를 활용해 AI 시스템을 구축할 수 있도록 지원한다. 특히 120개국 9000개 이상의 고객사를 보유한 액센추어의 산업별 전문성을 기반으로 맞춤형 AI 솔루션을 갖출 수가 있다는 것이 그의 설명이다.

스위트 CEO는 이 솔루션을 인간의 뇌에 비유했다. 그는 "모든 인간의 뇌는 기본 구조가 동일하고 학습을 통해 발전한다"며 "우리의 AI 솔루션 역시 특정 기업의 학습을 가능하게 하

1. 줄리 스위트 CEO(왼쪽)가 자사의 AI 솔루션 'AI 리파이너리' 기술에 관해 설명하고 있다.
2. CES 2025에서 액센추어의 기조 패널 토의가 진행되고 있다.

는 '뇌'를 만든 것과 같다"고 설명했다. AI 리파이너리는 기업들이 AI 에이전트를 신속하게 배치해 운영 효율성을 높이고 업계 고유의 과제를 해결할 수 있도록 돕는 프레임 워크다.

## 물류 최적화 50% 개선, AI 디지털 트윈 주목

스위트 CEO에 따르면 액센추어는 빠르게 AI에이전트를 도입·활용하고 있다. 현재 자사 마케팅 부서에 AI에이전트를 도입해 시장분석, 콘텐츠 차별화 검증, 품질 관리 등의 작업을 수행 중이다. 이를 통해 기존에 몇 주가 걸리던 작업을 단 몇 분만에 처리하는 혁신이 가능해졌다. 또한 엔비디아, 키온(KION) 등 기업들과 협력해 물류창고용 AI 디지털 트윈 기술을 개발했으며, 이를 통해 수동 작업과 운영 비용도 각각 50% 줄였다. 결과적으로 물류 최적화를 50% 개선하는 데 성공한 것. 스위트 CEO는 "이는 피지컬AI의 첫 대규모 활용 사례"라면서 AI의 실질적 응용 가능성에 대해 강조했다.

액센추어는 현재 78만명의 직원 스킬을 데이터베이스화하고 연간 10억 달러를 교육에 투자하고 있다. 특히 모든 직무 설명에 AI 관련 기술을 포함하는 것을 원칙으로 삼았다. 이를 위해 '런밴티지(Learn Vantage)' 프로그램을 도입하고 직원들의 기술 재교육을 지원한다. 또 이를 기반으로 새로운 비즈니스 기회 창출을 모색하고 있다.

스위트 CEO는 기업의 AI 도입에 있어 무엇보다 '신뢰'를 강조했다. 우선 기술에 대한 신뢰다. 이는 사람들이 기술의 작동을 직접 보고 변화를 인정하는 것이 중요하다. 이후 변화 관리와 체계적인 구축이 필요하다. 정서적 차원의 신뢰도 언급했다. 'AI 기술이 내 일자리를 빼앗을까' 하는 정서적 걱정 말이다. 이에 대해 스위트 CEO는 "변화와 채택을 고려할 때 두 가지 차원을 모두 인식하는 것이 중요"하며 "학습과 실천 그리고 투명성과 공감, 직설적인 소통 등을 제대로 구현한다면 기업의 재창조 속도를 높일 수 있을 것"이라고 말했다.

AI가 일자리에 미칠 부정적인 우려에 대해 스위트는 "CEO들이 'AI를 사용하고 있는데 왜 인력이 줄지 않는가'라고 불평하는 경우가 많다"며 이는 "업무를 재구상하지 않았기 때문"이라고 꼬집었다. 액센추어의 경우 과거 수만 명이 테스트 업무를 담당했지만, 현재 해당 업무 대부분 자동화됐고 당시 담당자들은 새로운 업무로 업스킬돼 현재는 2015년에 없었던 새로운 비즈니스 분야에서 일하고 있다. 스위트 CEO는 "기술의 파도를 멈출 수는 없다. 중요한 것은 이 기술을 활용해 새로운 비즈니스를 구축하고, 직원들을 재교육할 수 있는 능력을 갖추는 것"이라고 덧붙였다. 마지막으로 그는 인공지능 시대 리더들을 향해 "이 엄청난 인공지능을 모두를 위해 유익하게 활용하려면 리더들이 더 큰 꿈을 꿔야 한다"고 목소리를 높였다.

# 도요타, 세계 최초의 AI 도시 현실로…
## "우븐시티, 입주 시작"

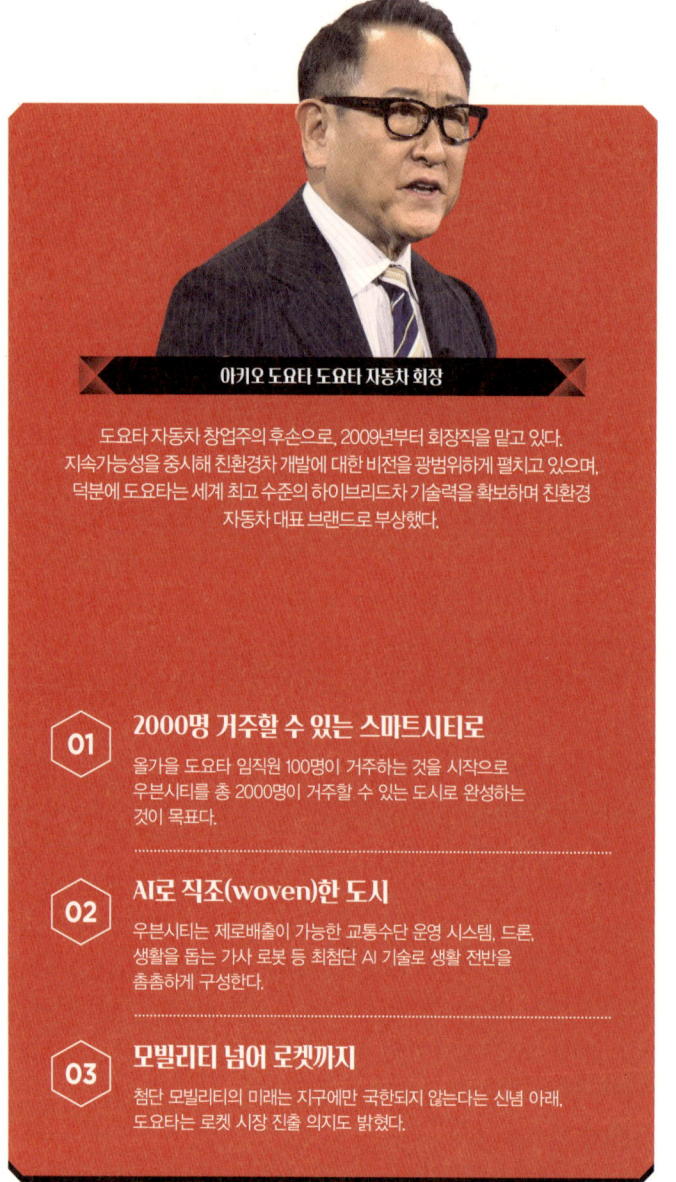

**아키오 도요타 도요타 자동차 회장**

도요타 자동차 창업주의 후손으로, 2009년부터 회장직을 맡고 있다. 지속가능성을 중시해 친환경차 개발에 대한 비전을 광범위하게 펼치고 있으며, 덕분에 도요타는 세계 최고 수준의 하이브리드차 기술력을 확보하며 친환경 자동차 대표 브랜드로 부상했다.

**01  2000명 거주할 수 있는 스마트시티로**
올가을 도요타 임직원 100명이 거주하는 것을 시작으로 우븐시티를 총 2000명이 거주할 수 있는 도시로 완성하는 것이 목표다.

**02  AI로 직조(woven)한 도시**
우븐시티는 제로배출이 가능한 교통수단 운영 시스템, 드론, 생활을 돕는 가사 로봇 등 최첨단 AI 기술로 생활 전반을 촘촘하게 구성한다.

**03  모빌리티 넘어 로켓까지**
첨단 모빌리티의 미래는 지구에만 국한되지 않는다는 신념 아래, 도요타는 로켓 시장 진출 의지도 밝혔다.

"우븐시티(Woven City)는 단순히 사람들이 살고, 일하며, 여가를 즐길 수 있는 공간이 아닙니다. 이곳은 새로운 제품과 아이디어를 발명하고 테스트할 수 있는, 미래 모빌리티를 위한 살아 있는 실험실이 될 것입니다." 도요타 자동차의 아키오 도요타 회장은 CES 2025 프레스 콘퍼런스에서 세계 최초의 미래형 도시 '우븐시티'를 이렇게 정의했다.

15분간 진행된 연설은 업계에 놀라움을 안겨주었다. 그는 "우븐시티 프로젝트 1단계를 지난해 완료했으며, 올가을부터 도요타 임직원 100명이 거주를 시작할 예정"이라며, "향후 2000여 명이 거주할 수 있는 첨단 스마트시티를 조성하는 것이 최종 목표"라고 밝혔다. 계획 단계에 머물던 스마트시티를 현실화한 것이다. 도요타는 수년간 CES 무대에서 모습을 감췄다. 그러나 CES 2025를 통해 5년 만에 화려한 복귀를 알렸다. 전동화 전환에 다소 신중한 태도를 보였던 도요타가 CES에 등장한 것만으로도 업계의 관심을 모았으며, 이들이 꺼내 든 핵심 메시지는 바로 '우븐시티'였다.

1. 우븐시티 전경.
2. 1단계 건설이 완료된 우븐시티에 올가을 도요타 임직원 100명이 입주할 예정이다.

도요타는 2020년 CES에서 미래형 도시 '우븐시티'의 프로토타입을 처음 공개한 바 있다. 일본 시즈오카현 스소노시에 위치한 이 도시는 '직물을 짜다'라는 의미의 '우븐(woven)'에서 이름을 따왔다. 이는 도요타의 역사가 직물산업에서 시작된 점과 스마트시티를 통해 새로운 출발을 한다는 점을 상징적으로 연결한 것이다.

축구장 약 100개에 해당하는 총 70만 8000제곱미터 규모의 우븐시티는 인공지능(AI) 기술을 기반으로 정교하게 관리될 예정이다. 2021년 2월 1단계 착공을 시작으로 2024년 10월 31일, 1단계 건설을 완료하며 프로젝트는 본격적인 궤도에 올랐다.

## 꿈꾸던 모든 것이 현실로

우븐시티는 네 가지 주요 분야에서 연구와 혁신을 꾀할 계획이다. 사람, 물건, 정보, 에너지 등 모빌리티의 네 가지 축을 중심으로 첨단 기술과 솔루션이 도입된다.

이날 프레스 콘퍼런스에서는 우븐시티에서 펼쳐질 미래 인류의 생활상을 구체적으로 제시했다. 밤거리에서 운동하는 입주자를 실시간으로 보호하는 드론, 시니어의 보행을 돕는 AI 애완견 로봇, 고출력 전동휠체어 레이싱 장면 등이 공개되며 관객들의 이목을 끌었다.

또한, 미국 항공 기업 조비(Joby)와의 협력을 통해 도쿄와 우븐시티를 연결하는 항공택시를 도입해 교통체증 없는 이동을 실현하겠다는 계획도 발표됐다.

가정 내 인간의 가사 노동을 돕는 로봇에 대한 구상 역시 주목받았다. 도요타는 미국 로봇 기업 보스턴다이내믹스와의 협력을 통해 로봇 손이 옷을 정리하는 모습을 영상으로 선보였다.

아키오 회장은 "우븐시티는 개인 이동 장치, 자율주행 기술, AI, 가상현실 등 혁신적 기술과 사회적 책임을 결합한 미래 도시 프로젝트"라며, "모두가 함께 미래를 상상하고 개선하는 데 기여하는 공간이 될 것"이라고 설명했다.

지속가능성에 대한 언급도 이어졌다. 그는 "우븐시티의 모든 교통수단은 저배출에서 제로 배출을 목표로 한다"며, "지속가능성은 우리가 가장 우선시해야 할 가치 중 하나"라고 강조했다.

우븐시티는 자율주행차와 AI를 활용해 운전자 없는 이동 시스템을 구축하고, 도시 전반의 시스템이 입주민과 상호작용하는 환경을 마련할 계획이다.

스마트시티를 구현하기 위해 아레네(Arene)라는 새로운 자동차 운영 시스템, 디지털 트윈 플랫폼, 영상 데이터 분석과 AI를 결합한 비전 AI 등 첨단 기술이 도입될 예정이다. 또한, 스타트업, 기업, 대학, 연구기관과의 협업을 통해 혁신적인 아이디어가 구현될 것이다.

우븐시티의 실현은 도요타가 단순한 자동차 제조사를 넘어섰음을 의미한다. 도요타는 AI 시대를 맞아 스마트시티에서 모빌리티를 통해 인류의 삶을 혁신하며, 전통적인 자동차 제조사에서 모든 모빌리티 영역을 아우르는 기업으로 변신하고 있다.

**SUPPLEMENT**

CES 2025 INNOVATION AWARD PRODUCT
FULL WINNERS LIST 464

CES 2025 혁신상 바로가기

## 혁신상 33개 부문

| | |
|---|---|
| Accessibility & AgeTech | 접근성 및 에이지테크 |
| Artificial Intelligence | 인공지능 |
| Audio/Video Components & Accessories | 오디오 비디오 구성요소 및 액세서리 |
| Beauty & Personal Care | 뷰티 및 퍼스널 케어 |
| Computer Hardware & Components | 컴퓨터 하드웨어 및 구성요소 |
| Computer Peripherals & Accessories | 컴퓨터 주변기기 및 액세서리 |
| Content & Entertainment | 콘텐츠 및 엔터테인먼트 |
| Cybersecurity | 사이버 보안 |
| Digital Health | 디지털 헬스 |
| Drones | 드론 |
| Embedded Technologies | 내장기술 |
| Fashion Tech | 패션테크 |
| FinTech | 핀테크 |
| Fitness | 피트니스 |
| Food & AgTech | 푸드 및 농업기술 |
| Gaming & eSports | 게임 및 e스포츠 |
| Headphones & Personal Audio | 헤드폰 및 퍼스널 오디오 |
| Home Appliances | 생활가전 |
| Human Security for All | 인간 안보 |
| Imaging | 이미징 |
| Industrial Equipment and Machinery | 산업 장비 및 기계 |
| In-Vehicle Entertainment | 차내 엔터테인먼트 |
| Metaverse | 메타버스 |
| Mobile Devices, Accessories & Apps | 모바일 디바이스, 액세서리 및 앱 |
| Pet Tech & Animal Welfare | 펫테크 및 동물 복지 |
| Robotics | 로보틱스 |
| Smart Cities | 스마트시티 |
| Smart Home | 스마트홈 |
| Sports | 스포츠 |
| Sustainability & Energy/Power | 지속가능성 및 에너지/전력 |
| Vehicle Tech & Advanced Mobility | 차량용 기술 및 첨단 모빌리티 |
| Video Displays | 비디오 디스플레이 |
| XR Technologies & Accessories | XR 기술 및 액세서리 |

# SUPPLEMENT — Awards

## CES 2025 INNOVATION AWARDS
# Best of Innovation

### 최고혁신상 부문

CES 2025에서는 최고혁신상 34개가 수여됐다.
이 중 15개를 우리나라 기업이 차지했다.

- 기업명
- 수상 기술 및 서비스
- 수상 부문

- Anker Innovations Ltd
- 앵커
- eufy Robot Vacuum 3-in-1 E20
- 생활가전

- Aqualung Group
- 아쿠아렁
- Aquasense
- 스포츠

- Asus Computer International
- 에이수스
- ProArt P16
- 컴퓨터 하드웨어 및 구성요소

- BionicM Inc.
- 바이오닉엠
- Bio Leg
- 접근성 및 에이지테크

- CORE a greenteg AG Business
- 그린테그
- CORE 2 Thermal Sensor
- 피트니스

- Corning Incorporated
- 코닝
- On-Demand Automotive Infotainment Center
- 차내 엔터테인먼트

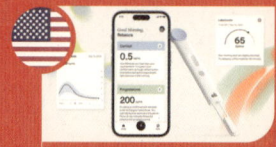

- Eli Science Inc.
- 일라이사이언스
- Hormometer™
- 디지털 헬스

- GARMIN International Inc.
- 가민
- inReach® Messenger Plus
- 모바일 디바이스, 액세서리 및 앱

- GHOSTPASS Inc.
- 고스트패스
- On-Device biometric payment solution
- 핀테크

- Guillemot
- 귈레못
- Hercules DJControl Mix Ultra
- 콘텐츠 및 엔터테인먼트

- Hanyang University
- 한양대학교
- TD Square, Tinnitus Digital Treatment Device
- 디지털 헬스

- Haply Robotics
- 해플리로보틱스
- minVerse
- 메타버스

- HP Inc.
- 에이치피
- HP Z Captis
- 컴퓨터 주변기기 및 액세서리

- Hypershell Co., Ltd.
- 하이퍼셀
- Hypershell Carbon X
- 로보틱스

Kubota North America
쿠보타
KATR
산업 장비 및 기계

LG Electronics
엘지전자
LG 83-inch OLED 4K TV
비디오 디스플레이

LG Electronics
엘지전자
LG UltraGear™ OLED Bendable Gaming Monitor
게임 및 e스포츠

LG Electronics U.S.A., Inc.
엘지전자
LG Pet Care Zone
펫테크 및 동물 복지

Myant Corp.
마이안트
Myant-Osmotex Active Electroosmotic Membrane Jackets
패션테크

Nearthlab
니어스랩
Station for drone first responder
드론

Plantaform Technology Inc.
플랜타폼테크놀로지
Plantaform Smart Indoor Garden
푸드 및 농업기술

Poskom Co., Ltd.
포스콤
AirRay-Mini
인간 안보

Samsung Electronics America, Inc.
삼성전자
Galaxy Buds3 Pro
헤드폰 및 퍼스널 오디오

Samsung Electronics America, Inc.
삼성전자
HOLODISPLAY FLOATING SCREEN
스마트홈

Samsung Electronics America, Inc.
삼성전자
MICRO LED BEAUTY MIRROR
뷰티 및 퍼스널 케어

Samsung Electronics America, Inc.
삼성전자
THE FREESTYLE AI+
비디오 디스플레이

Sierra BASE Co., Ltd.
시에라베이스
SIRIUS, World 1st Intelligent Robot Inspection Solution
스마트시티

SK Telecom
에스케이텔레콤
ScamVanguard
사이버 보안

Sony Group Corporation
소니
Sony BRAVIA Theater Quad Wireless Speaker System
오디오 비디오 구성요소 및 액세서리

Sony Group Corporation
소니
Sony XR Head-Mounted Display SRH-S1
XR 기술 및 액세서리

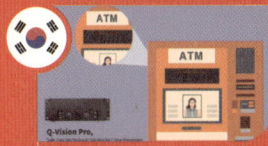
Suprema AI
슈프리마에이아이
Q-Vision Pro: Safe, Fast On-Device AI for Crime Prevention
내장 기술

Vvater
브이바터
Faraday Reactor
지속가능성 및 에너지/전력

Woongjin Thinkbig
웅진씽크빅
booxtory
인공지능

ZEISS Microoptics
자이스
Holographic Transparent Camera
차량용 기술 및 첨단 모빌리티

# SUPPLEMENT — Awards

## CES 2025 INNOVATION AWARDS
# Honorees

### 혁신상 부문

CES 2025 혁신상 430개 중 한국 기업은 219개를 받아 역대 최다 수상을 기록했다.

| 기업명 | | 국가 | 수상 기술 및 서비스 | 수상 부문 |
|---|---|---|---|---|
| 10kM.ai | 텐케이엠 | 한국 | 10kM | 모바일 디바이스, 액세서리 및 앱 |
| 10minds Co., Ltd. | 텐마인즈 | 한국 | AI Mopill | 생활가전 |
| 1NA Technologies | 원엔에이테크놀로지 | 네덜란드 | NanoLoom | 내장기술 |
| 3D Technologies Ltd (T/A Moasure) | 쓰리디테크놀로지 | 영국 | Moasure 2 PRO | 산업 장비 및 기계, 지속가능성 및 에너지/전력 |
| A2US | 에이투어스 | 한국 | MEW air purifier | 지속가능성 및 에너지/전력 |
| Abbott | 애보트 | 미국 | Lingo | 디지털 헬스 |
| Acer | 에이서 | 대만 | Aspire Vero 16 | 컴퓨터 하드웨어 및 구성요소 |
| | | | Swift Edge 14 AI | 컴퓨터 하드웨어 및 구성요소 |
| ADATA Technology Co., Ltd. | 에이데이타 | 대만 | XPG LANCER NEON | 컴퓨터 하드웨어 및 구성요소 |
| Advanced Micro Devices, Inc. | 에이엠디 | 미국 | AMD Ryzen AI 9 HX 370 | 인공지능, 컴퓨터 하드웨어 및 구성요소 |
| | | | AMD Ryzen 7 9800X3D | 컴퓨터 하드웨어 및 구성요소 |
| AFS INC. | 아프스 | 한국 | Innovative Hair Loss Diagnostic System, Hair Scale, AFS 3D | 인공지능 |
| AGC Inc. | 에이지씨 | 일본 | Glass substrate for next generation AR/MR glasses M100/200 Series | XR 기술 및 액세서리 |
| AI and Robotics Ventures Company Limited | 에이아이앤로보틱스벤처컴퍼니 | 태국 | MATRx: Privacy-first AI Fall Detection Mat | 인공지능 |
| AI For Pet | 에이아이포펫 | 한국 | TTcare Equine | 인공지능, 모바일 디바이스, 액세서리 및 앱 |
| Ailive Inc. | 아이리브 | 한국 | Ailive Studio | 인공지능 |
| Aiper Intelligent, LLC | 에이퍼인텔리전스 | 미국 | Aiper IrriSense Smart Irrigation System | 생활가전 |
| AIRUS/HANSEO UNIVERSITY | 에어어스/한서대학교 | 한국 | Urban Bladeless Delivery Drone System | 드론 |
| Aizip & Softbank Corp. | 아이집 & 소프트뱅크 | 일본 | Watatumi: AI-powered Smart Fish Farm Software Suite | 푸드 및 농업기술 |
| ALAFIA | 알라피아 | 미국 | AIVAS Interactive Supercomputer | 인공지능, 컴퓨터 하드웨어 및 구성요소 |
| ALUX | 에이럭스 | 한국 | Portable Coding Drone & Expendable Drone Game platform | 게임 및 e스포츠 |
| Amorepacific | 아모레퍼시픽 | 한국 | Wanna-Beauty AI: Virtual Makeup Powered by Generative AI | 인공지능 |
| ams OSRAM | 에이엠에스오슬람 | 한국 | EVIYOS® Shape intelligent pixelated micro-LED | 스마트시티 |
| ANDOPEN | 앤오픈 | 한국 | SNAPPASS | 스마트시티 |
| Anker Innovations Ltd | 앤커 | 중국 | Anker Prime Charging Docking Station (14-in-1, 160W) | 컴퓨터 주변기기 및 액세서리 |
| | | | eufy Wearable Breast Pump S1 Pro | 디지털 헬스 |
| | | | eufy Video Smart Lock S3 Pro | 스마트홈 |
| Anssil Co., Ltd. | 앤씰 | 한국 | OptimizeME | 스마트홈, 디지털 헬스 |
| Apollon | 아폴론 | 한국 | MOGLU: Noninvasive Continuous Glucose Monitoring Device | 디지털 헬스 |
| ArtygenSpace | 아티젠스페이스 | 한국 | arti | 인공지능 |
| Asleep Co., Ltd. | 에이슬립 | 한국 | SleepBoard Powered by AsleepTrack | 디지털 헬스, 인공지능 |

| 기업명 | | 국가 | 수상 기술 및 서비스 | 수상 부문 |
| --- | --- | --- | --- | --- |
| Asus Computer International | 에이수스 | 대만 | 2025 ROG Strix SCAR16/18 intel | 컴퓨터 하드웨어 및 구성요소 |
| | | | Gaming Motherboard | 컴퓨터 하드웨어 및 구성요소 |
| | | | ProArt PZ13 | 컴퓨터 하드웨어 및 구성요소 |
| | | | Project Dali | 컴퓨터 하드웨어 및 구성요소, 컴퓨터 주변기기 및 액세서리 |
| | | | ASUS ZenScreen Smart Series | 콘텐츠 및 엔터테인먼트 |
| | | | ASUS 5G-Go | 모바일 디바이스, 액세서리 및 앱 |
| | | | BE3600 Dual Band WiFi 7 (802.11be) Travel Router | 모바일 디바이스, 액세서리 및 앱 |
| | | | ASUS Zenbook A14 | 지속가능성 및 에너지/전력 |
| | | | ASUS Zenbook S 14 | 지속가능성 및 에너지/전력 |
| | | | ProArt P16 | 지속가능성 및 에너지/전력 |
| | | | ASUS Zenbook S 16 | 지속가능성 및 에너지/전력, 컴퓨터 하드웨어 및 구성요소 |
| Augmental | 어그멘털 | 미국 | MouthPad^ | 접근성 및 에이지테크 |
| AuGroup (Shenzhen) Cross-Border Business Co., Ltd. | 아오키그룹 | 중국 | Comet Mix 7 300W PD Wall Charger with GaN Tehcnology | 모바일 디바이스, 액세서리 및 앱 |
| | | | MagFusion GameFrost Magnetic Wireless Charger with Active Cooling | 모바일 디바이스, 액세서리 및 앱 |
| | | | Track Mate 3 Smart Bluetooth Tracker | 모바일 디바이스, 액세서리 및 앱 |
| Axelera AI | 엑세레라에이아이 | 네덜란드 | Metis Compule Board | 인공지능 |
| Barunbio Inc. | 바른바이오 | 한국 | WE-STIM,MED™ MuscleGuard: Advanced Sarcopenia Brace | 피트니스 |
| Baseus Technology (HK) Co., Limited | 베이스어스 | 홍콩 | Baseus Spacemate Series 11-in-1 (MAC) Docking Station | 컴퓨터 주변기기 및 액세서리 |
| | | | Baseus 4G Mi-Fi Power Bank | 모바일 디바이스, 액세서리 및 앱 |
| BGZ Brands | BGZ 브랜드 | 미국 | BodyGuardz Red Light Converter | 디지털 헬스 |
| BioLite | 바이오라이트 | 미국 | Backup by BioLite | 생활가전 |
| Biomechatronics France (Biomitech) | 바이오미테크 | 멕시코 | High Impact Biofilter (HIB) | 지속가능성 및 에너지/전력 |
| bitsensing | 비트센싱 | 한국 | TraXight | 스마트시티 |
| Biwin Storage Technology Co., Ltd. | 바이윈 | 중국 | DW100 | 컴퓨터 하드웨어 및 구성요소 |
| BLACKBEES INC | 블랙비스 | 중국 | Bebird EarSight Flow | 디지털 헬스 |
| Blockchain Sports XR | 블록체인스포츠엑스알 | 영국 | Infinity Football XR | XR 기술 및 액세서리 |
| Bluesound | 블루사운드 | 캐나다 | NODE ICON | 오디오 비디오 구성요소 및 액세서리 |
| BLUETTI | 블루에티 | 미국 | BLUETTI SwapSolar Ecosystem MultiCooler | 지속가능성 및 에너지/전력, 생활가전 |
| Bodyfriend | 바디프랜드 | 한국 | Standing Rovo (SR) 733 | 디지털 헬스 |
| | | | Eden Rovo 25 | 생활가전 |
| | | | Familie C | 생활가전 |
| BOE Varitronix | 비오이배리트로닉스 | 미국 | Automotive Slidable OLED Display | 차내 엔터테인먼트 |
| Bosch | 보쉬 | 독일 | Revol® : Multi-modal AI Agent for Baby Care | 인공지능 |
| Braindeck | 브레인데크 | 한국 | BLING | 접근성 및 에이지테크 |
| BrainU Co., Ltd. | 브레인유 | 한국 | VET CAI | 펫테크 및 동물 복지 |
| Budz B.V. | 버즈비브이 | 네덜란드 | Budz | 디지털 헬스 |
| CalmiGo Neurotech (Dendro Technologies, Inc) | 덴드로테크놀로지스 | 미국 | CalmiGo Plus | 디지털 헬스 |
| CAMELOTECH, inc. | 카멜로테크 | 한국 | CAMELEON : AI Pharmaceutical Automation System (Herbs) | 디지털 헬스 |
| CARDNATION Co.,Ltd | 카드네이션 | 한국 | IoT credit card | 핀테크 |
| carrotphant, Inc. | 캐럿펀트 | 한국 | Arch3D Liner | 이미징 |
| CELLiCo | 셀리코 | 한국 | EyeCane | XR 기술 및 액세서리 |
| Ceragem | 세라젬 | 한국 | AI MEDI WATER | 디지털 헬스 |
| | | | AI-powered Home Therapy Booth | 디지털 헬스 |
| | | | Home MediCare Bed 2.0 with AI Health Concierge | 디지털 헬스 |
| | | | Smart Headboard with AI Health Concierge | 디지털 헬스 |
| | | | Therapeutic Spa Bed with AI Health Concierge | 피트니스 |
| | | | Neuro Wellness Enhancer | 인간 안보 |

## SUPPLEMENT — Awards

| 기업명 | | 국가 | 수상 기술 및 서비스 | 수상 부문 |
|---|---|---|---|---|
| Chamelo | 카멜로 | 미국 | Aura: The World's First Color-changing Glasses | 패션테크 |
| Chungcheong Co., Ltd. | 충청 | 한국 | AUTONG- | 산업 장비 및 기계 |
| CIT Co., Ltd. | 씨아이티 | 한국 | Dolphin: Animals that hear the widest range of frequencies | 차량용 기술 및 첨단 모빌리티 |
| COBOT | 코봇시스템 | 한국 | Trailblazing Wheelchair: Conquering Obstacles | 인간 안보 |
| | | | Revolutionary Wheels for Agile Robotic Navigation | 차량용 기술 및 첨단 모빌리티 |
| COMPLEXION Co., Ltd. | 컴플렉시온 | 한국 | MoveFreeker | 디지털 헬스 |
| CONPORTLAB | 컨포트랩 | 한국 | PortaCON Plus | 내장기술 |
| Continental Automotive Systems Inc. | 컨티넨탈오토모티브시스템 | 미국 | Continental's Invisible Biometrics Sensing Display | 차량용 기술 및 첨단 모빌리티 |
| COWAY | 코웨이 | 한국 | Smart Home Care Air Purifier | 스마트홈 |
| | | | Smart Self-cleaning Air Purifier | 지속가능성 및 에너지/전력 |
| | | | Digital Healthcare Bidet | 생활가전 |
| Creativemind Inc. | 크리에이티브마인드 | 한국 | EVOM AI Piano – Automatic Spatial Music Generator | 인공지능 |
| CUBIC-K | 큐빅케이 | 한국 | Quantix | 산업 장비 및 기계 |
| Curinginnos,Inc | 큐링이노스 | 한국 | iVOLVE Robot, Total AI Tennis Play Partner system | 스포츠 |
| Curiosis Inc. | 큐리오시스 | 한국 | Cellpuri® Series | 디지털 헬스 |
| | | | MSP™ Series | 디지털 헬스 |
| D&C Biotechnology Inc. | 디앤씨바이오테크놀로지 | 한국 | URINE CHECK-ER (Cup-type Personal Urine Analyzer) | 인간 안보 |
| Daedong | 대동 | 한국 | AI Plant Box | 푸드 및 농업기술 |
| Danlaw Inc. | 댄로 | 미국 | CleverCharge | 스마트홈 |
| DATAGREEN by Netsooon,AI | 넷순 AI | 프랑스 | DATAGREEN G2FD | 지속가능성 및 에너지/전력 |
| Decasight Corp. | 데카사이트 | 한국 | ARTIS (AR Training for Intervention & Surgery) | 디지털 헬스 |
| Deep-In-Sight Co., Ltd. | 딥인사이트 | 한국 | DIMENVUE Pro | 산업 장비 및 기계 |
| DEEP,FINE Co., Ltd. | 딥파인 | 한국 | DEEP,FINE Spatial Crafter(DSC) | XR 기술 및 액세서리 |
| Dell Technologies | 델테크놀로지스 | 미국 | Dell Pro 14 Premium | 인공지능 |
| | | | Alienware 27 4K QD-OLED Gaming Monitor | 게임 및 e스포츠 |
| Dexcom | 덱스컴 | 미국 | Stelo by Dexcom | 디지털 헬스 |
| DIC Corporation | 디아이씨 | 일본 | HAGAMOSphere™ | 드론 |
| DK LAB., Inc. | 디케이랩스 | 한국 | Base On Board | 콘텐츠 및 엔터테인먼트 |
| DMTEK CONSULTING | 디엠테크컨설팅 | 한국 | Smart Factory Manager All-in-One Manufacturing Platform | 인공지능 |
| DotDot | 닷닷 | 프랑스 | #dot | 스마트시티 |
| E-Soltec | 이솔테크 | 한국 | Disaster Response Rapid Deployment Modular Chamber | 인간 안보 |
| Earable Neuroscience | 이어러블뉴로사이언스 | 미국 | FRENZ FocusFlow | 디지털 헬스 |
| ECM PCB Stator Tech | 이씨엠 | 미국 | PrintStator Motor CAD SaaS | 지속가능성 및 에너지/전력 |
| ECOPEACE | 에코피스 | 한국 | Healing Boat | 스마트시티 |
| Efficient Computer | 이피시언트컴퓨터 | 미국 | Efficient E1 | 컴퓨터 하드웨어 및 구성요소 |
| Ekleer Co., Ltd. | 에크리어 | 한국 | Work and Play: Smart Display for Digital Inclusion | 컴퓨터 주변기기 및 액세서리 |
| Elektrobit | 일렉트로비트 | 미국 | EB corbos Linux for Safety Applications | 차량용 기술 및 첨단 모빌리티 |
| Elitelux Technologies Inc. | 엘리트럭스테크놀로지 | 호주 | Sansui 27-inch WQHD AI Gaming Monitor (240Hz and 300Hz) | 컴퓨터 하드웨어 및 구성요소 |
| EMCT Co., Ltd. | 이엠시티 | 한국 | BDApp Fire Safe Zone Mobile Facility Monitoring Service | 스마트시티 |
| EntWick Inc. | 엔트윅 | 한국 | ArthronPulse | 디지털 헬스 |
| epitome GmBH | 이피터미 GmBH | 오스트리아 | e1 | 뷰티 및 퍼스널 케어 |
| Espresso Displays Pty Ltd. | 에스프레소디스플레이 | 호주 | espresso 15 Pro | 컴퓨터 주변기기 및 액세서리 |
| EssilorLuxottica | 에실로룩소티카 | 이탈리아 | Nuance Audio OTC Hearing Aid Glasses | 디지털 헬스 |
| Ethereal | 에테리얼 | 인도 | Ethereal (Digital Twin 3D Modelling Solution) | 산업 장비 및 기계 |
| Exobrew Inc | 엑스브루 | 미국 | CRAFT GEN 3 | 생활가전 |
| FaceHeart Corporation | 페이스하트 | 대만 | FaceHeart CardioMirror | 디지털 헬스 |
| FarmConnect co. | 팜커넥트 | 한국 | Connectbee | 푸드 및 농업기술 |
| Fawoo Nanotech Co., Ltd. | 화우나노텍 | 한국 | Nanobubble Generator | 지속가능성 및 에너지/전력 |
| FingerVision | 핑거비전 | 일본 | FingerVision R1 | 로보틱스 |
| FLOW STUDIO Co.,Ltd | 플로우스튜디오 | 한국 | JU, Just Universe | 인공지능 |
| FlowBeams | 플로빔스 | 네덜란드 | BoldJet by FlowBeams | 뷰티 및 퍼스널 케어 |

| 기업명 | | 국가 | 수상 기술 및 서비스 | 수상 부문 |
|---|---|---|---|---|
| Frore Systems | 포로레시스템스 | 미국 | AirJet Mini Sport | 컴퓨터 하드웨어 및 구성요소 |
| Full Nature Farms (Hong Kong) Limited | 풀네이처팜스 | 홍콩 | Rocket 2.0 – Smart Irrigation Platform | 지속가능성 및 에너지/전력 |
| FUST Lab, Co., Ltd. | 퍼스트랩 | 한국 | DEBREX | 산업 장비 및 기계 |
| GARMIN International Inc. | 가민 | 미국 | Unified Cabin 2025 | 차내 엔터테인먼트 |
| Gaudio, Inc. | 가우디오 | 한국 | Gaudio Music Placement | 인공지능 |
| Gbrain | 지브레인 | 한국 | Phin Stim: Wireless Brain Monitor/Stimulation Implant | 디지털 헬스 |
| GenGenAI | 젠젠에이아이 | 한국 | GenGenStudio: GenAI based synthetic data production S/W | 인공지능 |
| GIGABYTE Technology | 기가바이트테크놀로지 | 중국 | Z890 AORUS XTREME AI TOP | 인공지능 |
| GN Group | 지엔그룹 | 한국 | Multi-Mic+ | 접근성 및 에이지테크 |
| GoPro | 고프로 | 미국 | GoPro HERO13 Black | 이미징 |
| Hangzhou Lingban Tech Co., Ltd. | 항저우링반테크 | 중국 | Rokid Cupcake AR Glasses | XR 기술 및 액세서리 |
| Hanyang University | 한양대학교 | 한국 | MNVision | 모바일 디바이스, 액세서리 및 앱, XR 기술 및 액세서리 |
| Haply Robotics | 해플리로보틱스 | 캐나다 | minVerse | XR 기술 및 액세서리 |
| Harman International Corp | 하만인터내셔널 | 한국 | JBL TOUR PRO 3 Experience | 헤드폰 및 퍼스널 오디오 |
| Healingsound | 힐링사운드 | 한국 | EARNAP | 인간 안보 |
| HHS Co.,Ltd. | 에이치에이치에스 | 한국 | LERTS2.0(AIoT-based Safety and Health Monitoring System) | 디지털 헬스 |
| Hisense Visual Technology Co., Ltd. | 하이센스비주얼테크놀로지 | 중국 | LuxCare Mini Washer-Dryer Combo | 생활가전 |
| Hisong Music Technology Inc. | 하이송뮤직테크놀로지 | 미국 | HISONG SuperMic S1 | 오디오 비디오 구성요소 및 액세서리 |
| Hitit Soft Inc. | 히릿소프트 | 한국 | Maderr AI | 모바일 디바이스, 액세서리 및 앱 |
| HL Klemove | 에이치엘클레무브 | 한국 | AgriShield | 산업 장비 및 기계 |
| | | | BEETLE+ | 스마트시티 |
| HL Mando | 에이치엘만도 | 한국 | HL HAECHE | 인간 안보 |
| Hohem Technology Co,Ltd. | 호헴테크놀로지 | 중국 | iSteady V3 AI Tracking Smartphone Gimbal | 오디오 비디오 구성요소 및 액세서리 |
| HolmesAI Co., Ltd. | 홈즈에이아이 | 한국 | CLholmes®: AI-based heart disease predictor | 접근성 및 에이지테크 |
| HomePlunge | 홈플런지 | 미국 | HomePlunge | 피트니스 |
| HP Inc. | 에이치피 | 미국 | HP AI Companion | 인공지능 |
| | | | HP OmniBook Ultra Flip 14 inch Next Gen AI PC | 컴퓨터 하드웨어 및 구성요소 |
| HRG Inc. | 에이치알지 | 미국 | Feed Heat Monitor® – first ever wearable cow health monitor | 펫테크 및 동물 복지 |
| Human In Motion Robotics Inc. | 휴먼인모션로보틱스 | 캐나다 | XoMotion™ | 로보틱스 |
| Humanics Co., Ltd. | 휴머닉스 | 한국 | SEGYM – AI Digital training machine with Body analyzer | 피트니스 |
| Hurotics Inc. | 휴로틱스 | 한국 | H-Medi: All-in-one Gait Rehabilitation and Prognosis | 접근성 및 에이지테크, 로보틱스 |
| Hydrific | 하이드리픽 | 미국 | Droplet: Smart Home Water Sensor | 스마트홈 |
| Hyundai Mobis | 현대모비스 | 한국 | LCD Sun-Burn Free Conventional AR HUD | 차량용 기술 및 첨단 모빌리티 |
| identifyHer | 아이덴티파이허 | 아일랜드 | Peri | 디지털 헬스 |
| Idlespace Technology Company Co., Ltd | 아이들스페이스 | 미국 | Philips Wi-Fi Palm Recognition Smart Deadbolt | 스마트홈 |
| ILias AI Co,Ltd. | 일리아스에이아이 | 한국 | IL1A-AI based olfactory digital sniffer dog system | 인공지능 |
| IMSYSTEM Co., Ltd. | 아임시스템 | 한국 | IM_Pathfinder_Navi | 로보틱스 |
| In-Nature | 인네이처 | 한국 | Dynamic Aqua Blind (Muldori Wall) | 푸드 및 농업기술 |
| Inc. ENGITEIN | 엔지틴 | 한국 | ProPury | 지속가능성 및 에너지/전력 |
| INIU | INIU | 미국 | INIU Leopard Power Station 40K | 모바일 디바이스, 액세서리 및 앱 |
| INOSEP | 이노셉 | 한국 | PUREMIRR-IAAK | 디지털 헬스 |
| Integrated Quantum Photonics Inc. (IQP) | 아이큐피 | 미국 | Novel Flash LiDAR with SiPM Sensor and Diffraction Optics | 차량용 기술 및 첨단 모빌리티 |
| Intel Corporation | 인텔 | 미국 | Thunderbolt Share | 컴퓨터 하드웨어 및 구성요소 |
| INTIN Inc. | 인트인 | 한국 | OVIEW HABs Tester | 인간 안보 |
| Inviz Corporation | 인비즈 | 한국 | AI Echo Care | 인공지능 |
| Invo Station Inc | 인보스테이션 | 미국 | VO Invo Moon | 차량용 기술 및 첨단 모빌리티 |
| IPIN LABS | 아이핀랩스 | 한국 | Smart Factory Asset Management Platform – BPIN | 산업 장비 및 기계 |
| iPOP Co.,Ltd. | 아이팝 | 한국 | EmoTense suit – Real time Haptic Response XR suit | 메타버스 |

## SUPPLEMENT　　　　　　　　　　　　　　　　　　　　Awards

| 기업명 | | 국가 | 수상 기술 및 서비스 | 수상 부문 |
|---|---|---|---|---|
| Itone Co.,Ltd. | 아이티원 | 한국 | CONIT-Runner | 로보틱스 |
| January AI | 재뉴어리에이아이 | 미국 | January AI | 디지털 헬스 |
| Jiro Inc. | 지로 | 한국 | Dropshot Explorer | 콘텐츠 및 엔터테인먼트, 이미징 |
| JubileeTV | 주빌리티브이 | 미국 | JubileeTV | 접근성 및 에이지테크 |
| Kailas Robotics | 카일라스로보틱스 | 일본 | MobiRobo | 로보틱스 |
| Kara water Inc | 카라워터 | 미국 | Kara Pod | 생활가전 |
| Keychron Technology (Shenzhen) Co., Ltd. | 키크론테크놀로지 | 중국 | Keychron K2 HE Wireless Magnetic Custom Keyboard | 컴퓨터 주변기기 및 액세서리 |
| Kirin Holdings, Meiji University, ATHA, TOPPAN, ADK Marketing Solutions, SunnySideUp | 기린홀딩스 외 | 일본 | Electric Salt Spoon | 디지털 헬스, 접근성 및 에이지테크 |
| klcube | 케이엘큐브 | 한국 | AI Sign Language Translation Service: Hand Sign Talk Talk | 인공지능 |
| Korea I.T.S. Co., Ltd. | 한국이티에스 | 한국 | QuickGly: Non-invasive Diabetes (HbA1c) Diagnosis | 디지털 헬스, 모바일 디바이스, 액세서리 및 앱, 인간 안보 |
| Korea Institute of Science and Technology | 한국과학기술연구원 | 한국 | 3D Visualization of a X-ray image & Visibility Enhancement | 인공지능 |
| KOREA LFP | 한국엘프피 | 한국 | SBMS for Lithium Battery Fire Extinguishment | 지속가능성 및 에너지/전력 |
| Kosé Corporation | 고세 | 일본 | Mixed Reality Makeup - 0 min try-on studio | XR 기술 및 액세서리 |
| LBStech Inc | 엘비에스테크 | 한국 | WheelAR(Walkway navigation for wheelchair users) | 인간 안보 |
| Leadpoint System, Inc. | 리드포인트시스템 | 한국 | Funet v2.0 : DID-based Blockchain Mainnet Platform | 핀테크 |
| Leesol Co.,Ltd | 리솔 | 한국 | Sleepisol Lite | 뷰티 및 퍼스널 케어 |
| Lenovo | 레노버 | 중국 | Lenovo ThinkBook Plus Gen 5 Hybrid | 컴퓨터 하드웨어 및 구성요소 |
| | | | Lenovo ThinkCentre Neo Ultra | 컴퓨터 하드웨어 및 구성요소 |
| | | | Lenovo ThinkPad X1 Carbon Gen 13 Aura Edition | 컴퓨터 하드웨어 및 구성요소 |
| Lexar International | 렉사 | 미국 | Lexar Professional DIAMOND CFexpress™ 4.0 Type B Card | 이미징 |
| | | | Lexar SL500 Portable SSD with Magnetic Set | 모바일 디바이스, 액세서리 및 앱 |
| LG Electronics | 엘지전자 | 한국 | LG gram Pro 2-in-1 (Model 16T90TP) | 인공지능, 컴퓨터 하드웨어 및 구성요소 |
| | | | Self-Driving AI Home Hub | 인공지능, 스마트홈 |
| | | | LG webOS Re:New Program | 사이버 보안 |
| | | | LG System Iron | 생활가전 |
| | | | LG 83-inch OLED 4K TV | 이미징 |
| | | | LG 88-inch OLED 8K TV (Model OLED88Z3) | 이미징 |
| | | | LG 350kW DC Fast Charger | 스마트시티 |
| | | | LG ThinQ ON | 스마트홈 |
| | | | ThinQ Dining | 스마트홈 |
| | | | LG 77-inch 4K OLED Zero Connect Wallpaper TV | 비디오 디스플레이 |
| | | | LG 83-inch 4K OLED Audio & Wireless TV | 비디오 디스플레이 |
| LG Electronics U.S.A., Inc. | 엘지전자 | 한국 | LG CineBeam (Model PF600U) | 생활가전 |
| | | | LG MyView Touch&Move (Model 32U889SA) | 생활가전 |
| | | | LG UltraFine™ 6K Monitor (Model 32U990A) | 이미징 |
| | | | Mirror Objet | 스마트홈 |
| LG Innotek Co., Ltd. | 엘지이노텍 | 한국 | Nexlide A+ Vehicle Lamp Module | 차량용 기술 및 첨단 모빌리티 |
| Lidwave Ltd. | 리드웨이브 | 이스라엘 | Odem - 4D LiDAR Sensor | 이미징 |
| LIFE-01 | 라이프-01 | 프랑스 | ELEMENT | 스마트홈 |
| Lion Power B.V. | 리온파워비브이 | 네덜란드 | Leo: the Battery Life Extender | 지속가능성 및 에너지/전력 |
| Linkplay Technology Inc. | 링크플레이 | 미국 | WiiM Ultra | 오디오 비디오 구성요소 및 액세서리 |
| LINXENS | 린센스 | 프랑스 | SATELLITE STICKER | 지속가능성 및 에너지/전력 |
| Livall IoT Technology, Inc | 리발아이오티테크놀로지 | 미국 | LIVALL PikaBoost 2 E-bike Conversion Kit | 지속가능성 및 에너지/전력 |
| L'Oreal | 로레알 | 프랑스 | L'Oréal SYNC™ | 접근성 및 에이지테크 |
| | | | My Aura™ | 접근성 및 에이지테크 |

| 기업명 | | 국가 | 수상 기술 및 서비스 | 수상 부문 |
|---|---|---|---|---|
| L'Oreal | 로레알 | 프랑스 | Mood Mirror™ | 인공지능, XR 기술 및 액세서리 |
| | | | Water Saver 2 | 뷰티 및 퍼스널 케어 |
| LS ELECTRIC Co., Ltd., LS Cable & System Ltd. | LS전선 | 한국 | HyperGrid NX | 인간 안보, 스마트시티 |
| Lumotive and Hokuyo | 루모티브와 오쿠요 | 미국/일본 | YLM-10LX 3D LiDAR sensor | 로보틱스 |
| Lyten | 라이텐 | 미국 | Lyten Lithium-Sulfur Batteries | 지속가능성 및 에너지/전력 |
| MacPaw Inc. | 맥파우 | 미국 | Moonlock Engine in CleanMyMac by MacPaw | 사이버 보안 |
| Magna International | 마그나인터내셔널 | 캐나다 | Interior Cabin Sensing (ICS) 21 Radar | 차량용 기술 및 첨단 모빌리티 |
| MAINSPACE INC. | 마인스페이스 | 한국 | Ggumin | 인공지능 |
| Mapsea Corporation | 맵시 | 한국 | mapsea | 스마트시티 |
| MCE Inc. | 엠씨이 | 한국 | MCE's Styrofoam Upcycling and Sustainable Agriculture | 푸드 및 농업기술 |
| Medical X | 메디칼엑스 | 네덜란드 | DEST - Digital Emergency Support Team | 인공지능 |
| Medicosbiotech | 메디코스바이오텍 | 한국 | CureSilk | 디지털 헬스 |
| Metafarmers Inc. | 메타파머스 | 한국 | Metafarmer with Tapfarmers | 푸드 및 농업기술 |
| MeTown Inc. | 미타운 | 한국 | EVOVA: Hyper-Realistic Fashion 3D Digitization Service | 패션테크 |
| Midbar Co., ltd. | 미드바르 | 한국 | AirFarm: FOOD ARK | 푸드 및 농업기술 |
| Mixi, Inc. | 믹시 | 일본 | Conversational AI Robot Romi | 로보틱스 |
| Mobilint, Inc. | 모빌린트 | 한국 | REGULUS - AI System-on-Chip for On-device AI | 인공지능 |
| MOFIN COMPANY LIMITED | 모핀 | 미국 | QuantMO.AI | 핀테크 |
| molluSCAN-eye | 몰루스캔아이 | 프랑스 | molluSCAN 2.0 | 지속가능성 및 에너지/전력 |
| Monoxer, Inc. | 모노구사 | 일본 | Monoxer Junior | 모바일 디바이스, 액세서리 및 앱 |
| Motrex | 모트렉스 | 한국 | V2G AC home EV charger supporting AMI-based VPP solution | 지속가능성 및 에너지/전력, 스마트홈 |
| MSI Computer Corp | 마이크로스타 인터내셔널 | 대만 | Aegis RS2 AI | 인공지능 |
| | | | MEG Vision X AI | 인공지능, 게임 및 e스포츠 |
| | | | MPG 272URX QD-OLED | 컴퓨터 하드웨어 및 구성요소 |
| | | | Claw 8 AI+ | 게임 및 e스포츠 |
| | | | MEG Z890 UNIFY-X | 게임 및 e스포츠 |
| | | | MPG Z890I EDGE TI WIFI | 게임 및 e스포츠 |
| MTS Company CO., LTD. | 엠티에스컴퍼니 | 한국 | AI Doc : AI Diagnosis and Prediction Platform for Female Cancer | 인공지능 |
| mui Lab, Inc. | 무이랩 | 일본 | mui OS by mui Lab | 스마트홈 |
| Myant Corp. | 마이안트 | 캐나다 | Skiin: Cardiac Monitoring Smart Garments | 디지털 헬스 |
| Napoleon (also known as Wolf Steel Ltd) | 나폴레옹 | 캐나다 | ROGUE EQ 365 Connected Electric Grill | 생활가전 |
| Naqi Logix Inc. | 나키로직스 | 네덜란드 | NAQI Neural Earbud | 접근성 및 에이지테크 |
| NARWAL | 나르왈 | 중국 | Freo Z Ultra | 스마트홈 |
| NationA INC. | 네이션에이 | 한국 | Hey,D | 메타버스 |
| | | | Neuroid Next | 메타버스 |
| NETRI | 네트리 | 프랑스 | NeuroFluidics Care for crops chemical human toxicology | 푸드 및 농업기술 |
| Netvue Technologies Co., Ltd. | 넷뷰테크놀로지스 | 미국 | Birdfy Feeder 2 Duo | 펫테크 및 동물 복지 |
| Neudive Inc | 뉴다이브 | 한국 | buddy-in | 디지털 헬스 |
| Neuranics Limited | 뉴라닉스 | 영국 | Magnetomyography (MMG) Magnetic Sensor | XR 기술 및 액세서리 |
| NEW ENERGY CO., LTD | 뉴에너지 | 한국 | Ion heating system using ion & electronic to reduce carbon | 산업 장비 및 기계 |
| NEWJAK | 뉴작 | 한국 | X-RUNNER : A New Paradigm for the Metaverse Platform | 메타버스, 콘텐츠 및 엔터테인먼트 |
| Nex Generation Applications Corporation | 넥스제네레이션애플리케이션코퍼레이션 | 필리핀 | NEX Generation_Single Hand Controller | 게임 및 e스포츠 |
| NFUTURE CO., Ltd | 엔퓨쳐 | 한국 | Vehicle mounted ESS charging system for charging AAM and EV | 지속가능성 및 에너지/전력 |
| Nikon Corporation | 니콘 | 한국 | Nikon Z6III | 이미징 |

## SUPPLEMENT — Awards

| 기업명 | | 국가 | 수상 기술 및 서비스 | 수상 부문 |
|---|---|---|---|---|
| Nuki Home Solutions GmbH | 누키홈솔루션 | 독일 | Nuki The Smart Lock | 스마트홈 |
| Nutrix AG | 뉴트릭스 AG | 스위스 | cortiSense | 디지털 헬스 |
| Nuvilab | 누비랩 | 한국 | NutriTrex – AI Nutrition Coaching for Kids | 디지털 헬스 |
| OGGMA | 오그마 | 한국 | MOVED (Autonomous Driving Hospital Bed) | 디지털 헬스 |
| OLIGHT GROUP CO.,LTD | 오라이트 | 중국 | Ostation X 3-in-1 Smart Battery Charger | 지속가능성 및 에너지/전력 |
| ONECOM CO., LTD. | 원콤 | 한국 | Fintin Xpander ; Immersive Blind Typing PC Game Controller | 컴퓨터 주변기기 및 액세서리, 모바일 디바이스, 액세서리 및 앱 |
| OnePlus | 원플러스 | 중국 | OnePlus 13 | 모바일 디바이스, 액세서리 및 앱 |
| Onoma AI | 오노마에이아이 | 한국 | TooToon | 인공지능, 콘텐츠 및 엔터테인먼트 |
| OpenInterX Inc. | 오픈인터엑스 | 미국 | LUCI | 인공지능 |
| Otiton Medical Co., Ltd. | 오티톤메디컬 | 한국 | Otiton Smart thermometer – Checking your Children | 모바일 디바이스, 액세서리 및 앱 |
| Ozlo | 오즐로 | 미국 | Ozlo Sleepbuds® | 헤드폰 및 퍼스널 오디오 |
| Panmnesia, Inc. | 파네시아 | 한국 | CXL-Based GPU Memory Expansion Kit | 컴퓨터 주변기기 및 액세서리 |
| Pawport | 포포트 | 미국 | Pawport | 펫테크 및 동물 복지 |
| PERSONA AI | 페르소나에이아이 | 한국 | SONA AI EDU – Education platform available without network | 인공지능 |
| PETPA | 펫파 | 중국 | PETPA Multi-Pet Feeder | 펫테크 및 동물 복지 |
| Pickpad Inc. | 픽패드 | 미국 | Pickpad – Smart order pickup system powered by sensors and ML | 인공지능 |
| PINPOINT | 핀포인트 | 한국 | Smart building OS – TaaP & Ctrl.room | 스마트시티 |
| Plasmapp Co., Ltd. | 플라즈맵 | 한국 | CARELINK | 디지털 헬스 |
| Playseat® B.V. | 플레이시트 | 독일 | Playseat® Formula Instinct – F1® Edition | 게임 및 e스포츠 |
| Point Biotech | 포인트바이오테크 | 한국 | Early Cancer Screening Device in Pets | 디지털 헬스 |
| Polaris Office Inc. | 폴라리스오피스 | 한국 | Polaris Office AI NOVA | 인공지능 |
| polygom Co., Ltd | 폴리곰 | 한국 | Polygom: Personalized 3D Avatar Creation Technology | 메타버스 |
| PORE, Inc. | 포레 | 한국 | Food Waste Treatment | 생활가전 |
| Poskom Co., Ltd. | 포스콤 | 한국 | AirRay-Mini | 이미징 |
| Powercast Corporation | 파워캐스트 | 미국 | Matter-Compliant Wirelessly-Powered Smart Home Automation Sensors | 지속가능성 및 에너지/전력 |
| Prevenotics Inc. | 프리베노틱스 | 한국 | Prevenotics-G Pro: AI Gastric Cancer Prevention Solution | 인간 안보 |
| Proxgy | 프록스기 | 인도 | AirShifter | 생활가전 |
| PTBRO Inc. | 피티브로 | 한국 | Acheless | 디지털 헬스 |
| PxE Holographic Imaging | PxE 홀로그래픽 이미징 | 미국 | PxE Holographic RGB-IR-Depth Camera | 이미징 |
| Qolo Inc. | 콜로 | 일본 | Qolo Rehabilitation | 디지털 헬스 |
| QSimPlus | 큐심플러스 | 한국 | QSIMunit-SC : Signal generator for quantum communication | 내장기술 |
| Qualcomm Technologies, Inc | 퀄컴 | 미국 | Qualcomm AI Engine for Snapdragon 8 Elite Mobile Platform | 인공지능 |
| | | | Snapdragon X Elite | 내장기술 |
| Quester Inc. | 퀘스터 | 한국 | Motiglove | XR 기술 및 액세서리 |
| R2C2 Limited | R2C2 | 중국 | ARI: Autonomous Robotic System for Industrial Inspection | 로보틱스 |
| REE Automotive (Nasdaq: REE) | 리오토모티브 | 이스라엘 | P7-S Software-Defined EV Chassis | 차량용 기술 및 첨단 모빌리티 |
| Reli Technologies LLC | 릴라이테크놀로지스 | 미국 | Reli Birddy Smart Bird Bath | 펫테크 및 동물 복지 |
| RevComm Inc. | 레브콤 | 일본 | RevComm | 인공지능 |
| RICOS Co., Ltd. | 리코스 | 일본 | RICOS Generative CAE | 인공지능 |
| ROBOne Co., Ltd. | 로보원 | 한국 | ROBin | 스마트시티, 지속가능성 및 에너지/전력 |
| ROMS, Inc. | 롬스 | 일본 | Nano-Stream | 산업 장비 및 기계 |
| Route Finders | 루트파인더즈 | 한국 | EasyPlus: A Better Life For the Visually Impaired | 접근성 및 에이지테크 |
| Sai Technologies Co., Ltd. | 사이테크놀로지스 | 한국 | SAI-VDS: Victim Detection System with Reflection Control (Surveillance Camera System) | 인간 안보 |
| SAMOO Architects&Engineers, Samsung Electronics | 삼우종합건축사무소, 삼성전자 | 한국 | FIT Platform | 스마트시티 |

| 기업명 | | 국가 | 수상 기술 및 서비스 | 수상 부문 |
|---|---|---|---|---|
| Samsung Electronics America, Inc. | 삼성전자 | 한국 | 4-Door Refrigerator with AI Home and AI Vision Inside 2.0 | 인공지능 |
| | | | Ballie | 인공지능 |
| | | | SAMSUNG AI SCREEN | 인공지능 |
| | | | TGV MICRO LED | 오디오 비디오 구성요소 및 액세서리 |
| | | | WIRELESS ONE CONNECT BOX | 오디오 비디오 구성요소 및 액세서리 |
| | | | Samsung Galaxy Tab S10 Series | 컴퓨터 하드웨어 및 구성요소 |
| | | | M9 Smart Monitor | 컴퓨터 주변기기 및 액세서리 |
| | | | Samsung TV Karaoke | 콘텐츠 및 엔터테인먼트 |
| | | | Galaxy Watch7 | 패션테크 |
| | | | Samsung Galaxy Z Fold6 | 게임 및 e스포츠 |
| | | | Samsung OLED TV S95F 55" | 게임 및 e스포츠 |
| | | | 30" Wall Oven with AI Home & AI Pro Cooking | 생활가전 |
| | | | Bespoke 4-Door Refrigerator with AI Hybrid Cooling | 생활가전 |
| | | | HOLODISPLAY FLOATING SCREEN | 생활가전 |
| | | | Samsung Bespoke Jet™ AI 400W | 생활가전 |
| | | | All Lenses on Prism (ALoP) | 이미징 |
| | | | RGB MICRO LED TV | 이미징 |
| | | | Samsung Galaxy AI | 이미징 |
| | | | Immersive Transparent MICRO LED Windshield | 차내 엔터테인먼트 |
| | | | 3D SPATIAL MAPPING KEYSTONE CORRECTION | 모바일 디바이스, 액세서리 및 앱 |
| | | | LPDDR5X 10.7Gbps | 모바일 디바이스, 액세서리 및 앱 |
| | | | AI Food Experience on TV | 스마트홈 |
| | | | Samsung AI Home Security | 스마트홈 |
| Samsung Electronics, Inc. | 삼성전자 | 한국 | Exynos W1000 | 패션테크 |
| SAMSUNG SDI | 삼성에스디아이 | 한국 | PRiMX50U-Power | 산업 장비 및 기계 |
| | | | PRiMX680 Module+ | 지속가능성 및 에너지/전력 |
| | | | PRiMX680-EV | 지속가능성 및 에너지/전력 |
| | | | SBB1.5 | 지속가능성 및 에너지/전력 |
| SCALe Virtual Inc. | 스케일버추얼 | 한국 | MYVRS Virtual Pod & App | XR 기술 및 액세서리 |
| Scosche Industries Inc. | 스코시인더스트리 | 미국 | Scosche Universal Locator | 모바일 디바이스, 액세서리 및 앱 |
| Segway Inc., Segway Powersports Inc. | 세그웨이 | 중국 | Segway Super Villain SX20 Hybrid | 차량용 기술 및 첨단 모빌리티 |
| Senegetics B.V | 세네제틱 | 네덜란드 | Sen-AID | 산업 장비 및 기계 |
| Sensera | 센서라 | 미국 | Sensera | 인공지능 |
| Seomjae Co.,Ltd. | 섬재 | 한국 | CoachON Math: AI-Powered Math Education Service | 모바일 디바이스, 액세서리 및 앱 |
| SGLAB Inc. | 에스지랩 | 한국 | G-Grip, World's First AI-Powered Intelligent Golf Club | 피트니스, 스포츠 |
| Shanmu (Shenzhen) Biotechnology Co., Ltd. | 샨무바이오테크놀로지 | 영국 | SHANMU S1 | 디지털 헬스 |
| Shenzhen Hanyang Technology Co., Ltd. | 선전한양테크놀로지 | 중국 | Yarbo | 로보틱스 |
| SHENZHEN NEUTOP OPTOELECTRONICS CO., LTD. | 선전네우탑옵토일렉트로닉 | 중국 | Aurzen ZIP Projector | 콘텐츠 및 엔터테인먼트 |
| SHINSUNG DELTA TECH CO., LTD. | 신성델타테크 | 한국 | LEMMY | 스마트홈 |
| Shiseido Co., Ltd. | 시세이도 | 일본 | Gait Beauty Measurement System | 뷰티 및 퍼스널 케어 |
| | | | SHISEIDO Skin Visualizer | 뷰티 및 퍼스널 케어 |
| Shokz | 샥즈 | 한국 | OpenMeet Professional Open-Ear Bone Conduction Headset | 헤드폰 및 퍼스널 오디오 |
| SignTech | 사인테크 | 한국 | Voice to Braille | 접근성 및 에이지테크 |
| SiriuXense Inc. | 시리우센스 | 미국 | UniWhale AI Baby Companion | 디지털 헬스 |
| Sky Flight/HANSEO UNIVERSITY | 스카이플라이트/한서대학교 | 한국 | Underground Drone | 드론 |
| Sky Labs | 스카이랩스 | 한국 | CART VITAL (project 'Apollon') | 인공지능 |
| Skyworks Solutions, Inc. | 스카이웍스솔루션 | 미국 | Skyworks AI Dialog Boost | 인공지능 |
| Smart Eye AB | 스마트아이 AB | 스웨덴 | Sheila | 차량용 기술 및 첨단 모빌리티 |
| SMK Electronics Corp. | 에스엠케이일렉트로닉스 | 미국 | Self-Contained Power Supply Coin Battery | 지속가능성 및 에너지/전력 |

| 기업명 | | 국가 | 수상 기술 및 서비스 | 수상 부문 |
|---|---|---|---|---|
| SOL Motors | 솔모터스 | 독일 | SOL Pocket Rocket S | 차량용 기술 및 첨단 모빌리티 |
| Solarinno | 솔라리노 | 한국 | Desalinno 100A | 지속가능성 및 에너지/전력 |
| SolidVue | 솔리드뷰 | 한국 | [SL-2,2] High-Resolution SPAD Sensor for LiDAR | 스마트시티 |
| SOLVIT System Co., Ltd. | 솔빛시스템 | 한국 | SOLVIT-iSAR (intelligent Search And Rescue) | 스마트시티 |
| SOS LAB Co., Ltd. | 에스오에스랩 | 한국 | ML-U | 차량용 기술 및 첨단 모빌리티 |
| SPAID | 스페이드 | 한국 | AI2RE - Image to 3D Geospatial AI Metaverse | 메타버스 |
| Squarify | 네모감성 | 한국 | Humming Blocks | 콘텐츠 및 엔터테인먼트 |
| Standard Energy | 스탠다드에너지 | 한국 | VIB Energy Tile: Specialized Indoor Energy Storage | 스마트시티 |
| Stans Inc. | 스탠스 | 한국 | AWAS-DT | 스마트시티 |
| STMicroelectronics, Inc. | 에스티마이크로일렉트로닉스 | 스위스 | STM32MP25 | 인공지능 |
| STUDIO LAB | 스튜디오랩 | 한국 | GENCY PB (AI Photography Robot) | 로보틱스 |
| SuFAB X Ewha (Interdisciplinary Structural Engineering Lab.& Food Nano Technology Lab.) | 슈팹 X 이화 | 한국 | Next Meat powered by Foodructure and Rheomer | 푸드 및 농업기술 |
| Swave Photonics | 에스웨이브포토닉스 | 벨기에 | Holographic Extended Reality (HXR) platform | XR 기술 및 액세서리 |
| Swear | 스웨어 | 미국 | SWEAR Security | 인간 안보 |
| TAB Co., Ltd./HANSEO UNIVERSITY | 티에이비/한서대학교 | 한국 | LADIS | 생활가전 |
| TactoTek | 택토텍 | 핀란드 | In-Mold Structural Electronics (IMSE®) | 차량용 기술 및 첨단 모빌리티 |
| | | | Intelligent Illuminated Door Panel | 차량용 기술 및 첨단 모빌리티 |
| Taiwan Tech Arena | 타이완테크아레나 | 대만 | A laser-induced thrombosis on a chip | 뷰티 및 퍼스널 케어 |
| Targus | 타거스 | 미국 | MiraLogic® Connect | 지속가능성 및 에너지/전력 |
| TCL Corporation | 티씨엘 | 중국 | TCL 50 PRO NXTPAPER 5G | 모바일 디바이스, 액세서리 및 앱 |
| Team Elysium Inc. | 팀엘리시움 | 한국 | Bodydot Fitness | 피트니스 |
| Teramime | 테라마임 | 한국 | LESA-pass | 인공지능 |
| Tern AI | 턴에이아이 | 미국 | IDPS (Independently Derived Positioning System) | 차량용 기술 및 첨단 모빌리티 |
| Tesollo Inc. | 테솔로 | 한국 | Delto Gripper-3F05 (DG-3F05) | 로보틱스 |
| The Hong Kong Polytechnic University | 홍콩이공대학교 | 홍콩 | Mobile Ankle-foot Exoneuromusculoskeleton | 접근성 및 에이지테크 |
| The Wave Talk | 더웨이브톡 | 한국 | Real-Time Bacteria Sensor for Water | 디지털 헬스 |
| The-NExT.AI | 더넥스트에이아이 | 한국 | AUTO.AI | 스마트시티 |
| Thermoeye Inc | 써모아이 | 한국 | TMC EDGE: Thermal Edge AI Camera for Autonomous and More | 차량용 기술 및 첨단 모빌리티 |
| THOTH INC. | 토트 | 한국 | FruitPacker: Modular System for Fruit Packaging | 푸드 및 농업기술 |
| | | | DisMantleBot: Modular Robots for Dismantling EV Battery | 지속가능성 및 에너지/전력, 로보틱스, 인간 안보 |
| Threshold Care | 스레스홀드케어 | 미국 | Motion Wi-Fi Sensing Plug | 접근성 및 에이지테크 |
| TMEV Net | 티엠이브이넷 | 한국 | CryoFlux PowerCable | 차량용 기술 및 첨단 모빌리티 |
| TOZO Inc. | 토조 | 미국 | TOZO Golden X2 Pro | 헤드폰 및 퍼스널 오디오 |
| TP-Link Systems Inc. | 티피링크 | 미국 | BE11000 Outdoor and Indoor Mesh Wi-Fi 7 System | 컴퓨터 주변기기 및 액세서리 |
| Triplet | 트리플렛 | 한국 | DeepLounge AD: Real-Time Offline Targeted AD Platform | 인공지능 |
| Tutorus Labs Inc. | 튜터러스랩스 | 한국 | learnCoach | 인공지능 |
| UNISTELLAR | 유니스텔라 | 프랑스 | ENVISION Smart Binoculars | XR 기술 및 액세서리 |
| UNIUNI Corp. | 유니유니 | 한국 | SAVVY Accessible Restroom: Privacy for Differently Abled | 스마트시티 |
| Verses, Inc. | 버시스 | 한국 | aespa world | 모바일 디바이스, 액세서리 및 앱 |
| VHEX Lab | 벡스랩 | 한국 | SITh (Self-Insight Therapy) | 디지털 헬스 |
| Vidi Labs Ltd | 비디랩스 | 홍콩 | Seekr | 접근성 및 에이지테크 |
| VIRNECT | 버넥트 | 한국 | VIRNECT VisionX | 산업 장비 및 기계 |
| Vista Innotech Limited | 비스타이노테크 | 홍콩 | Three-Axis Micro Gimbal Stabilizer | 이미징 |
| Visualsyn | 비주얼신 | 한국 | Glinda AIMI | 모바일 디바이스, 액세서리 및 앱 |

| 기업명 | | 국가 | 수상 기술 및 서비스 | 수상 부문 |
|---|---|---|---|---|
| VIVAINNOVATION Co., Ltd | 비바이노베이션 | 한국 | KINDOC Endo – The generative AI solution for endoscopy | 인공지능, 인간 안보 |
| VOORMI | 부어미 | 미국 | Mij™ | 패션테크 |
| Vtoman Technology LLC | 비토만테크놀로지 | 미국 | Vtoman Flash Speed Pro 3600 | 지속가능성 및 에너지/전력 |
| Vtouch, Inc. | 브이터치 | 한국 | WhereAble™ AI: Wear AI Anywhere | 컴퓨터 주변기기 및 액세서리 |
| WATA AI Inc. | 와따에이아이 | 한국 | AI Logistics Stocktaking Robot | XR 기술 및 액세서리, 인공지능 |
| Wearable Devices Ltd. | 웨어러블디바이시스 | 이스라엘 | Mudra Link | XR 기술 및 액세서리 |
| wearM.AI | 웨어엠에이아이 | 네덜란드 | Beyond 01 | 피트니스 |
| WEFLO | 위플로 | 한국 | verti-Pit mini | 드론 |
| Welltech Electronics | 웰테크일렉트로닉스 | 스페인 | ERA, the new dawn of sleep | 디지털 헬스 |
| WIRobotics | 위로보틱스 | 한국 | Wearable Mobility WIM | 로보틱스 |
| Withings | 위딩스 | 프랑스 | BPM Pro 2 | 디지털 헬스 |
| | | | ScanWatch Nova Brilliant | 패션테크 |
| WYBOTICS Co., Ltd. | 위보틱스 | 중국 | WYBOT S2 Solar Vision Robotic Pool Cleaner | 로보틱스 |
| Xandar Kardian Inc. | 젠다카디언 | 캐나다 | Kardian Bibi | 디지털 헬스 |
| Xander | 젠더글라스 | 미국 | XanderGlasses Connect | 접근성 및 에이지테크 |
| XING Mobility | 싱모빌리티 | 대만 | IMMERSIO™ XE50 Battery System | 지속가능성 및 에너지/전력 |
| xMEMS Labs, Inc. | 엑스멤스 | 미국 | xMEMS μCooling | 컴퓨터 하드웨어 및 구성요소 |
| XREAL | 엑스리얼 | 미국 | XREAL Beam Pro | XR 기술 및 액세서리 |
| | | | XREAL One and XREAL One Pro | XR 기술 및 액세서리 |
| xVic Inc. | 엑스빅 | 한국 | Putting View : On-device AI based Putting Training Device | 스포츠 |
| Yaber Technologies Co., Limited | 야베르 | 중국 | Yaber Ultra Short Throw Laser Projector K300s | 콘텐츠 및 엔터테인먼트 |
| Yuanhuo Technology (Guangzhou) Co., Ltd | 위안후오테크놀로지 | 중국 | LLM-driven digital friends and communities for you | 인공지능 |
| ZEISS Microoptics | 자이스 | 독일 | Holographic Transparent Camera | 스마트홈 |
| Zeos Global | 제로스글로벌 | 싱가포르 | Zeos Audiva | 모바일 디바이스, 액세서리 및 앱 |
| Zero Zero Robotics, Inc. | 제로제로로보틱스 | 중국 | HOVERAir Beacon | 오디오 비디오 구성요소 및 액세서리 |
| Zhuhai Mojie Technology Co., Ltd. | 주하이 | 중국 | Ultra Lightweight Polychromatic AR+AI Glasses | XR 기술 및 액세서리 |
| ZIM CO.,LTD | 짐 | 한국 | Mogabi Education Guitar | 모바일 디바이스, 액세서리 및 앱 |

## 〈CES 2025〉를 만든 스페셜리스트

**손재권 CEO**

손재권 더밀크 창업자·CEO는 매일경제신문 실리콘밸리 특파원을 역임하고 스탠퍼드대학 방문 연구원으로 재직하는 등 오랜 기간 실리콘밸리에 머물며 혁신 기업과 최신 테크 트렌드를 취재했습니다. CES, 구글I/O, 페이스북F8 등 주요 테크 컨퍼런스를 현장에서 한국에 전달해왔습니다. 실리콘밸리 혁신 기업들을 취재한 책 《파괴자들(Disruptors)》을 출간하기도 했습니다.

**박원익 콘텐츠그룹장 겸 뉴욕플래닛장**

박원익 더밀크 콘텐츠그룹장 겸 뉴욕플래닛장은 이데일리와 조선비즈에서 글로벌 테크 기업과 국내외 스타트업을 취재했습니다. 조선비즈 실리콘밸리 특파원으로 근무하며 '실리콘밸리의 도전자들' 시리즈 인터뷰를 썼습니다. 중국 증시 투자 입문서 《중국 주식 1억이 10년 만에 175억(제2의 텐센트를 찾아라)》를 집필했습니다. 더밀크 창업 초기 멤버로 합류한 이후 더밀크 코리아 부대표를 거쳐 뉴욕에서 활동하고 있습니다.

**김기림 리서처**

김기림 연구원은 미네소타 주립대학교에서 저널리즘을 전공했고, 홍익대학교 국제디자인전문대학원 IDAS에서 UX를 공부했습니다. 경제 주간지에서 IT분야 기자로, 스타트업에서 마켓 리서처로 경력을 쌓았습니다. 매일 더 나은 사람이 되어야 좋은 글도 쓸 수 있다고 믿습니다.

**한연선 리서치 센터장**

한연선 연구원은 딜로이트와 IBM 코리아에서 마켓 리서치, 조직문화, 커뮤니케이션, 인력관리 및 기업교육 컨설팅 경력을 쌓았습니다. 캘리포니아 대학교 리버사이드(UCR)에서 교육정책 박사과정을 수료했으며 현재 더밀크에서 리서치를 담당하고 있습니다.

한국경제신문은 'CES 2025'의 깊이 있고 생생한 기술 동향을 전달하기 위해 미국 실리콘밸리에 본사를 둔 CES 2024 공식 미디어 파트너 '더밀크'와 함께 〈한경무크 CES 2025〉 책을 발간했습니다.

### 권순우 서던플래닛장

권순우 기자는 현재 미국 조지아주 애틀랜타에서 전기차(EV)와 EV 배터리 등 신재생에너지 및 스마트팩토리로 진화하는 제조업 변화의 현장을 생생하게 전달하고 있습니다. 한국 경제방송국에서 금융감독원과 한국은행을 출입했으며, 중앙일보 애틀랜타 지사 편집국 에디터를 역임했습니다. 경제 유튜브 방송 '경제가 보인다'를 기획하고 진행자로 출연했습니다. 조지아주립대(GSU)에서 MBA를 취득한 뒤, 현재 조지아텍(GT) 방문 연구원으로 있으면서 디지털 헬스케어 분야 등 테크 분야의 전문성을 확장하고 있습니다.

### 황재진 노던일리노이 대학 산업공학과 교수

황재진 연구원은 오하이오 주립대학교에서 산업공학 박사학위를 취득했습니다. 기술의 발전으로 인한 일과 삶의 변화에 대해 관심이 많습니다. 현재 시카고 지역에 거주 중이며 더밀크에서 리서치를 담당하고 있습니다. 주요 저서로는 〈내 삶 속의 인간공학〉, 〈웹3.0과 메타버스가 만드는 디지털 혁명〉, 〈사례 분석으로 배우는 데이터 시각화〉 등이 있습니다.

### 장혜지 디자이너

장혜지 디자이너는 시각디자인을 전공했으며, 그래픽과 디자인을 통해 사람들의 이해를 돕는 작업에 집중하고 있습니다. 스타트업에서 브랜딩과 데이터 시각화 등 다양한 프로젝트를 수행하며 경험을 쌓아왔습니다.

### 윤서연 플로어 리서처

윤서연 플로어 리서처는 통계학을 전공한 IT분야의 채용 전문가로 현재는 더밀크의 HR과 코리아법인, 해외 교육 프로그램 기획 및 운영을 담당하고 있습니다. CES 7년차 참관 경험을 바탕으로 각 전시장의 전시 기업들을 파악하고 유익한 플로어투어를 리서치 및 기획하고 운영합니다.

# CES 2025

| | |
|---|---|
| **펴낸 날** | 초판 1쇄 발행 2025년 1월 24일 |
| | 2쇄 발행 2025년 2월 11일 |
| **발행인** | 김정호 |
| **편집인** | 하영춘 |
| **펴낸 곳** | 한국경제신문 |
| **편집 및 총괄** | 이선정 |
| **편집** | 유나리·한소영·손유미·문지현 |
| **글** | 더밀크 |
| **디자인** | 박명규·송영·표자영·김지은·남소현·정다운 |
| **판매·유통** | 정갑철·선상헌·조종현 |
| **인쇄** | 제이엠프린팅 |
| **등록** | 제 2006-000008호 |
| **주소** | 서울시 중구 청파로 463 한국경제신문 |
| **구입 문의** | 02-360-4859 |
| **홈페이지** | www.hankyung.com |

값 25,000원
ISBN | 978-89-475-01354(93320)

한경무크 〈CES 2025〉는 **한국경제신문** 과 실리콘밸리 혁신 미디어 TheMiilk가 CES의 인사이트를 분석한 책입니다. 생생한 라스베이거스 현장 이야기와 전 세계 최신 IT 기술 및 혁신상 수상 기업을 소개하는 것은 물론, CES 2025의 주요 시사점을 담았습니다.

- 잘못 인쇄된 책은 구입하신 곳에서 교환해드립니다.
- 이 책은 저작권법에 따라 보호받는 저작물이므로 무단 전재와 복제를 금합니다.